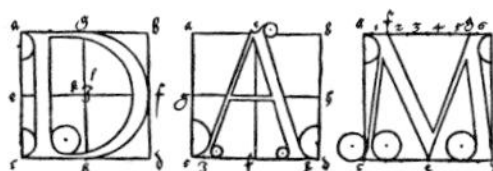

Architektur Jahrbuch
Architecture in Germany

1998

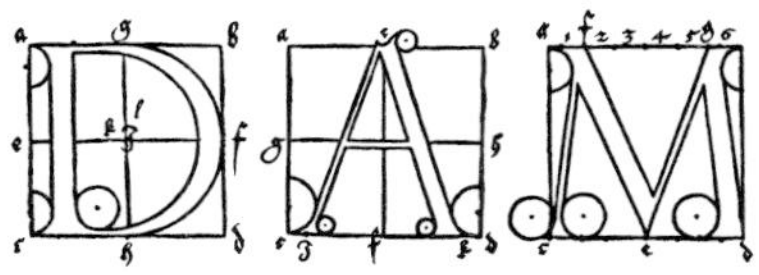

Architektur Jahrbuch
Architecture in Germany

Herausgegeben von
Edited by

Deutsches Architektur-Museum, Frankfurt am Main
Wilfried Wang und Annette Becker

Mit Beiträgen von
With contributions by

Patrick Berger, Peter Davey, Ingrid Ehrhardt, Jean-Pierre Nouhaud, Benedict Tonon, Gerhard Ullmann, Inge Wolf

und Baukritiken von
and reviews by

Hubertus Adam, Marietta Andreas, Wolfgang Bachmann, Christof Bodenbach, Jörg Brauns, Heike Drechshage, Axel Drieschner, Wolf-Dieter Dube, Volker Fischer, Sunna Gailhofer, Mechthild Heuser, Olaf Hoffmann, Bärbel Hoidn, Falk Jaeger, Ursula Kleefisch-Jobst, Stefan W. Krieg, Karin Leydecker, Anna Meseure, Romana Schneider, Ulrich Maximilian Schumann, Hans-Peter Schwanke, Wolfgang Sonne, Ansgar Steinhausen, Wilfried Wang, Lutz Windhöfel

Prestel
München · London · New York

Herausgegeben von
Wilfried Wang und Annette Becker
im Auftrag des Dezernats für Kultur und Freizeit,
Amt für Wissenschaft und Kunst der Stadt
Frankfurt am Main

Lektorat: Ruth Klumpp
Übersetzungen:
ins Englische: Ishbel Flett und Peter Green
aus dem Englischen: Christiane Court
aus dem Französischen: Norma Keßler
und Martina Wieser

Umschlagmotiv:
Jüdisches Museum, Berlin (Photo: Bitter Bredt Fotografie)

Die Deutsche Bibliothek – CIP-Einheitsaufnahme:
Deutsches Architektur-Museum <Frankfurt, Main>:
DAM Architektur Jahrbuch .../ hrsg. vom Deutschen
Architektur-Museum, Frankfurt am Main. Hrsg. im Auftr.
des Dezernats für Kultur und Freizeit, Amt für Wissenschaft
und Kunst der Stadt Frankfurt am Main. – München:
Prestel.
Erscheint jährlich. – Aufnahme nach 1992
Bis 1991 u. d. T.: Jahrbuch für Architektur
ISSN 0942-7481
NE: HST

Bildnachweis:
Die Abbildungsvorlagen wurden von den jeweiligen Autoren
bzw. Architekten zur Verfügung gestellt; die Photographen
sind in den Bildunterschriften genannt.

Prestel-Verlag
Mandlstraße 26, D-80802 München
Telefon (089) 38 17 09-0, Fax (089) 38 17 09-35

Deutsches Architektur-Museum
Schaumainkai 43, D-60596 Frankfurt am Main
Tel. (069) 21 23 84 71, Fax (069) 21 23 77 21

Gestaltung: Konturwerk, Rainald Schwarz

Gestaltungskonzept: Norbert Dinkel, München
Umschlagkonzept: KMS-Graphik, München
Reproduktionen: ReproLine, München
Druck und Bindung: Passavia, Passau
Gedruckt auf chlorfrei gebleichtem Papier

Printed in Germany

ISSN 0942-7481
ISBN 3-7913-2014-9

Edited by
Wilfried Wang and Annette Becker
on behalf of the municipal Department for
Cultural and Leisure Affairs. Sciences and
Arts Office, Frankfurt am Main

Copy-edited by Ruth Klumpp
Translated
from the German by Ishbel Flett and Peter Green
from English to German by Christiane Court
from French to German by Norma Keßler and
Martina Wieser

Cover:
Jüdisches Museum, Berlin (photo: Bitter Bredt Fotografie)

Die Deutsche Bibliothek – CIP-Einheitsaufnahme:
Deutsches Architektur-Museum <Frankfurt, Main>:
DAM Architektur Jahrbuch .../ hrsg. vom Deutschen
Architektur-Museum, Frankfurt am Main. Hrsg. im Auftr.
des Dezernats für Kultur und Freizeit, Amt für Wissenschaft
und Kunst der Stadt Frankfurt am Main. – München:
Prestel.
Erscheint jährlich. – Aufnahme nach 1992
Bis 1991 u. d. T.: Jahrbuch für Architektur
ISSN 0942-7481
NE: HST

All illustrations have been made available to the
publisher by the respective authors and architects.
Photographic acknowledgements are included in the
picture captions.

Prestel-Verlag
Mandlstrasse 26, 80802 Munich, Germany
Phone (089) 38 17 09-0, Fax (089) 38 17 09-35

Deutsches Architektur-Museum
Schaumainkai 43, 60596 Frankfurt am Main, Germany
Phone (069) 21 23 84 71, Fax (069) 21 23 77 21

Designed by Konturwerk, Rainald Schwarz

Layout concept by Norbert Dinkel, Munich
Cover concept by KMS-Graphik, Munich
Lithography by ReproLine, Munich
Printing and binding by Passavia, Passau
Printed on acid-free paper

Printed in Germany

ISSN 0942-7481
ISBN 3-7913-2014-9

Inhalt Contents

Projekte Projects

Aus dem Archiv des DAM From the Archives of the DAM

Vorwort

Foreword

Die Spur der Hand im Werk

Mit der zunehmenden Rationalisierung auch im Bauwesen, die sowohl technologisch als auch ästhetisch bedingt ist, verschwinden die Spuren der Menschen, die die Bauten erstellt haben. Von Handwerkern und Entwerfern wird eine abstinente Haltung erwartet: selten noch persönliche Merkmale im Detail, kaum ein Zeichen einer menschlichen Präsenz im Herstellungsprozeß, verbreitete Gleichförmigkeit in der Gestaltung.

Welche Rolle kann innerhalb dieser anhaltenden Rationalisierung noch die Spur der Hand im Werk spielen? Peter Davey geht dieser Frage aus dem Blickfeld der jüngeren Geschichte nach: die Vorbereiter der Werkbundidee – die Arts-and-Crafts-Kollegen in England hatten schon am Anfang der Industriellen Revolution derartige philosophische und ästehtische Fragen sowohl in ihren Schriften als auch in ihren Gestaltungen gestellt und beantwortet. Gerhard Ullmann nimmt aktuellen Bezug auf die Arbeiten von Alvar Aalto, Karljosef Schattner und Heinz Bienefeld. Die Architekten Patrick Berger und Benedikt Tonon stellen sich dem Thema grundsätzlich.

Die Spur der Hand im Werk ist ein Maß der Verantwortung der Hersteller und der Gestalter gegenüber der zivilisatorischen Kultur, nicht nur für die heutige Gesellschaft, sondern als Zeugnis menschlicher Arbeit für die nachfolgenden Generationen. Verschwindet diese Spur, verschwindet damit auch das Menschliche, verschwindet die Verantwortung im Werk gegenüber der Menschheit.

Annette Becker
Wilfried Wang

The trace of the hand in work

Brought about by technological and aesthetic change, the increasing rationalisation that affects so many realms of life today is slowly causing all traces of human activity in work to vanish.

The world of buildings and the people who create them are no exception. A certain reticence is expected of craftsmen and designers today: rarely does one find individual traits in the detailing of a building, or a personal identity in the production process. Everywhere uniformity manifests itself in the field of design.

What role can the human hand still play in work in view of this continuing process of rationalisation? Peter Davey addresses this question in the context of modern history. In their writings and designs, the members of the Arts and Crafts Movement in England, who prepared the ground for the ideas of the Werkbund, had already raised philosophical and aesthetic questions of this kind and formulated answers to them at the beginning of the Industrial Revolution. Gerhard Ullmann takes a topical look at the work of Alvar Aalto, Karljosef Schattner and Heinz Bienefeld; and the architects Patrick Berger and Benedict Tonon make a fundamental examination of the subject.

The trace of the human hand in work is a measure of the responsibility of the manufacturer and the designer towards the civilising aspects of our culture – not only in terms of our modern society, but as a testimony to human work and endeavour for succeeding generations. If this vestige of individual expression disappears, then the human quality disappears, too, and with it the responsibility towards mankind implicit to work.

Annette Becker
Wilfried Wang

Auch in diesem Jahr möchten wir unsere Leser herzlich einladen, sich mit Projektvorschlägen und Anregungen an die Redaktion des Architektur Jahrbuchs, Deutsches Architektur-Museum, Hedderichstraße 108–110, 60596 Frankfurt am Main, zu wenden.

This year, once again, we invite our readers to send their comments and ideas to the editors of the Architecture Annual at the Deutsches Architektur-Museum, Hedderichstrasse 108–110, 60596 Frankfurt am Main, Germany.

Peter Davey

Handwerkskunst und Architektur

In der Zeit von der Mitte des 18. bis zur Mitte des 19. Jahrhunderts wurde der Bund, der zwischen Architekten und Handwerkern seit Bestehen der Architektur als eigenständiger Disziplin bestanden hatte, unwiederbringlich gelöst. Man braucht nur die Zeichnungen zu vergleichen, die jeweils zur Schaffung desselben Gebäudetyps, beispielsweise einer Villa, benötigt wurden. Im 18. Jahrhundert kam der Architekt in der Regel mit Grundrissen, Schnitten und Aufrissen aus, die häufig so einfach ausgeführt waren, daß ihnen wenig mehr als Proportionen und Wanddicke zu entnehmen waren. Gelegentlich geben Detailzeichnungen die dekorative Gestaltung bestimmter Elemente wie Gesimse, Türumrandungen und Kamine vor. Offenbar arbeiteten Architekten und Handwerker in einer vollständig verloren gegangenen Weise zusammen, bei der sie mit viel Verständnis füreinander auf lokale Bautraditionen zurückgriffen.

Ein Jahrhundert später waren die Zeichnungen bedeckt mit genauen Anmerkungen bezüglich der zu verwendenden Materialien und Produkte, und gewöhnlich gab es auch sehr viel mehr Detailzeichnungen, aus denen hervorging, wie alles zusammengefügt werden sollte. Uralte lokale Handwerksordnungen gerieten in Bedrängnis angesichts der Materialien, die nun billig mit dem Schiff oder der Bahn von weither herangeschafft wurden. Maschinell produzierte Güter, die an die Stelle mühsam und teuer von Hand gefertigter Dekorationselemente treten sollten, ließen das traditionelle Handwerk überflüssig werden. Die zwischen Architekten und Bauleuten herrschende stillschweigende Übereinkunft wurde aufgekündigt. Beide Gruppen versuchten, sich die Befehlsgewalt über das Bauen anzueignen; tatsächlich kann man die im 19. Jahrhundert aufkommende Funktion des Generalbauunternehmers auf der einen und der Architektur als freiem Beruf auf der anderen Seite als Teil des von der Industriellen Revolution entfachten Kampfes ansehen. Ihre Gegnerschaft setzt sich bis in unsere Tage fort. Eines der Opfer dieser Auseinandersetzung ist das handwerkliche Können des einzelnen. Die Rolle des Handwerkers ist sowohl der Tyrannei der Architektenzeichnung wie den technischen Verfahren des Bauunternehmers unterworfen.

Am deutlichsten trat der Konflikt in England, dem Ursprungsland der Industriellen Revolution zutage. A. W. N. Pugin war einer der ersten Architekten, der sich die Möglichkeiten der Industrie bereitwillig zu eigen machte. Zugleich war er ein prominenter Verfechter der Neugotik, der den utilitaristischen Werten des frühen 19. Jahrhunderts die Schönheit des Mittelalters entgegenhielt. Er war der Überzeugung, die Menschen hätten im Mittelalter in freier Arbeit durch gemeinsame Anstrengung Meisterwerke geschaffen. Als idealistischer Anhänger des Gothic Revival, der die im 18. Jahrhundert gültigen Bauregeln aufgegeben hatte, mußte Pugin paradoxerweise nahezu jedes Detail selbst entwerfen und den Handwerkern vorgeben, wie sie arbeiten sollten, anstatt Gemeinden dazu zu ermutigen, ihre Kirchen durch eigene Anstrengung zu schaffen.

Um die von ihm gewünschten Wirkungen zu einem Preis zu erreichen, den sich Katholiken leisten konnten,[1] mußte er maschinell hergestellte Produkte verwenden. So arbeitete er zum Beispiel mit John Hardman, einem Hersteller von Metall- und Glasarbeiten, sowie mit dem berühmten Industriekeramiker Herbert Minton eng zusammen. Er vertrat allerdings sehr entschiedene Ansichten über die Art, in der industrielle Erzeugnisse verwendet werden sollten: »Sämtliche als Stein oder Eiche bemalten Gips-, Schmiedeeisen- und Kompositornamente sind reine Täuschungen und ... eines geweihten Bauwerks gänzlich unwürdig.«[2] Mit anderen Worten, Industrieprodukte waren vertretbar, solange sie deutlich als solche erkennbar waren; in seinen Bauten bevorzugte Pugin allerdings stets Handarbeit für altehrwürdige Elemente, so beispielsweise beim Behauen von Kapitellen und Fenstermaßwerk und der Herstellung von Altarschmuck.

Obgleich er es abstritt, war der große Kritiker John Ruskin zumindest in Teilbereichen ein Anhänger Pugins, kam jedoch in seiner Einstellung zu den industriellen Verfahren zu weit radikaleren Standpunkten. Für Ruskin existierte eine moralische Frage: »Und der große Schrei, der sich aus allen unseren Fabrikstädten erhebt, lauter als das Gebläse ihrer Hochöfen, entsteht wahrhaftig nur, weil wir alles dort fabrizieren, nur keine Menschen; ... aber einen einzigen lebendigen Geist aufzuhellen, zu kräftigen, zu verfeinern und zu bilden, das fällt uns bei der Berechnung unserer Vorteile niemals ein.«[3] Ruskin stand den verschiedenen Ausprägungen des Klassizismus ebenso ablehnend gegenüber wie der Industrialisierung. Bei klassizistischer Baukunst handelte es sich nach seiner Überzeugung um die Architektur der Sklaverei, die gemäß einem bestehenden Regelwerk nach perfekter Ausführung strebte; jeder Handwerker konnte Perfektion erreichen, vorausgesetzt, er wurde genügend geprügelt. Das traf, zumindest in gewissem Maße, auf die Antike zu, und selbst im 18. Jahrhundert spielte das Vorhandensein eines anerkannten Regelwerks der Bau-

Craftsmanship and architecture

From the mid-eighteenth century to the mid-nineteenth century, the traditional bond between architects and craftsmen was irrevocably broken. A century later, mechanically produced goods rendered ancient local crafts and guilds redundant. The conflict was most obvious in England, cradle of the industrial revolution. A.W.N. Pugin was one of the first architects to turn to industry. John Ruskin was even more radical in his belief that architecture freely created by humans was by definition imperfect, raw and necessarily "savage". William Morris claimed that industrialisation degraded human dignity to the level of sub-human existence. In the second half of the nineteenth century, the teachings of Ruskin and Morris influenced the Arts and Crafts Movement in England and America, the National Romantic movements in Scandinavia, German Jugendstil and the Vienna Secession.

In England: C.F.A. Voysey, E. S. Prior (his barn in Exmouth, 1896), Ernest Barnsley (Rodmarton Manor).

In America: the Greene brothers in California.

In Sweden: Ragnar Östberg (Stockholm City Hall, 1923).

Some of the young American architects at the time rejected the faith in craftsmanship that prevailed in England and on the continent (Frank Lloyd Wright's famous respect for the machine, for example).

In the 30s ecological awareness in Germany was shaped by a nostalgic touch that idealised the Middle Ages as the touchstone of a good and simple life in harmony with nature. (Modernism prevailed in the 20s, the regional German vernacular of so-called Heimatstil in the Nazi era.)

After the Second World War, craftsmanship was regarded either as irrelevant, expensive or stigmatised by Nazism. Alvar Aalto was perfectly aware of the importance of incorporating into his buildings hand-made features, especially those that one handled or touched (e. g., the use of wood and leather for railings and banisters). A more recent example of craftsmanship is Richard MacCormac's St John's College in Oxford with glass walls by Alexander Beleschenkow and Frank Gehry's Guggenheim Museum in Bilbao, Spain, with its titanium cladding panels that bear the traces of craftsmanship.

kunst und der Verarbeitungsgüte eine Schlüsselrolle beim Zustandekommen der engen Beziehung zwischen Architekt und Bauhandwerkern, wobei natürlich grimmige frühkapitalistische Arbeitsbedingungen an die Stelle der Sklaverei traten. Wie Pugin vertrat auch Ruskin eine romantische Sichtweise der Gotik. Ruskin glaubte, daß von freien Menschen geschaffene Architektur unvollkommen, ja rauh, sein *müsse* und ihr müsse – wie er es nennt – »Wildheit« zu eigen sein. »Man kann einen Mann lehren, eine gerade Linie zu zeichnen und auszuhauen«, führte er aus, »eine gekrümmte Linie zu zeichnen und auszuhauen ... und man findet seine Arbeit in ihrer Art vollendet. Aber wenn man ihn auffordert, über irgend eine dieser Formen nachzudenken, und zu betrachten, ob ihm nicht selbst vielleicht eine bessere einfiele, dann stockt er, seine Ausführung wird schwankend; er fängt an zu denken, und es ist zehn gegen eins zu wetten, dass er einen Fehler mit dem ersten Handgriff macht, den er als denkendes Wesen an seinem Werke tut. Aber man hat trotz alledem einen Mann aus ihm gemacht. Vorher war er nur eine Maschine, ein lebendiges Werkzeug.«[4]

Ob Ruskins Vorstellung von mittelalterlicher Bauweise zutraf oder nicht, seine Darlegung zeitigte weitreichende Wirkung. William Morris, der berühmte Gestalter, Kritiker und Sozialist, pflichtet Ruskin bei, wenn er dafür eintritt, daß »die Kunst jeder Epoche notwendigerweise ein Ausdruck ihrer sozialen Ordnung sein muß, und daß die soziale Ordnung des Mittelalters dem Handwerker Ausdrucksfreiheit gestattete, die unsere soziale Ordnung ihm hingegen verbietet.«[5] Morris war der Überzeugung, die Industrialisierung entwürdige zu einem Dasein, das »weniger ist als Mensch zu sein. Eines Tages werden die Menschen das wissen. Sie werden danach verlangen, wieder Menschen zu werden, und nur die Kunst kann ihnen zu der Erlösung aus dieser Sklaverei verhelfen ... es ist das schönste und ruhmreichste Ende und Ziel der Menschheit.«[6] Die Kunst selbst solle »hergestellt werden vom Volk für das Volk und zu Freude der Hersteller und Benutzer«.[7]

Die Lehren von Ruskin und Morris übten in der zweiten Hälfte des 19. Jahrhunderts auf zahlreiche Ausprägungen der Architektur außerordentlichen Einfluß aus, insbesondere auf die englischen und amerikanischen Arts-and-Crafts-Bewegungen, die nationalromantischen Bewegungen in den skandinavischen Ländern, den deutschen Jugendstil sowie die Wiener Sezession. Handwerkliche Arbeit schien moralische und soziale Vorzüge zu bieten, die den Menschen zusagten, die sich von den Auswüchsen der Industriellen Revolution wie Schmutz und annähernde Versklavung der Arbeiter abgestoßen fühlten. Darüber hinaus kam die Botschaft den bis dato von der Industrialisierung wenig berührten Ländern des Nordens bei ihrer Suche nach Wurzeln und nationalen Ausdrucksformen zupaß.

Einer der Widersprüche bei der Glorifizierung der Handarbeit im späten 19. Jahrhundert bestand darin, daß die Arbeit der Handwerker, um ihnen ein vertretbares Auskommen zu sichern, verglichen mit industriell gefertigten Produkten teuer sein mußte. Morris' Hoffnung, Kunst und Handwerk könnten zu die Gesellschaft reinigenden und heilenden Kräften werden, war also ohne soziale Revolution nicht erreichbar.[8] Einzig die Wohlhabenden, wozu in Skandinavien auch die Regierungen gehörten, konnten sich Handwerkskunst gleich welcher Größenordnung leisten.[9] Im Allgemeinen war die sich als Partner des Industrialismus fühlende Wirtschaft nicht an edler Handwerkskunst interessiert, die Industrie offenkundig erst recht nicht, so daß das Handwerk nur beim Bau der Häuser begüterter Ästheten sowie einiger öffentlicher Gebäude zum Einsatz kam.

In England wandten sich weniger wohlhabende Bauherren an Architekten wie C. F. A. Voysey, dessen Baustil gewöhnlich aus preiswerten, herkömmlichen Backsteinen gemauerte, mit weißem Rauhputz überzogene Wände vorsah. Voysey behielt sich die Demonstration von Handwerkskunst für steinerne Fensterumrandungen, schmiedeeiserne Dachrinnen sowie gelegentliche Innenraumdetails wie geschnitzte Geländerpfosten vor. Voyseys Zeitgenosse E. S. Prior bot weit mehr Gelegenheit für Ruskinsche Wildheit, so beispielsweise bei seiner ›Barn‹ in Exmouth (1896). Vom Strand herbeigeholte Kiesel und Steine wurden an den Außenwänden des Hauses in Mustern angeordnet, die unmöglich vom Architekten im einzelnen bestimmt worden sein konnten.

Priors Häuser wurden soweit wie möglich mit vor Ort vorhandenen Materialien erbaut. Rodmarton Manor, Gloucestershire, von Ernest Barnsley entstand, abgesehen von den Kriegsjahren, zwischen 1909 und 1926, für die damals ungeheure Summe von 5 000 Pfund pro Jahr. Stein und Holz stammten von den Ländereien und wurden so weit wie möglich in Verfahren verarbeitet, die sich seit dem Mittelalter nicht verändert hatten. Der Architekt hatte praktisch mittelalterliche Handwerkskunst nachempfunden oder sie vielleicht auch fortgeführt. Hier gab es keine Imitationen wie bei so vielen amerikanischen Arts-and-Crafts-Bauten. So handelt es sich zum Beispiel bei den scheinbar aus Hartholz bestehenden konstruktiven Teilen der wunderschönen Häuser der Brüder Greene in Kalifornien häufig um dekorative Verkleidungen oder optischen Ersatz für verdeckte Bauteile aus weit zweckmäßigeren Materialien wie Weichholz oder Stahl.[10] Das dekorative Hartholz wurde behauen und mit großer Sorgfalt bearbeitet, um es wie wirkliche konstruktive Bauteile aussehen zu lassen: Handwerkskunst wurde verwendet, um den groben Rohzustand der Industrieerzeugnisse zu verschleiern.

Wenngleich Architekten und ihre Auftraggeber Handwerkskunst hoch schätzten, scheinen ihnen die Arbeitsbedingungen der Bauarbeiter gleichgültig gewesen zu sein, zumindest die von denjenigen, deren Arbeit nicht eben dekorativer Natur war. So wurde beispielsweise das Eichenholz für Rodmarton vor Ort von einem Vater und seinem Sohn zu Brettern gesägt. Die beiden waren gezwungen, sich der alten Methode zu bedienen: mit einer langen, geraden Säge, wobei der eine in einer Grube unter dem Stamm und der andere darüber zu stehen kam. In einer Zeit, in der Motorsägen an der Tagesordnung waren, fand man die Methode in Arts-and-Crafts-Kreisen bezaubernd anachronistisch, obgleich die Schinderei für die beiden Arbeiter äußerst beschwerlich gewesen sein muß, besonders für den am unteren Ende der Säge stehenden, der in einer von Sägemehl geschwängerten Luft arbeiten mußte. Der erfolgreiche Romancier und Futurologe H. G. Wells beauftragte Voysey mit dem Bau eines Hauses bei Folkestone und war bedrückt, als er feststellte: »Es ist ein von Hand gebautes Haus – und einige, die ich sah, waren blutende Hände – genau wie zu Zeiten der Pyramiden.«[11] Natürlich hat es auf Baustellen zu allen Zeiten, so auch heute, blutige Hände gegeben, aber zumindest beim Wohnhausbau hatte die Beziehung zwischen Architekt und Handwerker offenkundig wenig zu tun mit dem kreativen Bündnis, das Ruskin und Morris vorgeschwebt hatte.

Die Beziehung konnte sich bei öffentlichen Gebäuden mit ihren üppigeren Etats sehr viel erfolgreicher gestalten. Ragnar Östbergs 1923 fertiggestelltes Rathaus von Stockholm stellt vielleicht den größten Triumph der von Arts and Crafts geprägten Denkweise dar und liefert darüber hinaus eine glänzende Aussage zum nationalen und städtischen Ethos zu Anfang des 20. Jahrhunderts. Östberg verfügte auf der Baustelle über ein Büro und »die übrigen kreativ Arbeitenden hatten ihre Werkstätten vor Ort ... die Eisen- und Kupferwerkstätten erhielten häufig nur Entwürfe mit den Maßen und allgemeinen Entwurfsrichtlinien und es blieb ihnen überlassen, die Ausführung im Detail festzulegen.«[12] Selbst weniger offenkundig entwurfsorientierten Handwerkern scheint man mit Erfolg viel Freiheit gelassen zu haben: »In den Backsteinmustern mit ihren Oberflächen und Kontrastwirkungen zeigten die Maurer viel Geschick bei der Anordnung der passenden Abstufungen und Farbwerte. Und die Steinmetze ... legten bemerkenswerte Fähigkeiten an den Tag bei der Anpassung ihrer Arbeit an das unterschiedliche Material.«[13]

Obgleich sie stark von der Denkweise der englischen Arts-and-Crafts-Bewegung beeinflußt waren, lehnten einige der vielversprechendsten, jungen amerikanischen Architekten der Zeit die in England und auf dem Kontinent herrschende Überzeugung von den Vorzügen der handwerklichen Arbeit ab. Frank Lloyd Wrights berühmte Verehrung der Maschine war in seiner Generation weder außergewöhnlich, noch entsprang sie dem Wunsch, das Los der Bauarbeiter zu verbessern. Aber sie war leidenschaftlich. Wright attackierte den Glauben seines englischen Freundes C. R. Ashbee an die Überlegenheit der handwerklichen Arbeit, indem er verkündete: »Mein Gott ... ist die Maschinerie, und die Kunst der Zukunft wird der Ausdruck des einzelnen Künstlers durch die tausendfache Kraft der Maschine sein – die Maschine, die all jene Dinge tut, die der einzelne Arbeiter nicht tun kann. Der kreative Künstler ist derjenige, der dies alles lenkt und versteht.«[14] In der Praxis lehnte Wright Handwerkskunst nicht ganz so entschieden ab wie seine Aussage impliziert, noch übte er solch unmittelbaren Einfluß aus, wie es spätere, zur Heldenverehrung neigende Biographien nahelegen. Seine Haltung nahm jedoch die Einstellung der meisten Architekten des 20. Jahrhunderts vorweg, die glaubten, sie müßten jedes Detail des Bauvorgangs überwachen und die dabei versuchten, die Kräfte der industriellen Fertigung zur Stärkung ihrer Position zu nutzen. Als Reaktion darauf wurden die Bauunternehmer sehr viel geschäftstüchtiger, und in der zweiten Hälfte des Jahrhunderts erwiesen sich ihre Bemühungen, den gesamten Bauvorgang zu beherrschen, als zunehmend erfolgreich: In vielen Wirtschaftssystemen sieht sich die Architektur heute als eine Art von ›Außenausstattung‹ an den Rand gedrängt.

Zwischen den beiden Konkurrenten um die Herrschaft am Bau geriet die Handwerkskunst nahezu vollständig in Vergessenheit, und sie kam wegen einiger ihrer Verfechter in den dreißiger Jahren noch weit mehr in Mißkredit. Es waren die Nationalsozialisten, die es als überhaupt erste Partei mit ausgeprägt grünem Gedankengut im

Programm schafften, die Herrschaft über einen modernen Staat zu erlangen. Wie in der englischen und amerikanischen Arts-and-Crafts-Bewegung war auch das deutsche ökologische Bewußtsein in den dreißiger Jahren von einem nostalgischen Zug geprägt, der das Mittelalter als Prüfstein eines einfachen, unverfälschten Lebens in enger Verbindung mit der Natur idealisierte. Angefangen bei Herder und den Gebrüdern Grimm gab es das immer wiederkehrende Streben nach echtem Deutschtum, die Suche nach der Kultur des Volkes, die von den Nationalsozialisten wieder aufgegriffen wurde, nachdem die Moderne das öffentliche Denken während der zwanziger Jahre beherrscht hatte.[15] Der Heimatstil lieferte den Nationalsozialisten ihren bevorzugten Formenkanon für den Wohnhausbau, zumindest auf dem Lande, und die Vorzüge der Wiederbelebung des im freistehenden, kleinbäuerlichen Wohnhaus erkennbaren handwerklichen Könnens wurden von zahlreichen Kritikern wie beispielsweise Winfried Wendland gepriesen, der dazu aufforderte, daß »jeder, der sich ein Haus baut, die Verpflichtung fühlt, einen kleinen Dienst an der Kunst dadurch zu tun, daß er dem Künstler Gelegenheit gibt zu einem kleinen Werk, das dem Haus einen weit schöneren Charakter geben wird ... Es brauchen ja nicht immer Figuren für den Garten zu sein, es brauchen keine Gemälde zu sein; ein paar geschnitzte Balkenköpfe oder eine geschnitzte Haustür tun es auch.«[16]

Nach dem Zweiten Weltkrieg hielt man Handwerkskunst entweder für unerheblich, weil der Wiederaufbau so drängte, daß man sie aus dem Geschehen wegrationalisierte oder sie trug den Makel des Bundes mit dem Bösen. Nur wenige Architekten fürchteten sich nicht vor ihr, kannten ihren Wert und wußten mit ihr unter den neuen ökonomischen Bedingungen umzugehen. Die Lebenszeit von Alvar Aalto umfaßt den Aufstieg Finnlands vom faktisch bäuerlich geprägten Land zur hochentwickelten, nahezu post-industriellen Wirtschaftsnation. Er wußte genau, daß von Hand gefertigte Objekte dann von Bedeutung sind, wenn man sie unmittelbar berührt. So wurden zum Beispiel seine mit Leder überzogenen, metallenen Türgriffe und Geländer von Handwerkern mit teilweiser Befreiung von der Diktatur des Architekten angefertigt. Jetzt, da sie durch Gebrauch sanft abgeschliffen und poliert sind, berühren sie uns buchstäblich mit den Händen unserer Ahnen.

Vor einigen Jahren war ich gleichermaßen amüsiert und gerührt von einer zeitgenössischen Bekundung der gleichen Sensibilität. Die Fertigstellung von Ralph Erskines großartigem Ark Building in London rückte näher, und er stand auf einem der den großen zentralen Platz überschauenden Balkone. Die Bauhandwerker hatten ihm eine Auswahl speziell angefertigter Geländer mit unterschiedlichen Profilen und Holzarten vorgelegt. »Welches mögen Sie am liebsten, Mr. Erskine?« fragte ein eifriger Bauleiter. Es folgte eine lange, höchst untypische Pause, während der Erskine die Muster befühlte – »Dieses«, verkündete er nach langem Sinnieren.[17] Heute stellt der Ansatz von Ark vielleicht das Äußerste dar, das wir hoffen können in Richtung auf die Ideale von Schlichtheit und Authentizität bei landläufigen Gebäuden zu erreichen. (Obgleich es nicht den Anschein hat, handelt es sich tatsächlich um ein zu Spekulationszwecken errichtetes Bürogebäude.) Die Geländer wurden selbstverständlich maschinell hergestellt, aber zumindest die Materialien sind natürlich. Wie Erskine bemerkte: »alles was man anfassen kann, ist echt; der Rest besteht aus Faserplatten«.

Tektonische Eigenschaften müssen ihren Ausdruck nicht notwendigerweise mittels Handwerkskunst finden. Gute Handarbeit ist heute so teuer, daß sie entweder vollends unerschwinglich ist oder sich auf bestimmte Stellen in einem Bauwerk beschränken muß. Es gibt gegenwärtig zahlreiche Versuche, die Architektur eng mit den anderen kunsthandwerklichen Fertigkeiten zu verbinden. Nur einzelne Ergebnisse rechtfertigen die dafür aufgewendeten großen Summen, die sich in der Regel aus Steuermitteln rekrutieren. Im Gegensatz zum Einvernehmen, in dem vor einem Jahrhundert Künstler und Architekten zusammenarbeiteten, scheinen Künstler und selbst Kunsthandwerker gegen die Architekten zu kämpfen und ihre Arbeit marktschreierisch gegen die sie beherbergenden Bauten zur Schau stellen zu wollen. Ebenso wie ein Großteil der zeitgenössischen Kunst heute einer Unterabteilung des Marketing gleicht, hat es den Anschein, als strebe die Handwerkskunst den Status der Werbung an.

Es gibt jedoch noch bemerkenswerte Ausnahmen, von denen aus Platzgründen nur zwei erwähnt werden können. Die von Alexander Beleschenko für Richard MacCormacs St. John's College, Oxford, angefertigten Glaswände stellen ein hervorragendes Beispiel für die harmonische Zusammenarbeit von Kunsthandwerker und Architekt dar. Sie zeichnen Räume mit einem glitzernden, semitransparenten, beständig variierten, feinen Gewebe nach, das sowohl Sicht wie Ungestörtheit zuläßt.[18] Die Verkleidung für Frank Gehrys Guggenheim Museum in Bilbao zeichnet sich durch einen gänzlich anderen Maßstab aus und entstand aus einem völlig andersartigen Verhältnis zwischen Architekt und Bauhandwerkern. Man hat viel darüber geschrieben, wie die komplexen Formen des Entwurfs im realen Bau umgesetzt wurden. Die Beschaffenheit der sie umhüllenden Titanplatten wurde indessen weniger häufig kommentiert.[19] Man versuchte nicht, sie wie maschinell befestigt aussehen zu lassen. Sie sind deutlich als von Hand angebracht erkennbar, und die dabei entstehenden leichten Unebenheiten und Unregelmäßigkeiten lassen den Bau Licht unerwartet reflektieren und in einer Weise schimmern, die der Architekt unmöglich im Detail vorausplanen konnte. Ist dies ein Nachhall der von Prior vor hundert Jahren gepflegten Beziehung zu seinen Arbeitern? Oder ist es vielleicht ein Zeichen dafür, daß die Ruskinsche Wildheit in der Architektur des 21. Jahrhunderts doch ihren Platz haben wird?

Anmerkungen

1 Pugin war zum Katholizismus konvertiert, daher seine Liebe zum Mittelalter; Katholiken waren in England im allgemeinen wirtschaftlich stark benachteiligt, auch noch 1829, dem Jahr, in dem die Catholic Emancipation Bill verabschiedet wurde, die die Katholiken von der rechtlichen Unterdrückung befreite.

2 A.W.N. Pugin, *The True Principles of Christian or Pointed Architecture*, London 1841, Nachdruck: London 1973, S. 53

3 John Ruskin, ›Das Wesen der Gotik‹, in: *Steine von Venedig*, übersetzt von Hedwig Jahn, Dortmund 1994, S. 190

4 Ebenda, S. 185 f.

5 William Morris, ›The Revival of Architecture‹ (Vortrag von 1888), in: *Works of William Morris*, Bd. XXII, London 1910–1915, S. 323

6 William Morris, ›Die Schönheit des Lebens‹, in: William Morris, *Wie wir leben und wie wir leben könnten*, übersetzt und herausgegeben von Hans Christian Kirsch, Frankfurt 1983, S. 81

7 Ebenda, S. 90

8 In späteren Jahren bezeichnete sich Morris als Kommunist, wobei dieser Begriff für ihn eine völlig andere Bedeutung hatte als heute.

9 Morris' Reaktion auf den Vorwurf, seine Lehren führten zu Häusern, die sich nur die Reichen leisten könnten, bestand in dem Propagieren einer »einfachen Lebensführung«, bei der auf unnötigen Luxus verzichtet würde zugunsten einiger einfacher Möbelstücke in schlicht weißgetünchten Räumen. Vgl. William Morris (wie Anm. 6), S. 93

10 Vgl. Edward R. Ford, *Die Details in der Architektur der Moderne*, übersetzt von Gerda Bean, Basel 1994, S. 147 und 165

11 Zitiert in: Norman und Jean Mackenzie, *The Time Traveller*, London 1973, S. 149

12 Ragnar Östberg, *The Stockholm Town Hall*, Stockholm 1929, S. 28

13 Ebenda, S. 30

14 C.R. Ashbee, *Memoirs*, Typoskript im Victoria and Albert Museum, London, Bd. I, S. 242. Das Gespräch fand im Jahr 1900 statt.

15 Barbara Miller Lane liefert eine schlüssige, aufschlußreiche Darstellung der Symptomatik von der Mitte des 18. Jahrhunderts bis zu den siebziger Jahren des 20. Jahrhunderts, in: ›National Romanticism in Modern German Architecture‹, in: Richard A. Eltin (Hrsg.), *Nationalism in the Visual Arts*, Washington 1991, S. 110-147

16 Winfried Wendland, *Kunst und Nation. Ziele und Wege der Kunst im Neuen Deutschland*, Berlin 1934, S. 55

17 *The Architectural Review*, Juli 1992, S. 24–37

18 *The Architectural Review*, Oktober 1994, S. 106

19 Vgl. aber Annette LeCuyer, ›Building Bilbao‹, in: *The Architectural Review*, Dezember 1997, S. 43–54. LeCuyer weist darauf hin, daß man Konstruktion und Oberflächen zwar mit Hilfe computergesteuerter Maschinen hätte herstellen können, die Subunternehmer, abgesehen von den Lieferanten der Steinverkleidungen, sich jedoch für die manuelle Fertigung entschieden.

Gerhard Ullmann

Das Große im Kleinen

Annäherungsversuche an die Werke Alvar Aaltos, Karljosef Schattners und Heinz Bienefelds

Large and small: The work of Alvar Aalto, Karljosef Schattner and Heinz Bienefeld

Different temperaments, different tasks, different aims. These are three architects who had in common an ability to find a meaningful form for small detail as well as for the overall design. Size, after all, is a question of finding the right scale.

Alvar Aalto's sanatorium in Paimio features many well thought out details. Because a patient tends to view things from a horizontal position, Aalto geared his design to this perspective, with dark ceilings, glare-free lighting and sweeping outdoor views.

Aalto also chooses deliberate breaks: a direct change of material and colour, a vibrant rhythm that enlivens the interior.

His distinct sense of topographical contours seems to be reflected in the curves of his buildings.

Manchmal weht ein kosmischer Wind durch den lichten Wald der deutschen Architekturkritik: der 100. Geburtstag des großen europäischen Architekten Alvar Aalto, Gedenkreden und posthume Ehrungen für den kompromißlos arbeitenden Baumeister Heinz Bienefeld, Auszeichnungen und Preise für den Diözesanbaumeister Karljosef Schattner, dessen Name sich untrennbar mit dem Ort Eichstätt verbindet. Unterschiedliche Temperamente, kaum vergleichbare Aufgabenfelder, eigenwillige Intentionen: drei Architekten, die weiträumig dachten, sorgfältig planten und deren Bezugsfelder trotz verschiedener Zielsetzungen ein Anliegen vereint, für das Kleine, das Detail, wie für das Große eine sinnfällige Form zu finden.

An den Details werden die Verbindungsstellen und Übergänge zu den einzelnen Räumen sichtbar, wird die Naht präzisiert, die das Einzelne mit dem Ganzen verbindet. Wer Details genau studiert, der liest die Architektur wie eine Partitur, die räumliche Abläufe zu einem großen Thema bindet. Details bringen Ordnung und Rhythmus in das architektonische Gefüge, sie bilden gleichsam die Interpunktion, die vorgibt, wie man die Beziehung innerhalb eines Gebäudes zu sehen habe. Vernachlässigt man diese, so droht auch die Handschrift des Architekten zu verschwinden, der Baukörper wird indifferent.

Allgemeine Aussagen oder das Festlegen auf die Bedeutung der Form helfen nicht weiter, wenn man nicht zugleich das Bezugsfeld im Auge hat, in dem sich ein Programm zu architektonischer Reife entwickelt. Qualität im großen wie im kleinen, das zeigt die Arbeit eines bedeutenden Architekten, läßt sich nicht aus absoluten Wertmaßstäben ableiten, sondern liegt in der Bewältigung künstlerischer, sozialer und kultureller Probleme, die mit der Aufgabenstellung eines Gebäudes verbunden sind.

Nähe und Ferne, Zuneigung und Distanz: Sie werden immer wieder subtrahiert und addiert durch die Einbeziehung eigener Wertmaßstäbe, bewegt und belebt durch die Ausdruckskraft kleiner Details, die uns tagtäglich in einem Ensemble begegnen. Größe bedeutet unter anderem, das richtige Maß für die Dinge finden. Und so bedienen wir uns bisweilen ausgefallener Vergleiche: Kosmische Weiten, wenn wir durch kunstvolle, perfekt geschliffene Linsen architektonische Fixsterne betrachten: Ludwig Mies van der Rohe, Le Corbusier oder Frank Lloyd Wright. Ein Rest an Ungewißheit bleibt: Sind die Instrumente für das Ausloten von Distanzen schärfer geworden, sind es Trübungen in der Atmosphäre, vielleicht die Unschärfe des eigenen Blicks, wenn man bemerkt, wie schnell Bezugssysteme sich verändern, wie sich der Absolutheitsanspruch relativiert, wenn Suchen selbst nach dem angemessenen Maßstab mit dem Odium des Tugendhaften belastet ist? Der Mensch beruft sich gerne auf kosmische Ordnungssysteme, zumal dann, wenn die irdischen Verhältnisse recht zwielichtig sind. Doch der Zeitgeist ist schwankend in seinem Urteilsvermögen, mal ist Reduktion und Askese das Maß aller Dinge, mal ist es die Lebensfülle und Formenvielfalt, die eine haushälterische Ordnung ins Wanken bringt.

Vielleicht haben Genies es ein wenig leichter, weil ihre sprudelnde Kreativität den wahren oder vorgeblendeten Konflikt ›Baukunst versus Gebrauchskunst‹ nicht als einziges immanentes Problem des Entwerfens ansieht, und sie zudem fähig sind, sich auf Widersprüche einzulassen, sie pragmatisch zu lösen, sich weigern, vom Hochsitz Platos die Vorherrschaft der Ideen als Erstausgabe zu proklamieren.

Kreativität, Menschlichkeit und ein außerordentliches Gespür für die Formation seines Landes: Alvar Aaltos charismatische Persönlichkeit entspricht dem Bild einer ondulierenden Linie, die nicht den kürzesten, sondern den abwechslungsreichsten Weg bevorzugt, bevor sie die Energieströme zu einem Ganzen bindet. Schon seine erste international herausragende Arbeit, das 1929 errichtete Lungensanatorium in Paimio, zeigt Aaltos große integrative Fähigkeit, den städtebaulichen Standort mit einer funktionalen Gliederung zu einer räumlichen Intimität zu verbinden.

1 Alvar Aalto, Sanatorium, Paimio, Finnland, 1928–33. Balkon

1 Alvar Aalto, Sanatorium, Paimio, Finland, 1928–33. Balcony

Sigfried Giedion, einer der mächtigsten Wortführer der Moderne, hat schon früh die Bedeutung dieses ebenso schönen wie zweckmäßigen Gebäudes erkannt und den menschlichen Aspekt in Aaltos Entwurf, aber auch die Kühnheit dieser Raum-Zeit-Konzeption hervorgehoben:. »Wir sind bei Lungenheilstätten gewohnt, Zimmer und Balkon als eine Einheit zu entwerfen. Der Kranke soll auf geringstem Transportweg ins Freie geschoben werden können. In Paimio jedoch ist die Trennung von Zimmer und Balkon gewollt. Die Ärzte sehen es als Heilfaktor an, die Patienten gruppenweise, und zwar entsprechend ihrer gegenseitigen Sympathien, während ihrer Liegekur zusammen zu bringen. ... Wo immer man steht, bereichern neue Aspekte der Raum-Zeit-Konzeption diesen Komplex. Jede Wand hat ihre eigene Existenz und ist entsprechend der Funktion der Räume hinter ihr gestaltet, aber alles ist durch eine starke bildnerische Vision geformt und miteinander verbunden.«[1]

Der Anspruch Aaltos, eine humane Architektur im unmittelbaren Umfeld des Menschen zu entwickeln, zeigt sich in vielen, gut durchdachten Details. Da der Patient seine Umgebung aus einer Horizontallage wahrnimmt, richtete Aalto seinen Entwurf auf die vorgegebene Blickrichtung: dunkle Decken, blendungsfreies Licht, weiter Blick nach draußen, trichterförmige Waschbecken, in denen das Wasser geräuschlos versinkt. Bildvisionen und Nützlichkeiten, die den Menschen die Ästhetik alltäglicher Dinge näher bringen.

Seine Skepsis gegenüber einem linear ausgerichteten Funktionalismus belegt ein Statement aus dem Jahr 1940: »Der technische Funktionalismus hat nur recht, wenn er erweitert wird, so daß er auch das psychologische Gebiet umfaßt. Das ist der einzige Weg, die Architektur menschlicher zu machen.« Als Architekt gibt Aalto freimütig zu, daß »Architektur und ihre Details irgendeiner Weise der Biologie angehören.«[2]

Neigte die funktionalistisch agierende Moderne schon aus ideologischen und ökonomischen Gründen dazu, von der Wand bis zum Detail die wichtigsten Bauelemente zu standardisieren, so gibt es bei Aalto gezielte Brüche. Ein unmittelbarer Wechsel von Material und Farbe, ein vibrierender Rhythmus, der die Innenräume belebt; Aalto sucht nicht die Logik der Form durch eine eindeutige Form zu beweisen, seine zwischen Romantik und Folklore changierende Architektur lebt aus einer Überfülle kontrastierender Elemente.

Sein ausgeprägtes Gefühl für topographische Höhenlinien und tektonische Schichtungen scheint sich in den Kurven und Krümmungen seiner Gebäude widerzuspiegeln. Ein rhythmischer, aus der Tiefe kommender Bewegungsstrom, der kraftvoll und harmonisch sich zu Raumklängen vereinigt und, mit einem Überschuß an Emotionen beladen, in der Weite der großen Foyers ausklingt.

2 Alvar Aalto, Villa Mairea, Noormarkku, Finnland, 1937–39. Eingangshalle

2 Alvar Aalto, Villa Mairea, Noormarkku, Finland, 1937–39. Entrance hall

3 Alvar Aalto, Villa Mairea, Noormarkku, Finnland, 1937–39. Haupttreppe

3 Alvar Aalto, Villa Mairea, Noormarkku, Finland, 1937–39. Main stairway

Statt einer berechenbaren Logik der Formen zu folgen, sucht Aalto sinnlich gesättigte Raumbilder, reich an Texturen und unterschiedlichen Materialien. Es ist nicht die Ordnung der Architektur, sondern ein virtuoser Umgang mit der Collagetechnik, der Raumbild und Stimmung zu einem Ganzen zusammenfügt.

Daß Aaltos Werk auch von malerischen Tonabstufungen, von mentalen Bildvorlagen aus der Geschichte beeinflußt und durch strukturelle, der Architektur zugeordnete Begriffe nicht zu fassen ist, belegt das Experiment der Villa Mairea. Die vielseitige Begabung Aaltos als Maler, Zeichner, Möbelentwerfer, Architekt und Stadtplaner, aber auch seine unkonventionelle Entwurfsmethode machen es ohnehin schwer, mit abstrakten Begriffen sein Werk aufzuschlüsseln. Aalto selbst war sich dieser Bindung an die Künste bewußt. »In dem Formbegriff, der zur Architektur eines Gebäudes gehört, ist außerdem die Verbindung enthalten, die auch in der modernen Malerei angestrebt wird. ... In der modernen Malerei entsteht anstelle des bisherigen historischen und prestigedienenden Ornaments vielleicht eine Formwelt, die sich der Architektur nähert und persönliche Erlebnisse herbeiführt.«[3] So ähnelt der

4 Alvar Aalto, Villa Mairea, Noormarkku, Finnland, 1937–39. Blick aus dem Atelier in den Garten

4 Alvar Aalto, Villa Mairea, Noormarkku, Finland, 1937–39. View of garden from studio

5 Alvar Aalto, Kulturzentrum, Wolfsburg, 1958–62

5 Alvar Aalto, Kulturzentrum (Arts Centre), Wolfsburg, 1958–62
(Photo: Gerhard Ullmann)

Villa Mairea: this design recalls a collage combining personal experience and the developments of modernism – a strangely transfigured image of the period teeming with atmosphere and emotion, oscillating between pictorial and architectural space.

Karljosef Schattner's world was the southern German episcopal town of Eichstätt, with a population of 14,000, restored and reshaped by him during his 30-year tenure as municipal architect. Admirable as the achievement may be, it is lacking in human warmth. He has created ascetic spaces that possess a moral undertone, prescribing the degree of comfort permitted, without allowing any insight into the reasons behind it. The ethos of architecture is subjected to a

Entwurf der Villa Mairea mehr einer Collage, die Persönliches und Zeitströmungen der Moderne verknüpft – ein merkwürdig entrücktes Zeitbild, das durch Licht, Stimmungen und Gefühle mehrfach besetzt, ein Changieren zwischen Bild- und Architekturraum erlaubt. Einer rustikalen Einfachheit steht eine raffinierte, zur Hochkultur verfeinerte Sinneslust gegenüber, einer von der Industrie geprägten Form dekoratives Kunsthandwerk. Mentale Spielfreude oder bewußter Bruch architektonischer Konvention? Aaltos kleiner Kosmos steckt voll Überraschungen.

Es gehört zu den Grundqualitäten humanen Bauens, daß mit dem Alter die Eigenschaften eines Gebäudes deutlicher hervortreten. Die Zeitschichten vermochte Aalto in seine Bauten einzuweben. Schönheit und Gebrauchsqualität: für Aalto waren diese integrale Bestandteile des Entwerfens. Am Beispiel des Wolfsburger Kulturzentrums kann man lernen, wie durch einen Nutzungswechsel die Demontage eines Gesamtkunstwerks vor sich geht. Funktionsverschiebungen veränderten nicht nur das innere räumliche Gefüge, sie zerrissen auch durch schlechte Details und minderwertige Materialien die innere Einheit des Gebäudes. Baukultur als Schöpfungsakt: Die Kulturwerbung vieler Städte macht davon reichlichen Gebrauch; daß man damit auch eine Verantwortung übernimmt, das wird in Berlin wie in Wolfsburg offensichtlich vergessen.

Schattners Welt, das sind Schnitte durch die Historie einer Bischofsstadt. Eichstätt, eine Kleinstadt in Süddeutschland mit 14 000 Einwohnern, restauriert und neu geformt durch die dreißigjährige Tätigkeit eines bedeutenden Baumeisters: Karljosef Schattners Gebäudeschnitte sind berühmt wie die Operationserfolge großer Chirurgen. Man bewundert die Leistung, doch zu einer warmen menschlichen Nähe findet man nicht. Gebäudeschnitte, die ein neues Bezugssystem zu der vorhandenen historischen Bausubstanz schaffen, verändern schrittweise den Ort. Freilich wird dabei den Neuerungen nur soweit die Tür geöffnet, wie es das kirchlich geprägte Weltverständnis der Bauherren erlaubt. Die Härte der Eingriffe gewährt dem Benutzer wenig emotionalen Spielraum. Er tut gut daran, seine Gefühle unter Kontrolle zu halten. Wo Disziplin und Ordnung sowie die Bindung an die Geschichte derart übermächtig werden, gerät intellektuelles Aufbegehren leicht in den Verdacht, eine Fundamentalopposition zu beschwören. Gefühlskälte in klare Formen gefaßt. Man muß wohl selbst einen sezierenden Blick besitzen, um diesem chirurgischen Kunstgriff rückhaltlos zu vertrauen.

Ein Kunstgenuß gewiß, aber aus der Distanz. Schattners kühles, puristisches Formenrepertoire verweigert sich allzu schneller Inbesitznahme. Askese, so die Botschaft des Architekten, soll zu einem Nachdenken über den Wert von historischen Bauwerken führen, welche die drei großen italienischen Architekten Jakob Engel, Gabriel de Gabrieli und Maurizio Pedetti der Barockstadt hinterlassen haben. Eine stattliche Aussteuer, die eine noch immer einflußreiche Institution haushälterisch pflegt.

Schattners architektonische Kultur gründet auf dem Detail, das jedoch am Ende eines langen,

6 Karljosef Schattner, Universitätsbauten, Eichstätt, 1979–80

6 Karljosef Schattner, University Buildings, Eichstätt, 1979–80.
(Photo: Ingrid Voth-Amslinger)

sorgsamen Prüfens vieler Möglichkeiten steht. Der Baumeister aus Eichstätt will jedoch mehr als eine klare Abgrenzung zu postmoderner Beliebigkeit. Er möchte einer denkfaul gewordenen Architektengeneration durch den Aufbau einer Syntax zum Lesen verhelfen, das Bezugssystem zwischen Raum und Detail als eine einsehbare Ordnung installieren. So scheint sich einzelnes zum Existentiellen zu verdichten. Aus der Logik der Form baut sich ein Weltbild auf, das Ratio und Disziplin als Einheit fordert. So wird aus der Architektur ein Glaubensbekenntnis, in welchem der Architekt in doppelter Verantwortung steht: eine bedeutende Bautradition fortzusetzen, ohne dabei Gegenwartsprobleme zu übergehen.

Hierbei muß er eine wichtige Spielregel beachten: Der Regionalismus in der fürstbischöflichen Residenz war nicht durch völkische Ideologie belastet, aber der über Jahrhunderte regierende Krummstab der Bischöfe sorgte dafür, daß die kirchliche Einflußsphäre auch außerhalb der Kirchentore erhalten blieb.

In der allgemeinen Nivellierung eines gemäßigt historisierenden Bauens wirken Schattners Umgestaltungen auf den ersten Blick sensationell. Ein großes, leicht auszusprechendes Lob, zumal wenn man Eichstätts Geschichte rückwärts liest und sich auf die Umbauarbeiten der Innenräume beschränkt. Seine kühnen Stahltreppen werden bewundert, weil sie das Aufeinanderstoßen von neu auf alt genau markieren und zugleich die Vorstellung von Kontinuität suggerieren. Schattners Fähigkeit, diese Spannweite zwischen alt und neu auszuloten und das Neue in der Sprache einer gemäßigten Moderne weiterzuführen, all das hat die Diskussion über einen zeitgemäßen Denkmalschutz bereichert und den Gedanken einer von Handwerkern und Baumeistern betriebenen Bauhütte vorübergehend wiederbelebt.

Historische Dokumente lesbar und erlebbar zu machen, das gehört zum Repertoire der Denkmalpflege. Und so ist es naheliegend, die Geschichte einer Stadt aus den klassischen Maßstäben Platz und Stadtraum abzuleiten. Doch die urbane Qualität ist ohne sozialen und kulturellen Austausch ein Torso. In Eichstätt wurde Religiosität nicht nur in Kloster und Kirche zelebriert, volkstümliche Frömmigkeit prägte auch die weltliche Sphäre. Die unsichtbare Macht der Kirche wirkt wie eine geheime Ordensregel, die man stillschweigend akzeptiert. Studenten, die meist für Turbulenzen und politische Unruhe sorgen, sie verhalten sich in dieser Kleinstadt wie brave Parteisoldaten, die dem geistigen Anliegen der Obrigkeit folgen: keine aufmüpfigen Graffiti, kein Lärm in den Kneipen. Dreitausend Studenten, die man nicht bemerkt.

7 Karljosef Schattner, Lehrstuhl für Journalistik, Eichstätt, 1985–87

7 Karljosef Schattner, Faculty of Journalism, Eichstätt, 1985–87
(Photo: Klaus Kinold)

Vom Weichbild der Stadt kann man mühelos dieser kirchlichen Einflußsphäre folgen, die sich entlang der alten Römerstraße von West nach Ost erstreckt. Dieses geschlossene Arbeitsfeld eines einzigen Auftraggebers hat Karljosef Schattner als Diözesanbaumeister von innen heraus modernisiert, ohne die herrschende Traditionslinie zu verlassen. Schattners Anliegen hat die verborgenen Kräfte der Innenräume reaktiviert und den Gegensatz zwischen einem kontemplativen Kirchenraum und einem leeren Residenzplatz in Erinnerung gebracht. Es sind unsichtbare Grenzen, die noch immer durch Eichstätt verlaufen, so wenn kirchliche Repräsentations- auf bescheidenere Profanbauten treffen und vergitterte Portale die psychologische Distanz zwischen Stadt und Kirche aufrechterhalten.

Zu Schattners Verdiensten gehört es aber auch, daß er das bauhistorische Kapital weltlicher und kirchlicher Macht klug und selbstbewußt zu nutzen wußte. Die Ausdrucksskala, die er in der Auseinandersetzung mit der vorhandenen Bausubstanz entwickelte, ist die kompromißlose Sprache der Moderne. Schmale Stahlprofile, leichte Stahltreppen, messerscharf geschnittene Auflagepunkte: Es ist nicht das plastische Volumen, sondern

moral principle, functional and unsensual. The new university refectory is a case in point.

The conversion of the Ulmer Hof into a library: nothing artificial or even strenuous is to be found in this high room which seems to breathe through its various layers of walls, exuding an air of calm that makes reading and studying a pleasure.

Heinz Bienefeld: for all his obsession with detail, the designs by this architect are based on the sensual power of different materials. Like no other architect, Bienefeld knows how to refine the sensual beauty of masonry to create a sumptuous texture.

Bienefeld seeks no binding obligations, but formulates contradictions that exist between support and load, proportion and scale, material and surface. Reorganising such essentials time and again in order to lend things and their inherent characteristics an aesthetically appropriate form characterises the patient quest for beauty in Bienefeld's work.

8 Karljosef Schattner, Mensa der Universität, Eichstätt, 1986–88

8 Karljosef Schattner, University Student Refectory, Eichstätt, 1986–88
(Photo: Klaus Kinold)

eine zu Energiebündeln reduzierte Form, die den Kräfteverlauf einer Treppe vom Auflage- bis zum Einspannpunkt bestimmt. Daß solch wohlkalkulierte Methode oftmals zu einem unterkühlten Binnenklima führt, nimmt Schattner in Kauf: wo solche Grundfragen unbeantwortet bleiben, türmen sich neue Unsicherheiten auf.

Asketische Räume haben einen moralischen Unterton; sie schreiben vor, was an Komfort gerade noch gestattet ist, ohne in dem vorhandenen Wenigen die Einsicht in den Verzicht zu begründen. Das Ethos der Architektur wird einem moralischen Prinzip unterworfen, ist lustfeindlich und funktionsorientiert, was man mit Unmut in der neuen Universitätsmensa registriert. Nicht mehr ordnende Vernunft, sondern eine Autonomie der Form wird angestrebt. Ein autoritärer Zug ist unverkennbar.

Die eher konservativen Bauherren waren klug genug, um auch unter dem Mantel der Moderne das Maß an innerer und äußerer Freiheit nicht zu eng anzulegen. Wer als Baumeister so gradlinig in vorgegebene Ordnungsmuster eingebunden ist, der wird seine Aufgabe mehr im Bewahren einer langen Tradition sehen. So erklärt sich aus der Pflege historischer Bausubstanz das Abgewogene und zugleich Abgeschlossene von Schattners Eingriffen. Auffallend: Übergänge zwischen innerer und äußerer Welt werden durch schwere, vergitterte Türen hervorgehoben. Man hat Mühe, die wuchtigen Pforten zu öffnen, die jedem Besucher nahelegen, daß er einen spirituellen und kontemplativen Raum betritt, ein Ort, der Ruhe und Schweigen gebietet und somit ein Ort geistiger Ordnung ist.

Vielleicht ist dies dem Eichstätter Baumeister mit seinem außerordentlichen Gefühl für Raum- und Zeitschichten am besten beim Neu- und Umbau des Ulmer Hofes zur Bibliothek gelungen. Nichts Artifizielles oder gar Anstrengendes ist diesem hohen Raum anzumerken; er atmet durch verschiedene Wandschichten, strömt eine Ruhe aus, die Lesen und Studieren gleichermaßen angenehm macht. Schattner legt Tiefenschichten frei, man bemerkt seine sezierende Intelligenz an Wandzeichnungen, bewundert die Souveränität, mit der er Raum und Zeit zu einem geschlossenen Ganzen ordnet. Ein Lesesaal von großer Erlebnisdichte und doch von einer klaren, bildhaften Beschaffenheit, deren Elemente einer strukturellen Gliederung folgen. Zwei, am Saalende eingebundene Wendeltreppen verbinden die fünf Bücherdecks mit dem leicht abgesenkten Leseraum, dessen hufeisenförmige Tische einen Hauch von Luxus ausstrahlen – ein Komfort, den man gewöhnlich nur von Ozeandampfern kennt. Ein Ort, an dem die Augen wandern, Schichten und Räume durchdringen, der gegenwärtig und doch vergangenheitsbezogen ist.

Ordnung nicht als nackte Ordnung, in der Strenge der Form Großzügigkeit zeigen, das gehört zum großen Raumerleben im Ulmer Hof. Einem Zustand vergleichbar, in dem die Form die Freiheit erlangt, ihre Schönheit zweckfrei auszubreiten. Diese dialektische Partnerschaft mit der Geschichte, die Schattner mit seinen Umbauten, Restaurierungen und Rekonstruktionsversuchen

9 Karljosef Schattner, Ulmer Hof, Eichstätt, 1978–80.
Lesesaal des Fachbereichs für katholische Theologie

9 Karljosef Schattner, Ulmer Hof, Eichstätt, 1978–80. Reading Room, Faculty of Catholic Theology

10 Heinz Bienefeld, Haus Stein, Wesseling, 1976. Garten

10 Heinz Bielefeld, Stein House, Wesseling, 1976. Garden
(Photo: Gerhard Ullmann)

immer wieder anstrebt, sie hat ihm den Ruf eines preußischen Rationalisten eingebracht. Daß ihm diese maßgeschneiderte Umsetzung durch ein starkes Gegenüber gelang, seine wenigen Neubauten nicht annähernd diese Kraft entfalten, zeigt die Grenzen seiner Operationsmethode auf.

Ein Radikaler im Denken, ein Purist im Gestalten, ein überzeugter Einzeltäter, der Pflicht und Ordnung vom Überfluß zu scheiden weiß.

Der Ort, das Haus und die Welt: Gelingt es Schattner, die Zeitschichten einer Stadt durch Trennen und Verbinden gleichsam aus der Tiefe der Geschichte in die Gegenwart zu holen, so ist es bei Heinz Bienefeld überwiegend das Wohnhaus, in dem sich individuelle Ansprüche und antiker Weltgeist begegnen. Ist Schattners Werk eingebunden in Ort und Geschichte, so sind die Arbeiten von Bienefeld nah und fern zugleich. Die Nähe: Da ist zuerst die sinnliche Schönheit eines Mauerwerks, das er wie kein anderer Architekt zu einer kostbaren Textur zu veredeln wußte. Daneben aber auch eine eigentümliche Ferne und Ortsenthobenheit in den Atriumhöfen, in denen sich Wohnlichkeit und mediterrane Kultur auf befremdliche Weise begegnen. Fremdartig und doch vertraut, schwingt in den strengen und schön geschnittenen Höfen immer die Erinnerung an etwas Vergangenes mit. Wolfgang Pehnt, der einfühlsam und kenntnisreich die Wohnsituation in Bienefelds Häusern beschrieb, fand dafür eine poetische Metapher: Der Rhein fließt in das Mittelmeer. Damit wurde zwar die Herkunft dieser Haustypologie benannt, das Gegensatzpaar von philosophischer Weite und psychischer Geborgenheit jedoch nur angedeutet.

Es gehört zu den ersten unvergeßlichen Eindrücken von Bienefelds Wohnhäusern, daß sie in einem gegensätzlichen Richtungssinn verlaufen: zu Hause zu sein und doch in einem kleinen, geordneten Kosmos zu hausen. Bemerkt man bei Schattner die unerbittliche Strenge, Schichten abzutragen, Distanz zu wahren, so geht Bienefeld den umgekehrten Weg. Zwar werden die Details als Verbindungspunkte mit der gleichen Intensität bearbeitet, doch liegt bei aller Detailbesessenheit noch ein anderer Gedanke dem Entwurf zugrunde: die sinnliche Kraft unterschiedlicher Materialien zum Ausdruck zu bringen. Es ist das elementare Empfinden für die Stofflichkeit der Dinge, welches die Strenge mildert, die Wand aus ihrer konstruktiven Funktion entläßt und sie als Schmuckform festlich feiert.

Ist es einerseits die handwerklich sorgfältige Bearbeitung des Materials, so ist es andererseits die auffallende Schärfe, mit der Trennendes und Verbindendes in Erscheinung tritt. So liegen Kontemplation und Distanzierung eng beieinander, Gefühl und analytischer Sachverstand im Widerstreit. Bienefeld sucht keine Verbindlichkeiten, sondern formuliert Gegensätze, die zwischen Tragen und Lasten bestehen. Ein Spiel mit den Details an Wänden, das bis zur Auflösung der Flächen getrieben wird – und doch eine syntaktische Bedeutung besitzt: den Baukörper in Grundelemente zu zerlegen, um ihn dann in ein neues System zu fassen. Ein scharfsinniges und riskantes Unternehmen, das räumliche Vorstellungskraft und analytisches Denken voraussetzt, um zu einem ausgewogenen Spannungsverhältnis zwischen Öffnung und Fläche, Detail und Raum zu gelangen.

»Details sind so sinnvoll wie das Atmen.« Bienefeld, der Raumübergänge durch sorgfältige Detaillierung in den Rang einer Inszenierung erhebt, will jedoch mehr. Die Schönheit jenseits allem Nützlichen zum Vorschein bringen. »Heinz Bienefelds Architektur ist eine Architektur der Nahsicht«, so Ulrich Weisners Befund über dessen Detailsucht.[4] Daß die Architektur sich trotzdem nicht in kleinteilige Einzelheiten verliert, dies liegt weniger an der individuellen Ausformulierung, sondern vielmehr an der sorgfältig ausgewählten Position. Es sind Schnittpunkte, die Raumbezüge verdeutlichen und Richtungsachsen festlegen. So wird das Trennende zum Verbindenden, das strukturelle Zusammenhänge klärt.

Aus dem Kleinen heraus eine räumliche Weite zu schaffen, das gelingt nur dem, der die Grammatik des Bauens beherrscht. Es liegt ein verborgener Reichtum in den Wohnhäusern, die trotz ihres bescheidenen Volumens im städtebaulichen Kontext verankert sind. Ein schmaler, gepflasterter Vorplatz, einige schattenspendende Kugelbäume, eine kräftige, schön gefugte Backsteinwand;

11 Heinz Bienefeld, Haus Derkum, Swisttal-Ollheim, 1978

11 Heinz Bienefeld, Derkum House, Swisttal-Ollheim, 1978
(Photo: Gerhard Ullmann)

12 Heinz Bienefeld, Haus Heinze-Manke, Köln-Rodenkirchen, 1984. Galerie

12 Heinz Bienefeld, Heinze-Manke House, Köln-Rodenkirchen, 1984. Gallery
(Photo: Gerhard Ullmann)

13 Heinz Bienefeld, Haus Heinze-Manke, Köln-Rodenkirchen, 1984. Atrium

13 Heinz Bienefeld, Heinze-Manke House, Köln-Rodenkirchen, 1984. Atrium
(Photo: Gerhard Ullmann)

Bienefelds Wohnhäuser stehen selbstsicher auf dem ihnen zugewiesenen Platz. Doch ihre räumliche Entfaltung liegt im Inneren. Es ist weniger die geographische Distanz als das Aufgreifen alter bautypologischer Formen, die die Urform des Hauses durchscheinen lassen. Ein kleines Atrium ist das Zentrum, um das sich die Räume gruppieren. Analog zum öffentlichen Platz ist das Atrium Treffpunkt der häuslichen Gemeinschaft. Innen- und Außenwelt durch Nachbarschaftsideologie und Kommunikationszwang häufig überstrapaziert, sie werden von Bienefeld aufgegriffen und ohne artifizielle Verkleidung in ein zeitgemäßes Wohnen integriert.

Proportionen und Maßverhältnis, Material und Oberflächenwirkung, die Grundlagen immer wieder neu zu ordnen, den Dingen und den ihnen innewohnenden Eigenschaften eine ästhetisch angemessene Form zu geben, das mag wie ein leicht angestaubtes Berufsethos aus Dombauhüttenzeiten klingen. Doch Bienefelds geduldiges Suchen nach dem Schönen braucht solche Essentials, um dem Idealbild der Baukunst näherzukommen. »Wenn man ein Detail entwirft«, so der Architekt, »muß jeder Punkt, an dem Lasten und Tragen aufeinandertreffen – Ecken, Türen, Wand, Fenster usw. – jede Bewegungsrichtung, Beginn und Ende in einem bestimmten Verhältnis, einer bestimmten Dimensionierung ausgebildet werden. Das macht die künstlerische Arbeit aus.«[5]

Freiheit und Ordnung, dies komplizierte Verhältnis immer wieder in Raumkonfigurationen umzusetzen, höchste handwerkliche Sorgfalt für einfache Details, Sachlichkeit bis zur Askese getrieben, und doch so kostbar behandelt wie ein liturgisches Gefäß. »Bienefelds Häuser sind heroische Gesten der Qualitätsbehauptung«, so Wolfgang Pehnt,[6] doch was sie wirklich vom Alltag unterscheidet, das ist eine kaum wahrnehmbare, sakrale Aura. Schwieriger als die klassischen Topoi sind die manieristischen Einsprengsel zu bewerten, die mit provozierender Schärfe das Streben nach Vollkommenheit konterkarieren.

So kehrt der Widerspruch zwischen Baukunst und Wohnen unversehens zurück, erinnert daran, daß Harmonie nur aus einem flüchtigen Moment von Übereinstimmungen besteht, um bei der nächsten Bauaufgabe alte Fragen unter neuen Vorzeichen aufzuwerfen.

Anmerkungen

1 Sigfried Giedion, *Raum, Zeit, Architektur*, Ravensburg 1965, S. 382 ff.
2 *Alvar Aalto Museum 1992. In Berührung mit Alvar Aalto*, Ausst. Kat., ohne Jahr, ohne Ort, S. 37
3 Ebenda, S. 41
4 Ulrich Weisner, *Neue Architektur im Detail. Heinz Bienefeld, Gottfried Böhm, Karljosef Schattner*, Bielefeld 1991, S. 29
5 Zit. nach: Manfred Speidel und Sebastian Legge, *Heinz Bienefeld. Bauten und Projekte*, Köln 1991, S. 25
6 Wolfgang Pehnt, in: *db*, Heft 9, 1992, S. 17

Patrick Berger und Jean-Pierre Nouhaud

Bauen: die Zeichnung, die Hand, die Geste

Der Projektablauf ist immer folgendermaßen: Ein Tag, ein erster Strich, ein heftiges Drängen aufgrund einer vagen Idee, ein einzigartiges Gebilde sucht seine Architektur in Raumformen und sich aufdrängenden Gestaltungsideen, und viel später setzt eine andere Hand es dann auf der Baustelle ins Werk.

Die Überzeugung, daß die industrielle Fertigung von Bauteilen, die zunehmende Mechanisierung der Baustellen sowie der immer größere Einfluß neuer Technologien auf die Planung und die Entwürfe eines Projekts zu immer weniger handwerklichem Arbeiten und dem Verschwinden der Handschrift des Architekten führt, greift mit beunruhigender Geschwindigkeit um sich. Die allgemeine Verbreitung der Technik und die damit einhergehenden Veränderungen legen den Gedanken nahe, daß der Architekt, wie auch der Handwerker und der Künstler, sein Handwerk nicht mehr beherrscht.

Der Architekt verliert seine Entwurfsgewalt, denn die bei jedem Projekt entstehenden Sachzwänge der Fertigung drängen die ›individuelle Handschrift‹ im Bereich der Planung, Gestaltung und letztlich auch der Ästhetik zurück.

Projekt der Hand

Die Konfrontationen auf ethischer und ästhetischer Ebene häufen sich zunehmend, wobei allerdings die Diskussion noch zu allgemein ist, um exemplarisch und überzeugend zu sein: Es werden immer nur die gesellschaftlichen Leistungen hinterfragt, und die Antworten beschäftigen sich eher mit den Spuren, die die Technik in der Gesellschaft hinterläßt, als mit dem Wandel bei der Umsetzung von Gedanken.

Das Handwerk wäre demnach ein aus der Geschichte hervorgegangenes Wissen, das sich ausschließlich durch seine Werkzeuge, seine speziellen Materialien, seine Verarbeitungtechniken und seine Fertigkeiten definiert: Auf dem Weg vom Lehrling zum Meister erlangt die Hand ihre berufliche Identität.

Interessant ist dabei die Frage, ob diese Stellung des Handwerks im Denken der Architekten ein ideologisches Apriori, ein kulturspezifisches Tabu oder eine dem Entstehungsprozeß innewohnende Realität ist, die an der Anzahl von Architekturbüros, Projekten und Baustellen gemessen werden kann. Da die Antworten ganz offensichtlich all diese Aspekte berühren, stehen die epistemologischen Projektanalysen heute noch nicht an: räumliche und anthropologische Zusammenhänge, vorhandene biographische Formen waren bisher nicht Gegenstand von Analysen, die zur Einschätzung dieser Entwicklungen notwendig wären.

Dennoch können hier, und nur hier, Standpunkte entwickelt werden, an denen die wechselseitig bedingten Verschiebungen der Konzepte, des Wissens und der Mechanisierung beobachtet werden können, und Überzeugungen können entstehen, wie sich die Ausdrucksformen und ihre Handschriften in diesem System verändern.

Die Hand und die Geschichte

Jenseits der theoretischen Unschärfe des Kulturbegriffs und der Schwierigkeit, den Planungsvorgang und den Stellenwert der industriellen Technologie zu bestimmen, ergibt sich vorab eine theoretische Überlegung: Wenn es in der zeitgenössischen Architektur einen Verlust an Entwurfsgewalt und handwerklicher Substanz gibt, impliziert dies, daß ein goldenes Zeitalter des Gleichgewichts zwischen individueller Handschrift und handwerklichem Können herausragende Bauwerke ermöglicht hätte, die heute historisch und nostalgisch wären und damit nicht in Erwägung gezogen werden dürfen.

Die Ausdrucksformen wie auch die Techniken der Architektur sind irreversibel, womit der Architekt und der Maurer im Lauf der Zeit die Kontrolle über ihr Werk verlieren. In der Kunstgeschichte herrscht noch die traditionelle Auffassung von Geschichte vor, als einer kulturellen Darstellung, deren Aufgabe in der Sammlung und Bewahrung beispielhafter Zeichen gesehen wird, die sowohl dem gesellschaftlichen Bewußtsein von Ursprüngen als auch, noch utopischer, der Vorstellung von Zukunft dienen müssen.

Die Handschrift des Architekten wie das Wissen des Handwerkers stehen somit vor ideologischen Abgründen, die die klare Sicht auf die langsamen kognitiven Prozesse verstellen, die ständig zwischen den Produkten der Industrie und deren handwerklicher Umsetzung ablaufen.

Die Erinnerungen von Architektur sind gebaut, ihr Gedächtnis ist gezeichnet: Es ist ein schneller oder langsamer Strich, forsch oder unsicher, verhalten und gespannt, unter dem Zwang unsicherer Gefühlsregungen und ganz persönlicher Beweggründe, gekennzeichnet von Energieschüben, angepaßt an die Zeit. Die Zeichnung in der Architektur kennt keine Reue: Wie beim Künstler offenbart sich in dieser sprunghaften Anfangszeit der ersten Spur eine Abwesenheit: die des zu schaffenden Objekts. Der Architekt zeichnet für sich selbst, wobei er bereits gebaute Projekte und Be-

Sketch, hand and movement

The conviction that industrial fabrication of building components, increasing mechanisation of building sites, the ever stronger influence of new technologies on planning and the design of a project lead to a decline in craftmanship and the disappearance of the architect's signature has achieved remarkably widespread currency. In contemporary architecture, wherever there is a loss of design and craftsmanship, this goes hand in hand with nostalgic yearning for a golden era of harmony between individual signature and skilled craftsmanship.

The souvenirs of architecture are built, but its memory is drawn. The architect draws for himself, attentively repeating existing projects and reports, inventing functionless forms, weighing up possible alternatives, happening upon arbitrary reasons for decisions, endeavouring to grasp the unexpected, creating new signatures that are compatible with existing forms of expression. Once the project has taken shape, experience has shown that personal history pales behind the intention of the building. It is perfectly possible to present the recognisable phases of its development: draft, model, plan, idea, implementation, building site.

Only the draft or sketch is by the architect's own hand. The other drawings are created with mechanical aids. The traditional building methods are being called into question today. The materials, the crafts and trades, the organisation of the building site, the machines, tools etc., all remained the same until industrialisation brought with it the development of new materials that shook the very foundations of the system. The definition of craftsmanship and its place within the project and on the building site have changed.

The same materials change their properties and their industrial production today demands other applications. At the same time, the new materials lead to the creation of new crafts and trades. In contrast to a widely

Baustelle und Zeichnung

Derzeit ist es kaum möglich, ein Projekt als historisch und epistemologisch entstandenes Objekt, als ein analysierbares Objekt, zu betrachten, aber es ist durchaus möglich, die erkennbaren Abschnitte seiner Entstehung darzustellen: die Entwurfszeichnung, das Modell und die Werkplanung. Es sind ausnahmslos visuelle Darstellungen des zu bauenden Objekts, die gemäß den klar strukturierten und erkennbaren Ausdrucksformen den Werdegang zum Bauwerk aufzeigen: Idee, Ausführung, Baustelle. Ihr Wesensunterschied ist klar erkennbar: Nur die Entwurfszeichnung – be-

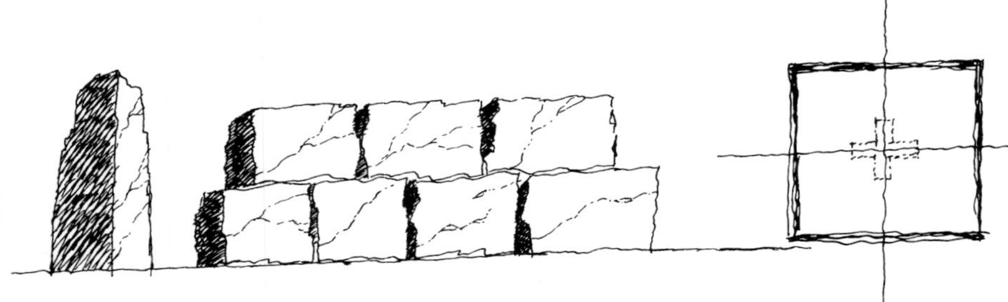

1–5 Ecole d'Architecture, Rennes, Wettbewerb 1986, Fertigstellung 1990

1–5 Ecole d'architecture, Rennes, competition 1986, completion 1990

(Photos: Stéphane Couturier und Jean-Yves Cousseau)

held view, work on a building site is not monotonous. It is innovative. It is a question of the cultural involvement of architecture. The crisis of contemporary art shows that the gaze of the spectator is not able to grasp works spontaneously. At present, architecture is protected from this crisis of meaning by its social usefulness. There is no art without the hand, no matter what mechanical or industrial aid may come between it and the finished work. Architecture today is creating more new crafts and trades than ever before.

richte aufmerksam wiederholt, unnütze Formen erfindet, mögliche Alternativen gegeneinander abwägt, zufällig auf Entscheidungsgründe stößt, Unerwartetes zu erfassen versucht, neue Handschriften entwirft, die mit den bereits vorhandenen Ausdrucksformen vereinbar sind. Es ist diese noch kaum wahrnehmbare Zeichnung, die eigenständige Interpretation, die Umsetzung des Programms, auf die er reagiert: Hinzu kommen die Bezüge und die Verwirrungen der ersten und noch zufälligen Antworten auf die gestellte Aufgabe.

Nimmt das Projekt dann Form an – so zeigt die Erfahrung – verblaßt die persönliche Geschichte hinter der Intention des Bauwerks.

vorzugte Raumformen und Geometrie, erste sich aufdrängende Formen usw. – ist ein Werk der Hand. Die anderen Zeichnungen entstehen mit Hilfe von Geräten. In der Entwurfszeichnung drückt sich die Hand aus; diese Skizze ist eine visuelle Geschichte, die nach den Regeln eines Handwerks des Denkens entstanden ist, das die Geste in Schrift umsetzt, so wie später auf der Baustelle der letzte Schliff, wo notwendig, mit der Hand vorgenommen wird. Diese Parallelität, die das Augenmerk, prinzipiell wie ästhetisch, auf die Hand des Architekten und die des Arbeiters lenkt, zeigt die gedankliche Gemeinsamkeit, die die individuelle Handschrift des Architekten und die anonyme Bewegung auf der Baustelle verbindet, und weist auf die handwerkliche Kunst in dessen Handschrift hin.

So entsteht eines Tages ein Projekt aus einem ersten Strich, aus einem deutlichen Verlangen aufgrund einer vagen Idee, aus einer ersten, noch undefinierbaren kaum einzuordnenden Spur: von der Hand, zur Zeichnung, zum Werk.

Der abgebrochene, neu begonnene oder nicht vollendete Entwurf stellt sich als Zusammenspiel von Arbeitsgängen dar, die natürlich die Voraussetzung für die Darstellung des Projekts sind, die aber vor allem die für die Entstehung von Alternativen deutlich sichtbaren und notwendigen Unterbrechungen sind. In diesen Alternativen entfaltet der Architekt seine Handschrift, bringt seine konstruktiven Möglichkeiten wie auch seine künstlerischen Vorstellungen zum Ausdruck. Schon mit dem ersten Strich und durch all die Unsicherheit, Dichte, Zeit und Spannung hindurch zeigen sich die Absicht und die architektonische Aussage des Bauwerks. Aus den Spuren der Entstehung des architektonischen Zeichens werden die seiner baulichen Interpretation. Hier kann man, vergleichbar mit der Textgenese in der Literatur, von Architekturgenese sprechen.

In dieser Zeit und in dieser Bewegung der gezeichneten Gedanken wird die kreative Phantasie des Architekten zu einer klar sichtbaren Handschrift, in der die Vorgaben des Projekts und das handwerkliche Wissen zum Ausdruck kommen.

Hände und Gesten

In den Projekten von heute ist ein grundlegender Wandel der baulich-konstruktiven Prozesse erkennbar. Er basiert auf der Vielfalt der von der Industrie angebotenen Materialien und den damit verbundenen höchst unterschiedlichen Verarbeitungstechniken, auf der Entsymbolisierung der Bauprogramme und der Zersplitterung der Bilderwelt sowie auf den beim Bau immer wieder erforderlichen Einsparungen, die der Architekt durch die Wahl seiner baulich-konstruktiven Möglichkeiten bestimmt.

Die tradierten Bauweisen werden in ihrer Eindeutigkeit in Frage gestellt: Die Materialien, die Handwerksberufe, die Organisation der Baustelle, die Maschinen, die Werkzeuge etc. sind dieselben geblieben bis zu dem Zeitpunkt, als die Industrie dieses System durch die Entwicklung neuer Materialien ins Wanken brachte und andere architektonische Werke mit gewandelten Mythen entstehen ließ. Diese Betonung der Technik wird zu ei-

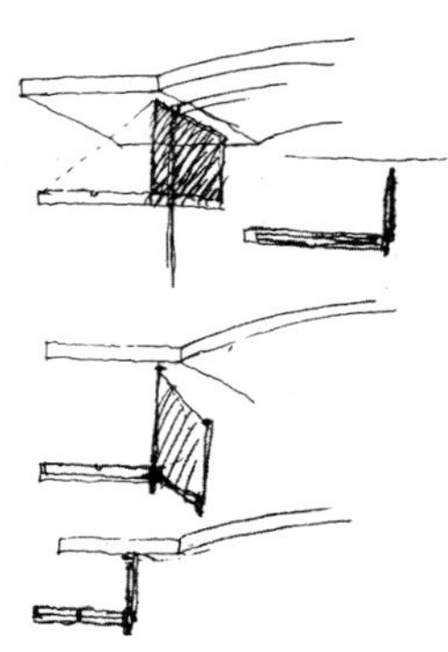

6–8 Viadukt Daumesnil, Paris, Wettbewerb 1988, Fertigstellung 1995

6–8 Daumesnil Viaduct, Paris, competition 1988, completion 1995
(Photos: Stéphane Couturier)

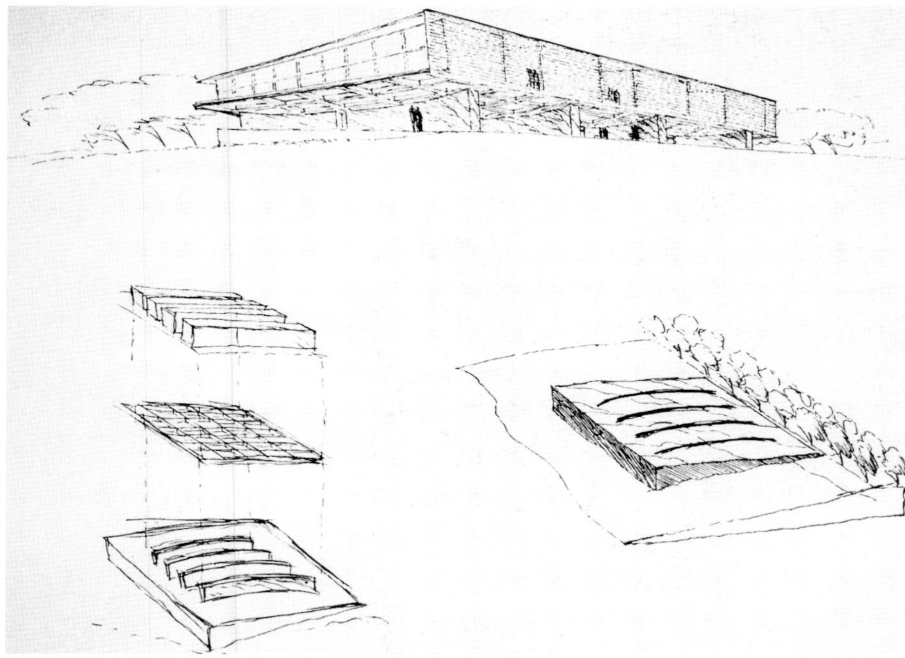

9–12 Maison de l'université de la Bourgogne, Dijon, Wettbewerb 1992, Fertigstellung 1997

9–12 Maison de l'Université de la Bourgogne, Dijon, competition 1992, completion 1997
(Photos: Jean-Yves Cousseau)

ner neuen Morphotechnik, die die Fertigkeit der Hände, das handwerkliche Wissen, die Handwerksberufe ersetzt und – wie in der bildenden Kunst – den eingespielten Arbeitsablauf, die ästhetischen Kategorien und die bewährten Vorgehensweisen demontiert: Sowohl für den Architekten als auch für den Kunsthistoriker werden die allgemein anerkannten methodischen Abläufe in Frage gestellt.

Die Vorstellung von einem Handwerk, von traditionellen Handwerksberufen, die den Bautechniken Struktur geben, die in der Geschichte der Architektur Akzente setzen und die aufgrund der bei ihrer Ausübung geforderten ›Hand-werklichkeit‹ die einzig ehrliche und legitime Ausdrucksform der Gedankenwelt des Architekten sind, erweist sich als wirkungslos, denn die wie auch immer lautende Definition von Handwerk sowie seine Stellung innerhalb des Projekts und auf der Baustelle haben sich geändert.

Es ist nicht mehr möglich, das Handwerk, im alten Sinne der Tätigkeit, als geschlossene Einheit zu betrachten.

Die Hand bei der Arbeit

Materialien verändern ihr Aussehen, und ihre industrielle Produktion erfordert heute eine andere

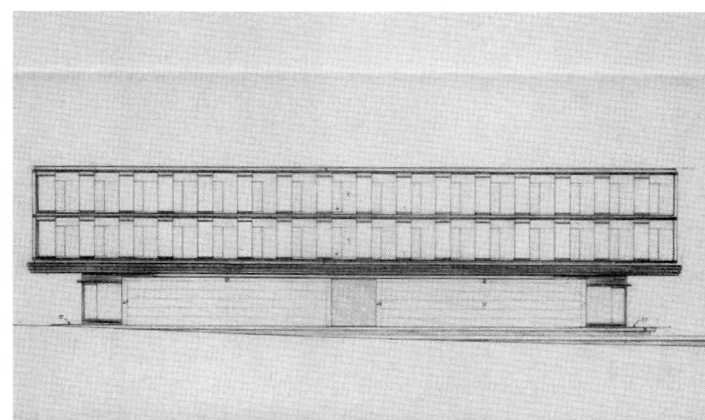

13–14 Maison de l'université de la Bourgogne, Dijon, Wettbewerb 1992, Fertigstellung 1997

13–14 Maison de l'Université de la Bourgogne, Dijon, competition 1992, completion 1997
(Photo: Philippe Dureuil)

Verwendung. Gleichzeitig führen neue Materialien zur Entstehung eigener Handwerksberufe.

Indem sich der Architekt die Frage nach der Verwendung von Holz, Stein und anderen traditionellen, historischen Materialien stellt, muß er beim Entwurf seines Projekts definieren, was dieses historische Material modern macht, was es hervorhebt angesichts der unvermeidlichen Frage nach der Handschrift und deren Aktualität.

Das Handwerk besteht daher nicht mehr aus Berufen, sondern ist vielmehr die Bezeichnung für die Arbeit mit der Hand. Es verlagert sich, ändert mit der Zeit seine Rolle und könnte daher sogar durch all die innovativen Verfahren, die die Denkstrukturen und die Vorgehensweisen der Architektur verändern, erweitert und verstärkt werden.

Im Gegensatz zu einer weit verbreiteten Vorstellung ist die Handbewegung auf der Baustelle nicht monoton: Sie ist – jenseits der Anonymität dessen, der sie in Gang setzt – innovativ. Niemals gibt es bei einem Verfahren, bei einer Montage, bei einer Endbearbeitung, bei einem Ausbau zwei genau gleiche Situationen. Vom kleinsten Detail bis zum größten Gefüge, vom Fertigbauteil bis zur Schalung, ist die Handbewegung einfach da – unabhängig von der Dimension, mit ihrem ganzen Intellekt, um die richtige Lösung zu finden und Unterbrechungen zu vermeiden.

Wir sind weit entfernt von der durch die Geschichtsdiskussionen und deren künstlerischen Visionen gewonnenen intellektuellen Gelassenheit: Der Steinmetz des Mittelalters wie des Klassizismus, dessen Beruf man gerne als das Symbol einer Freiheit der Phantasie und der konstruktiven Geste ansieht, ist bei erneuter Betrachtung vielleicht nur der letzte Sklave, der durch das Ersetzen der Hand-Arbeit befreit wird. Was als Freiheit der Geste interpretiert wurde, ist wahrscheinlich nur die intellektuelle und physische Unterwerfung des Körpers unter einen Katalog aus Motiven und Fertigkeiten, der mit mehr oder weniger Geschick wiederholt wird. Im Baustellenbetrieb funktioniert die ›zeitgenössische‹ Hand nach den Erfordernissen des Projekts, wird aber aktiv, wo fehlende Vorgaben Erfindungsreichtum erfordern und wo Zeichnungen baulich umgesetzt werden müssen, selbst wenn über die genaue Rolle der Hand häufig Unklarheit herrscht.

Es entspricht einer gewissen Art zu denken, daß die einzelnen Berufsstände, die zwischen dem Architekten und der Baustelle in großer Zahl entstanden sind, der bauenden Hand das Verständnis für die dazwischenliegenden Schritte vermittelt haben. Die Verschiedenartigkeit der Techniken, die auf einer Baustelle aufeinandertreffen, macht die Fähigkeit, mit dieser Vielfalt kreativ umzugehen, erforderlich.

Zeichnungen und Gesten verpflichten

Zwischen der Betrachtungsweise der Entwicklung von Ideen und der Betrachtungsweise der Bedingungen des Projekts ist eine Übereinstimmung unabdingbar, und sie muß angestrebt und deutlich erkennbar sein: Es geht um die kulturelle Einbindung der Architektur. Die Krise der zeitgenössischen Kunst zeigt, daß der Blick des Betrachters nicht in der Lage ist, Werke spontan zu verstehen.

Momentan wird die Architektur durch ihren gesellschaftlichen Nutzen vor dieser Sinnkrise bewahrt. Das gleiche ästhetische Mißverständnis könnte sich aber einstellen, wenn der Blick auf die Baustelle und der tellurische Einfluß des Erbauten nicht mehr der gleiche ist wie der Blick auf das

15–18 Sitz der UEFA, Nyon, Wettbewerb 1984, im Bau

15–18 UEFA headquarters, Nyon, competition 1984, under construction
(Photo: Luis Adrian)

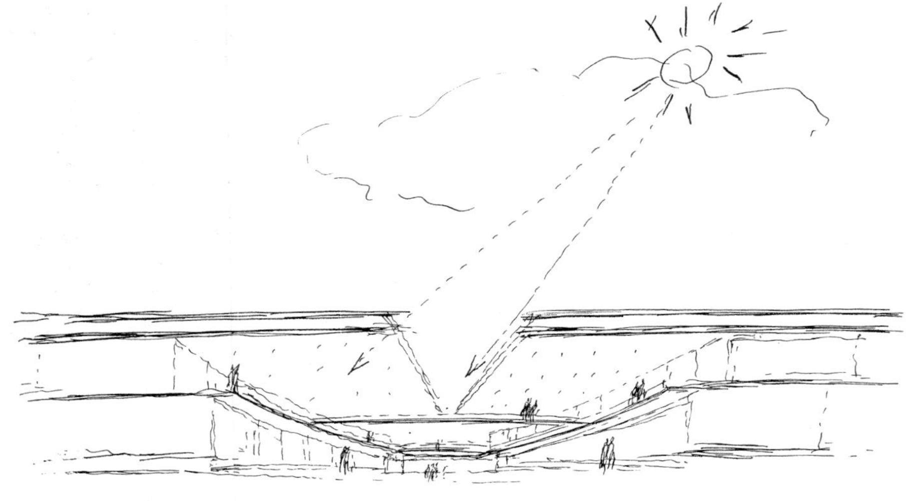

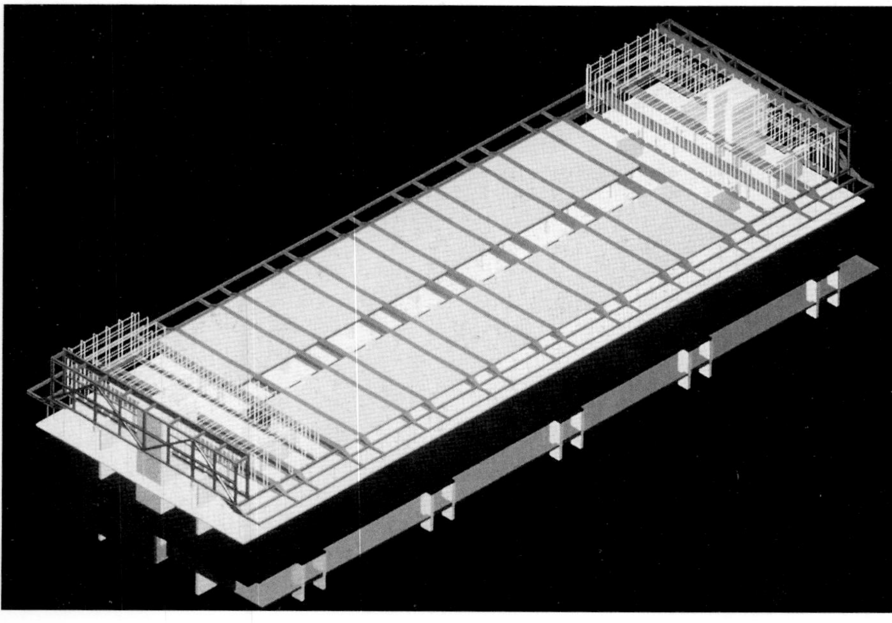

fertiggestellte Werk. Vom Zeichenblock zur Baustelle folgen die einzelnen Schritte der Architektur nicht ausschließlich den Regeln von Nützlichkeit und konstruktiver Funktionalität: Sie sind, obwohl sie im fertigen Bauwerk verborgen sind, notwendig für dessen Bedeutung.

Es gibt keine Kunst ohne die Hand, welche maschinellen oder industriellen Hilfsmittel sich auch immer zwischen sie und das fertiggestellte Werk schieben. Diese Hand, als physische und begriffliche Realität, arbeitet unterschiedlich je nach den formalen Ausdrucksformen und Vorgehensweisen bei der Umsetzung der kreativen Phantasie in Schrift. Die greifbaren Konsequenzen des Bauvorganges schon aus der Zeichnung des Architekten herauszulesen, bedeutet, die rhetorischen Beziehungen zwischen dem, was unbedingt dargestellt werden muß oder nicht, damit die Hand des Arbeiters es verwirklicht, zu prüfen.

In der Montage, der Endfertigung und dem Verarbeitungsgrad der Materialien die beabsichtigten Verbindungen zwischen der Zeichnung des Architekten und der Arbeit des Handwerkers zu erkennen, bedeutet, die von der Theorie und der Geschichte häufig vergessenen Verbindungen zwischen den architektonischen Ausdrucksformen und den für die Umsetzung notwendigen Arbeitsweisen deutlich zu machen: Die Architektur bringt heute mehr denn je neue Handwerksberufe hervor.

Dieser Standpunkt ermöglicht eine Neuinterpretation der Architekturgeschichte und vor diesem Hintergrund auch das Verständnis der zeitgenössischen Architektur. Die besondere Beziehung zwischen den Ausdrucksformen der Architektur und der Arbeit der Hand ermöglicht eine kulturelle Verständlichkeit der Architektur, die somit die Interpretation des Bauwerks aus kunsthistorischer wie aus praktischer Sicht zuläßt.

Benedict Tonon

Technik und Begreifen oder die Spur der Hand

Die Architektur der Moderne stellte in einem glücklichen Moment die Einheit zwischen Sprache, die eine Daseinsbegründung entwarf, und der Technik her, die längst eigenen Gesetzen gehorchte und sich dem Primat der Sprache entzogen hatte. Architektur verwirklichte – gegen eine metaphysische Symbolik der Ästhetik – in Übereinstimmung mit naturwissenschaftlichen und ökonomischen Regeln der Technik utopische Modelle begrifflicher Logik. Die Geometrie als ›mathematische Wissenschaft‹ zur Ordnung aller Lebensfunktionen war der ›lesbare‹ Vermittler zwischen der Technik und den utopischen Projektionen der Sprache. Schließlich schlug auch das sogenannte Organische Bauen die Brücke von der ›Natur-Wissenschaftlichkeit‹ zu den utopischen Projektionen der Sprache.

Mit dem Scheitern dieses kurzen Weges von der Technik zum Begreifen als Dienst an den Idealisierungen der Sprache wurde der autonome architektonische Diskurs eingefordert: Die sogenannte Rationalistische Architektur macht die Geometrien nun zu einer ›Wissenschaft‹ der Zeichen, gelagert in einer archetypischen Phänomenologie des Unbewußten, neben dem Primat der Sprache und neben der Geschichte machenden Technik (und Ökonomie). Der Technizismus der High-Tech-Architektur wiederum sucht die nicht vergegenständlichbaren technischen Einflüsse auf die zu *begreifende* Welt symbolisch einzuholen. Und der ästhetische Konstruktivismus einer dekonstruktivistischen Architektur führt den Zugang in eine sprachlich *faßbare* Welt durch mystische Erfahrungen, jenseits technischer Herstellungsprozesse.

Diese Bemühungen um die Architektur, die zeitgleich auftreten, zeugen von der Schwierigkeit, aus »natürlicher Einstellung« (Edmund Husserl) und »leiblicher Erfahrung« (Maurice Merleau-Ponty) Boden und Horizont von einer Welt herzustellen, die technisch verändert, die ästhetisch erschlossen und die logisch geordnet wird. Wenn sich aber diese eine Welt nie rekonstruieren läßt, weil Technik/Ökonomie längst eine für die sinnliche Erfahrung gegenstandslose Autonomie erreicht haben, stellt sich die Frage, wie sich Baukunst in ein gegenstandsloses Verfahren des Be-Greifens und des Zur-Sprache-Kommens einbringen kann.

Im Folgenden werden die Verfahren des Zu-Stande-Kommens und des Zur-Sprache-Kommens von Welt thematisiert, die ersten zwei Abschnitte beschäftigen sich mit der modernen und der postmodernen Aufrechterhaltung einer Architektur von Welt, der dritte und vierte Abschnitt mit der Bemühung um Architektur als offenes Werk im Sinne von Baukunst: Die Kirche als Wahrnehmungsraum weist auf die Spaltung von Technik und Metaphysik. Die Schule als archetypische Phänomenologie umreißt die Grenzen eines Systems der Zeichen und Handlungen neben der Sprache und neben der Technik. Die Kunsthal als offenes Kunstwerk spielt mit einem Innen und Außen von Welt durch technische Symbolik und die Technische Hochschule als offener Erfahrungsraum sinnorientierender Weltauslegung bemüht sich um eine gegenläufige Beziehung von Offenheit und Sinn.

Die Kirche als Wahrnehmungsraum einer spirituellen Grundlegung

Abstrakt und bilderlos zeigt sich die weiße Kubatur in einem Stadtquartier von Wohnhäusern und Fabrikationsstätten. Der Flachbau am Straßenrand neben einem schlanken Bauwerk – ist es ein Schornstein? – wird im Innern zu einem niedrigen Seitenraum eines Saals. Aus der Dämmerung breitet er sich aus um eine schwarze Säule herum und empor in einen aus der Höhe mit Licht gefüllten Raum. Die Fenster in schwebender Höhe des harten, weiß verputzten Saales erscheinen dem auf der Bank verweilenden Besucher wie die Fenster eines Wohnhauses. Als Zeichen bringen sie in der Welt göttlicher Offenbarung die Geborgenheit der alltäglichen häuslichen Erfahrung zur Sprache. Die im technischen Schliff sichtbar gewordene weiße Äderung des schwarzen Marmorbodens wird durch ihr Verhältnis zum abstrakten Lichtraum zur Grundlage von Metaphysik. Und das vor der schwarzen Säule in Schwebe gehaltene weiße würfelförmige Rednerpult macht unsichtbare technische Kräfte zu einem Medium der Verkündigung.

The trace of the hand

This essay, which re-evaluates the relationship between architecture's role as the built environment and its role in shaping our perception of the world around us, starts by examining modernism's quest for an exemplary and utopian aesthetic solution to the modern era's distinction between semantic meaning and technical-mathematical laws.

The theological origin of this aim for reconstruction and reconciliation of the distinct spheres of language, technology and life-world is illustrated by way of example of two churches designed by Rudolf Schwarz. One is the Fronleichnamskirche in Aachen, built in the late 1920s. It is a typological materialisation of the concept of "architecture as church", to use the description later posited by Rem Koolhaas in criticising the modernist approach. The church of St Ludger in Wuppertal, built in the late 50s, demonstrates the aesthetic break with a certain everyday reality so typical of the period.

1 Kirche im Horizont der Technik. Rudolf Schwarz, Fronleichnamskirche, Aachen, 1928–31. Luftbild

1 The church in the realms of natural science. Rudolf Schwarz, Fronleichnamskirche, Aachen, 1928–31, aerial view

2 Die Kirche als Wahrnehmungs-Raum.
Rudolf Schwarz, Fronleichnamskirche, Aachen, 1928–31. Innenraum

*The aesthetic of asceticism.
Rudolf Schwarz, Fronleichnams-kirche, Aachen, 1928–31. Interior*

This independence of the aesthetic dimension, articulated in the emphasis on visible craftsmanship in the form of bricks, plaster and roofing beams, may be regarded as an immanent crisis of modernism. Aldo Rossi was to pit the strength of a structuralistically determined architectural autonomy against both its social utopian aspect and its functionalistic social pragmatism.

His Scuola Elementare in Fagnano Olona creates an interactive relationship between collective experience and archetypical phenomenology that seeks to restitute the legibility of social complexity on the basis of the

Es handelt sich um die Fronleichnamskirche in Aachen, ein Frühwerk von Rudolf Schwarz aus den Jahren 1928–31. Sie markiert den historisch gewordenen Moment einer Synthesis von Technik und Ästhetik in den utopischen Projektionen der Sprache, hier einer Einheit mathematischer und ästhetischer Abstraktion im Dienste der christlichen Offenbarung durch das Wort. Die unanschauliche Wissenschaft numerischer Rechenverfahren der neuen Stahlbeton-Bautechnik wird in Raumkoordinaten übersetzt und wiederum in der geometrischen Konstruktion vergegenständlicht. »Ganz tiefe Formkräfte scheinen hier eine Wendung zu einer neuen Art innerlich gespannter Körperlichkeit aus fast abstrakt gewordener Beziehungsspannung vorzubereiten.«[1] In der »körperlichen Tendenz des Technischen« erkennt Rudolf Schwarz in seiner Schrift *Wegweisung der Technik* die Chance, mit den Mitteln der Wissenschaft Gottes Wort be-greiflich zu machen. Die Leere des Raumkörpers der Fronleichnamskirche bringt die Leere des numerisch Codierten in einen Schnittpunkt mit der Leere des noch nicht zur Sprache gebrachten Heiligen, »das über Gestalt und Begriff geht«.

Der Theologe Romano Guardini schreibt zu der Kirche in Aachen: »Was die Bilderlosigkeit des heiligen Raums betrifft, so ist dessen Leere doch selbst ein Bild. Ohne Paradoxon gesagt: Die richtig geformte Leere von Raum und Fläche ist keine bloße Negation der Bildlichkeit, sondern deren Gegenpol. Sie verhält sich zu dieser wie das Schweigen zum Wort. So bald der Mensch für sie offen wird, empfindet er in ihr eine geheimnisvolle Anwesenheit. Die drückt vom Heiligen das aus, was über Gestalt und Begriff geht.«[2] Diese von einem Theologen entwickelte Phänomenologie legt das Heilige in die vorsprachliche Erfahrung, so wie die minimalistische Kunst seit Mitte der sechziger Jahre in der vorsprachlichen Erfahrung das ›Andere‹ zu einer durch Technik und Ökonomie auf ihre Codierungen gebrachten Welt thematisiert.

Die Möglichkeit eines Ineinanderaufgehens von unanschaulicher, *unbegreiflicher*, *unbegrifflicher* Naturwissenschaft und vorsprachlicher Erfahrung im bautechnischen und baukünstlerischen Werk der Kirche hat nach dem Zweiten Weltkrieg die Aussicht auf einen unmittelbaren Zusammenschluß verloren. Denn die Selbstverleugnung der Sprache der Vernunft, so, wie sie sich in einem Weltkrieg als höchster Form der Gewaltausübung durch Technik zu erkennen gibt, richtet das Bewußtsein darauf, »daß eine intersubjektiv verbindliche Weltauslegung tatsächlich nicht durch den ›Zugriff‹ der Sprache, sondern ineins damit durch die mit dem Sprachgebrauch verwobenen Handlungen ›erarbeitet‹ wird.«[3] Wie kann die Weltveränderung durch Technik zu einer sinnvollen Weltauslegung kommen, wenn diese nicht mehr aus sinnlichen Handlungen hervorgeht, erfahrbar wird und so zur sprachlichen Vermittlung kommt?

3 Leere, die über Gestalt und Begriff geht, und der Zugriff der Hand.
Rudolf Schwarz, St. Ludger, Wuppertal, 1955–64. Innenraum

*3 The void that goes beyond design and concept, and the trace of the hand
Rudolf Schwarz, St Ludger, Wuppertal, 1955–64. Interior*

Mit weicher Konturierung und einem steilen Dach ist der weiße Körper unauffällig eingebettet in das harmonische Vorstadt-Milieu der fünfziger Jahre. Mit dem Überschreiten der Schwelle wird der Besucher durch die Radikalität der Leere schockiert, die, wie Romano Guardini formuliert, »über Gestalt und Begriff« geht. Die irritierende Weite des steilen Raums, der keine präzisen Grenzen zu bieten scheint, reißt den Besucher aus dem Halt seiner Alltagserfahrung. Doch bringt der Architekt Haltlosigkeit und Weite naturwissenschaftlicher Welterfahrung durch Monaden von Ziegelsteinen, das heißt durch kleinste belebte Bausteine des Weltganzen, vom Zugriff der Hand zurück in die Sprache von Gottes Wort. Und das Gerüst des Dachstuhls erhebt sich als anschauliche Handwerkskonstruktion über die entgrenzte Ausdehnung des Raums.

Es handelt sich um die Kirche St. Ludger in Wuppertal, ein Spätwerk von Rudolf Schwarz aus den Jahren 1955–64. Die Abstraktionsvorgänge der Technik lassen sich nun nicht mehr ohne Weiteres mit der Vorsprachlichkeit der Phänomene – wie bei der Fronleichnamskirche noch möglich – in einen Schnittpunkt legen. Der Einfluß von Technik und Ökonomie auf die Konstituierung von Welt ist gegenstandslos geworden. Folgerichtig legt Rudolf Schwarz den Zugriff der Transzendierungen der Sprache zurück in den Aktionsradius der Handwerkstechnik.

Die scuola elementare als archetypische Phänomenologie kollektiver Erfahrung

Über den flach geneigten Dächern weist der Fabrikschornstein den Weg zur Schule. Beim Näherkommen markiert der rote Turm Ein- und Ausgang der scuola elementare. In der Anschauung wird er zum Zeichen des Tagesablaufs, eines ritualisierten Lebens innerhalb und außerhalb der Schule, dem alles vorherbestimmt zu sein scheint. Er erinnert an die Arbeit des Vaters in der Fabrik und er erinnert an das Herstellen der großen Dinge der Erwachsenen, mit denen sie die Welt machen. Fünf Stufen aufwärts und nach links gewendet erscheint die Tür zu dem dicken Turm, der sich seitlich im Fenster zeigt. Jenseits dieser Tür, auf Regalen entlang der gebogenen Wände die Geheimnisse der Schrift und in Vitrinen die Sammlungen der Dinge. Es ist die Bibliothek. Nach oben öffnet sie sich, wird gläsern und stählern, bietet sich an als Observatorium des kosmologischen Wissens. Wie auf einem Platz, den die Häuser der Schule umschließen, steht sie in dem Hof. Im Hofumgang findet sich eine weitere Tür, durch diese lassen sich, vorbei an der Wölbung des Turms die steinernen Sitzstufen erreichen. Sie machen den Hof zur Bühne einer Kinderstadt und werden zu Rängen eines Stadt-Theaters. Welche Handlung kommt hier in der Pause zwischen den Schulstunden zur Wiederaufführung?

Die scuola elementare in Fagnano Olona, ein frühes Werk von Aldo Rossi aus den Jahren

4 Die Schule als Zugang zur Herstellung von Welt.
Aldo Rossi, scuola elementare, Fagnano, 1972–76

4 The school as the key to the creation of world.
Aldo Rossi, Scuola Elementare, Fagnano, 1972–76

subconscious structures inherent within architectonic typologies. This approach opens up a new discourse on architectural autonomy that is no longer self-reflexive, but outward-looking. It reflects its distinctive linguistic fields of meaning without affecting the independence of technical abstraction with regard to the imaging of experience.

Radical de-ideologisation of the concept of architecture by the heteronomous, mould-breaking technical and social forces within it is reflected in Rem Koolhaas' Kunsthal in Rotterdam. Here, the abstractions that shape and dominate social existence appear fragmented in aesthetic reflection and yet at the same time organised associatively as spatial events. In analogy to the notion of an "open work of art" as posited by

5 Ort des Wissens.
Aldo Rossi, scuola elementare, Fagnano, 1972–76. Bibliothek

5 Place of knowledge.
Aldo Rossi, Scuola Elementare, Fagnano, 1972–76. Library

6 Ort des Handlungsgeschehens. Aldo Rossi, scuola elementare, Fagnano, 1972–76. Hof

6 Place of action. Aldo Rossi, Scuola Elementare, Fagnano, 1972–76. Yard

7 Negation des Begriffs der Welt. Rem Koolhaas, Kunsthal, Rotterdam, 1987–92

7 Negation of the concept of world. Rem Koolhaas, Kunsthal, Rotterdam, 1987–92

1972–76 in der Industrielandschaft der Region Varese schließt sich aus elementaren Bausteinen zusammen zu dem Vokabular einer architektonischen Semiotik. Aldo Rossi sucht den Erfahrungsraum von Welt diesseits eines Zusammenschlusses von Ökonomie und Technik, der die Welt in allen Lebensbereichen ›funktionalistisch‹ überformt, wiederherzustellen. Architektur als Phänomenologie der Archetypen legt er zurück in den Radius der aus dem subjektiven Unbewußten emporsteigenden Erinnerungen und der kollektiven Handlungen. Bautechnik bleibt Apparat, apparecchio, das Dasein vorbereitend.[4] So meint Aldo Rossi zur Schule von Fagnano Olona: »Das Gebäude ist zum reinen Theater geworden. Aber es ist das Theater des Lebens, auch wenn es bereits im voraus feststeht. Denn im Gebäude ist schon alles bestimmt und dieses Faktum ermöglicht die Freiheit.«[5] Das heißt, die scuola elementare ist die Vergegenständlichung eines Zeichensystems, das durch den Architekten hindurch als Baukasten an die subjektive Erfahrung der Nachgeborenen weitergegeben wird. Die Nachgeborenen haben die ›Freiheit‹, mit den Dingen als Werkzeuge[6] dieses Zeichensystems und als Gefäße des Sagbaren zu spielen. »Das Hervortreten der Beziehungen zwischen den Dingen ergibt mehr als die Dinge selbst, immer neue Bedeutungen.«[7] Allerdings ist der Spielraum zwischen den Dingen durch ihre Grundlegung in der Wahr-Nehmung begrenzt. Diese Grundlage schaffen die Archetypen des subjektiven Unbewußten. Dort kommt die Architektur zum ›Schweigen‹, zur Erfahrung allen Anfangs und allen Endes von Welt. Darin findet sich Aldo Rossi durch die psychoanalytische Theorie Carl Gustav Jungs bestätigt.

Der Anthropologe Claude Lévi-Strauss, auf den sich Aldo Rossi ebenfalls bezieht, kommentiert dennoch anders als Rossi das symbolische Substrat des Unbewußten, so wie Jung es festlegt: »Entweder ist dieses Substrat angeboren: ohne eine theologische Hypothese ist es jedoch undenkbar, daß der Inhalt der Erfahrung vorausgeht; oder es ist erworben.«[8] Nimmt man jedoch letzteres an, so läßt sich mit dem Ethnologen Marcel Mauss weiter folgern, daß die subjektive Erschließung der Welt eine kollektive Basis hat, nämlich den symbolischen und zugleich dinglichen Tausch des Vorgefundenen und Gemachten. Das heißt aber, daß der Wahrnehmungsraum von Welt durch Handlungen erworben wird, die Herstellung und Technik umschließen. So wird es zu einem Problem, wenn Architektur nur solche Handlungsspielräume ausweist, die eine durch Technik veränderte Welt nicht erreichen und als Realwelt den Erfahrungsraum von Mensch und Gesellschaft ständig verändert.

Die Kunsthal als offenes Kunstwerk

Der sich Nähernde erfährt die Architektur nicht archi-tektonisch, sondern offen, durchbrochen, als Durchstoßpunkt in den Horizont der Stadt und den Horizont des Parks. Straße und Passarelle bieten sich kreuzende Fluchtachsen auf Kultur und Natur. Doch zugleich wird der Ankommende in ein Verwirrspiel hineingezogen. Was ist empirisch notwendige Konstruktion, was technische Interpretation? Wie muß ich das Einheitsbestreben meines erfahrenden Denkens in Frage stellen, wenn mein Begriff von Architektur vor dem Blick über die Gebäudeecken zerfällt? Was gehört wohin?

Mit dem Eintritt in die Passarelle wird der Besucher nicht in eine Ordnung gezwungen, sondern in die Offenheit der Entscheidung gelockt, sich auf die raum-zeitliche Erfahrung des Durchschreitens und Durcheilens einzulassen, oder mitten in der Passage abrupt links abzubiegen. Verblüfft steht er in einem Raum gesellschaftlicher Aktivitäten, im Veranstaltungssaal. In der Stirnwand des Saals gestattet ein großes Fenster den Durchblick in die überbaute Erschließungsstraße, von dort durch ein weiteres großes Fenster in den Konferenzraum und durch ein drittes großes Fenster über die Stadtstraße hinweg auf die Silhouette der Bürgerhäuser. Wird auf den gesellschaftlichen Kommunikationsraum als Welt verwiesen? Mit einem erneuten Schwenk nach links und ein paar Stufen abwärts erfährt der Besucher, daß das Haus der Kunst auf Natur gegründet ist. Dicke Baumstämme tragen einen schwarzen, elektrifizierten Lichthimmel. Doch tragen sie ihn wirklich? Und anschließend auf einem Gitterrost, das den Sturz in die Tiefe möglich erscheinen läßt, sehnt er sich nach dem Innen einer wohlgeordneten Welt – oder doch nicht?

Die Kunsthal von Rem Koolhaas in Rotterdam aus den Jahren 1987–92 macht es dem Besucher unmöglich, sich in einem Regelwerk von Zeichen zu Hause zu fühlen, das als Architektur die Welt des gesellschaftlichen Menschen zusammenschließen kann. Während die sich überkreuzenden Durchstöße von Passarelle und Straße für den sich Nähernden die lesbare Einheit des Gegenübers zerbrechen, weisen jedoch genau sie das Einheitsbestreben seines erfahrenden Denkens in den Wahrnehmungshorizont der Identität von Gegenstand und Begriff, nämlich der Stadt. Allerdings nur mit der Anstrengung, das Nicht-Identische einer Baukunst, die vor seinen Blicken zunächst zerfällt, zu druchdringen, kann es ihm gelingen, den Fluchtpunkt seines Erkenntnisvermögens in identitätsstiftenden Kommunikationsräumen zu entdecken. Dieses Angebot eines offenen Werks, Orientierung zu geben, könnte man subversiv nennen. Rem Koolhaas formuliert in einem Interview, daß es zwar unmöglich sei, die ›Kirche‹ zu modernisieren, er habe »wirklich eine starke Resistenz gegen Architektur im klassischen Sinne, aber nachdem« sie »völlig unmöglich geworden ist, wird es wieder aufregend, sich neu mit ihr zu befassen.«[9] Die transzendierte Leere, die in den Werken von Rudolf Schwarz deutlich wird, ist verkehrt in die Entscheidungsunbestimmtheit und -offenheit.

8 Die Brechung des Wahrnehmungshorizonts. Rem Koolhaas, Kunsthal, Rotterdam, 1987–92

8 Breaking the horizons of perception. Rem Koolhaas, Kunsthal, Rotterdam, 1987–92

Der Besucher der Kunsthal wird auf die Suche nach Sinn und Bedeutung jenseits des ›klassischen Sinns‹ geschickt, an den Ort der Versprachlichung aller Erfahrung: Mit dem ersten Schritt in die Kunshal ›fällt‹ er in den Veranstaltungssaal. Mit seinen schnellen szenischen Wechseln wird das Gebäude zu einem offenen Kunstwerk, das den Erfahrenden in ein Kaleidoskop stellt und ihn durchschüttelt. Es fordert ihn auf – anders als die scuola elementare von Aldo Rossi –, in ein Zuspiel zwischen Phänomen und Sprache einzutreten, gegen Regeln zu verstoßen und Interpretation von

9 Das offene Verhältnis von Natur und Technik. Rem Koolhaas, Kunsthal, Rotterdam, 1987–92

9 The open relationship between nature and technology. Rem Koolhaas, Kunsthal, Rotterdam, 1987–92

Umberto Eco, Rem Koolhaas opens up conventional architectonic relationships between object, sign and concept, without closing them again, in the sense of the difference between art and life (architecture).

Somewhere between self-referential autonomy and cosmopolitan openness, architecture requires a deep-rooted and broad-based reflection that brings the semantic horizon of the aesthetic occurrence back into the realms of the sensual imagination while at the same time addressing the inconceivable and less obvious construction within the broader interactive context of communicative orientation. With his Faculty of Mechinical Engineering for the Brandenburg Polytechnic, the author has created a free association of opening and closing relations of meaning between object, sign and concept that appears as a broken and reiterative reference to building and architecture. Tonon uses what he describes as the "trace of thought drawn by my hand" in incorporating and addressing the horizon of sensual experience that distinguishes the self-determining powers of imagination from an increasingly autonomous technical rationality. "As an aesthetic construct, however, it gives the spectator a sense of oscillating between technology, material and language." Wolfgang Siano

Welt innerhalb einer unabgeschlossenen Grammatik als Freiheit zu erfahren. Baukunst als Architektur vollzieht das, was die bildende Kunst aus der Abgeschlossenheit des Werkbegriffs herausführte. Der Philosoph Umberto Eco schreibt 1962: »Von hier aus erhält eine offene Kunst ihre Funktion als epistemologische Metapher: in einer Welt, in der die Diskontinuität der Phänomene die Möglichkeit für ein einheitliches und definitives Weltbild in Frage gestellt hat, zeigt sie uns einen Weg, wie wir diese Welt, in der wir leben, *sehen* und damit anerkennen und unserer Sensibilität integrieren können. Ein offenes Kunstwerk stellt sich der Aufgabe, uns ein Bild von der Diskontinuität zu geben: es erzählt sie nicht, sondern *ist* sie. Es vermittelt zwischen der abstrakten Kategorie der Wissenschaft und der lebendigen Materie unserer Sinnlichkeit und erscheint so als eine Art von transzendentalem Schema, das es uns ermöglicht, neue Aspekte der Welt zu erfassen.«[10] In der Kunsthal als einem solchen offenen Kunstwerk vermittelt sich die *Spur der Hand* durch die Technik des Bauens hindurch soweit, als sie einen *Zugriff auf Welt* durch ein Feuerwerk der Auflösung festgefügter architektonischer Relationen von Gegenstand, Zeichen und Begriff öffnet aber nicht wieder schließt.

Die Technische Hochschule als offener Erfahrungsraum sinn-orientierender Weltauslegung

Eine Baukunst des gezielten Umgangs mit der Negation von Idealisierungen, die in Reaktion auf die Spaltung von Technik und Metaphysik und die Unmöglichkeit einer archetypischen Phänomenologie nun die Konstellation von Phänomen und Sprache den Erfahrenden jeden Tag wieder neu in die Hände legt, läßt die schwierige Frage offen, wer die Konventionen vorgibt, die für das gesellschaftliche Leben notwendig sind. Wenn eine gegenstandslose, auf Codierungen basierende Technik Weltkontexte herstellt, können die Konventionen als ›Kirche‹ der Architektur nicht von einem heroischen künstlerischen Bewußtsein gerettet werden. Doch Subjektivität und Gegenständlichkeit einer Baukunst werden gebraucht, um aus der Differenz von Geschichte machender Techniken des Herstellens und des Verräumlichens Zeichen zu bekommen, die im Zusammenspiel als Sinnfelder von Weltauslegung gelesen werden können. Vor dem Hintergrund einer Welt der ›Diskontinuität der Phänomene‹ möchte ich mit einer öffnenden Baukunst und zugleich schließenden Architektur den Anstoß zu einer intersubjektiven Auseinandersetzung geben.

Hinter der Mauer war der andere Ort, unzugänglich, mitten in der Doppelstadt nördlich des Flusses. Hinter dem großen Tor die rhythmische Gliederung von Zinnen und Türmen. Sie sind bautechnische Zeichen der Herrschaft über Raum und Zeit. Sollte von hier aus die auseinanderbrechende Einheit von Gesellschaft und Welt unter die Herrschaft der Sprache der Vernunft gebracht werden? Erst vor kurzem, hundert Jahre nach seiner Erbauung, wurde das Tor geöffnet und die Mauer geschleift. Für die Augen des sich von der Straßenbahnhaltestelle her nähernden Besuchers schieben sich nun zwischen den Zinnen aus einem metallischer Körper Glasprismen in den Himmel. Und zwischen den ziegelroten Fragmenten des ehemals vor der Gesellschaft versteckten Idealraums eines großen Kasernenhofes lagern ziegelgelbe Baukörper, erheben sich Türme, verschränken sich Räume eines Hochschul-Campus, die den Besucher der Technischen Hochschule in eine raum-zeitliche Erfahrungsbewegung hinein-

10 Öffnung des architektonischen Raums.
Benedict Tonon, Technische Fachhochschule, Brandenburg, 1993–98

10 Opening up architectural space. Benedict Tonon, Technische Fachhochschule, Brandenburg, 1993–98

11 Wahrnehmungshorizont Geschichte machender Technik. Benedict Tonon, Technische Fachhochschule, Brandenburg, 1993–98

11 Science and history overlap. Benedict Tonon, Technische Fachhochschule, Brandenburg, 1993–98

ziehen. Hinter dem Depot für Pferde und Kriegsgerät, das mit Kappengewölben, Sandsteinpostamenten und gußeisernen Säulen zu einer Bibliothek avancierte, zeigt sich die Maschinenbau-Fakultät mit einer großen, gläsernen Halle, die in den Ablauf einer gelben Ziegelwand eingespannt ist.

Diese Wand faltet sich kontinuierlich mit textureller Dynamik der Öffnungen und Fenstergrößen, bis sie sich im Hof in einer Glasfassade auflöst und wieder verdichtet. Bestätigt sie die Identität des Ortes oder stellt sie sie in Frage? Der Besucher findet das Tor, das sich aus dem Betonsockel herauswindet. Der ›Klostergang‹ zieht ihn aus der Eingangshalle vorbei an einem Rhythmus von Türen sowie über Kopf stehenden Türen und Fenstern um den U-förmigen Hof bis der Raum sich weitet. Eine steinerne Sitzschlange schiebt sich vor eine gewellte Wand, eine perforierte Membran. Sie trennt einen Ort, ausgerichtet auf die Natur des von der *Hand* gepflegten Blumengartens von einem Ort mathematischer und empirischer Selbstbezüglichkeit der technischen Versuchsanordnungen in der großen Maschinenhalle. Vergegenwärtigt der Blick durch die Membran für einen Moment die Erinnerung an ein Kirchenschiff? Er erschließt sodann ein in die Faltungen der Ziegelwände eingeschobenes Innen und zugleich Außen, das von Betonprismen – gelagert auf schweren kristallischen Betonstützen – geschützt wird. Er durchdringt unter der Kranbahn in der Tiefe des Raums einen gläsernen Filter und stößt jenseits des Grüns auf die Zinnenwand der Kasernenstadt.

Die Technische Fachhochschule der Stadt Brandenburg, 1993 von mir entworfen, stellt für den Besucher Bezugsebenen her, durch die er sich in der Differenz zwischen geschichtlichen Ebenen erfahren kann. Die Hochschule durchdringt den verdinglichten Herrschaftsraum der Sprache der Vernunft als Terra incognita des Kasernenhofes inmitten der Stadt. Er wird durch Intervention und Interpretation der axialsymmetrischen Anlage in ein offenes Kommunikationsverhältnis von Räumen verwandelt. Verschiebungen von Material und Maß und eine Überlagerung von Türmen und Höfen dient dieser Transformation. Die Fachbereiche werden in diesem freien Zuspiel von Kontemplations- und Kommunikationsräumen organisiert. Aus der *Denkspur meiner Hand* werden die Fachbereiche Maschinenbau/Technische Physik (Fertigstellung Sommer 1998) realisiert.

In den Werkstätten für technische Versuchsanordnungen der Fachbereiche Maschinenbau/ Technische Physik werden die technischen Symbole des Getragensein wie Pilzstützen, Rahmen und Balkenkreuze so isoliert, daß sie selbst wie Versuchsanordnungen erscheinen. Können sie aus der Nicht-Selbstverständlichkeit des Selbst-

12 Schwingung zwischen Technik, Material und Sprache. Benedict Tonon, Technische Fachhochschule, Brandenburg, 1993–98

12 Membrane between the realm of language and the realm of science. Benedict Tonon, Technische Fachhochschule, Brandenburg, 1993–98

13 Ort mathematisch-empirischer Selbstbezüglichkeit.
Benedict Tonon, Technische Fachhochschule, Brandenburg, 1993–98

*13 Place engendering mathematical and empirical self-referentiality.
Benedict Tonon, Technische Fachhochschule, Brandenburg, 1993–98*

verständlichen das Denken der in eine metaphysische Grammatik Hineingeborenen anstoßen? Michel Foucault schreibt in *Die Ordnung der Dinge*: »da der Ursprung das wird, was das Denken noch zu denken hat und stets von neuem zu denken hat, würde er dem Denken in einem stets näheren unmittelbaren, jedoch nie erfüllten Bevorstehen verheißen.«[11]

Die computergesteuerte Automatisierung von verfahrenstechnischen Anlagen und Robotertechnik als Forschungsgegenstand der Technischen Hochschule wird die Voraussetzungen der Reichweite subjektiver Sinnlichkeit und kollektiver Erfahrung von Welt verändern. Die der Technik gewidmete Architektur der Hochschule vermag nicht durch Technik die Einflüsse mathematischer Steuerungstechnik auf Welt in Analogie zur Stahlbetonbautechnik der zwanziger Jahre unmittelbar so in Zeichen zu übersetzen, daß diese den Horizont einer sprachlich faßbaren Welt zu bestimmen vermögen. Als ästhetische Konstruktion stellt sie jedoch den Erfahrenden in eine Schwingung zwischen Technik, Material und Sprache. Im Innern, zwischen Maschinenhalle und Hof, verdichtet sich diese Bewegung am materialen Gegenstand durch Technik (Stahlbeton) und durch den Zugriff der Hand (Ziegel), setzt als geschwungene Membran die Beziehung zwischen verschiedenen Welten frei und fordert die Beobachter zur Interpretation. Vermag sie zwischen den Verweilenden das *Unbegreifliche* der autonomen Bewegungen der Technik in den *Zugriff der Sprache* zurückzubringen? Dann würde die Hand des Verfassers greifen.

Anmerkungen

1 Rudolf Schwarz, *Wegweisung der Technik und andere Schriften zum Bauen*, hrsg. von Maria Schwarz und Ulrich Conrads, Braunschweig und Wiesbaden 1979, S. 21
2 Romano Guardini, in: Wolfgang Pehnt (Hrsg), *Rudolf Schwarz 1897–1961. Architekt einer anderen Moderne*, Ostfildern-Ruit 1997, S. 96
3 Karl Otto Apel, *Transformation der Philosophie*, Frankfurt 1973, Anm. S. 245
4 Aldo Rossi, *Wissenschaftliche Selbstbiographie*, Berlin und Bern, S. 16
5 Ebenda, S. 104
6 Ebenda, S. 35
7 Ebenda, S. 34
8 Claude Lévi-Strauss, in: Marcel Mauss, *Soziologie und Anthropologie I*, Frankfurt 1989, S. 25
9 Rem Koolhaas in einem Interview: ›Die Entfaltung der Architektur‹, in: *Arch+*, 117, Juni 1993, S. 25
10 Umberto Eco, *Das offene Kunstwerk*, Frankfurt 1977, S. 164
11 Michel Foucault, *Die Ordnung der Dinge*, Frankfurt 1971, S. 400

Bauten
Buildings

Doppelhaus, München-Solln

1997

Semi-detached house, Munich

This semi-detached house in Munich-Solln stands on a site with fine, mature trees.

The intelligent woodframe structure permitted development of a site encumbered by such strict environmental regulations that it had been deemed virtually impossible to build on. The prefabrication of components and the dry construction method was the only way to erect a building in the grounds without endangering the trees. The uniquely idyllic park-like atmosphere of this city site was thus retained. The site is bounded to the south by an old villa and to the north and east by a 1.80 m high wall.

The clear linearity of the building fits in sensitively beneath a canopy of trees. The spatial concept, material appearance and overall design are determined by the fine, mature beech trees. The subtle, atmospheric lighting conditions of the site are tangible inside the building, where interior and exterior merge fluidly.

An open-plan layout ensures a high degree of versatility. The skeleton-frame construction enables the rooms to be adapted to different functions to meet the needs of those who live there.

Hier darf es ruhig etwas mehr sein. Im Münchner Stadtteil Solln stehen keine Häuser, die als Beispiele für kosten- und flächensparendes Bauen gelten. Stattdessen Villen aus der Zeit der Jahrhundertwende und den folgenden Jahrzehnten, darunter – unvermeidlich – auch schwerleibige Terrassenwohnanlagen und postmoderne Stadtvillen. Wo früher honorige Bürger mit ihrem Personal wohnten, drängt es sich nun enger, doch komfortabel. In den alten Hausburgen gibt es Eigentumswohnungen, und wer sein parkartiges Grundstück aufteilen und vollbauen konnte, hat meistens ausgesorgt.

Die noble Parkstadt gilt es zu erhalten, wenngleich die Meinungen über das Wie sicher auseinandergehen. Man gönnte den Reichen ja ihren Wohlstand, würden sie sich nur ein wenig anständigere Häuser bauen, damit auch wir vorbeilaufenden Habenichtse uns etwas erfreuen könnten. Aber die neuen Bauträgerfestungen kann man nicht, die alten Bäume darf man – zum Glück – nicht entfernen. Das waren die Konditionen für dieses Doppelhaus: eine passable Baumasse, die mit äußerster Vorsicht zwischen die inventarisierten Buchen implantiert werden sollte. Die Bäume wurden umzäunt und während der Bauzeit durch einen Wurzelvorhang geschützt. Die Fläche unterhalb der Kronen war solange tabu.

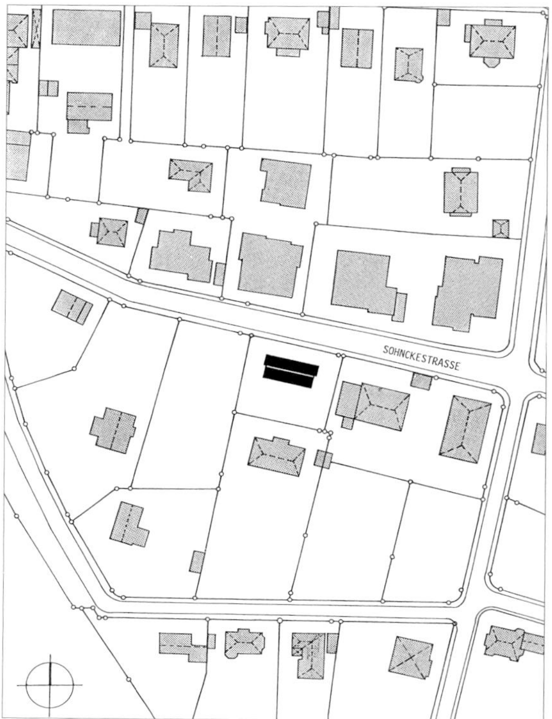

Lageplan
Site plan

Um schweres Gerät in der beengten Situation zu vermeiden und einen raschen Baufortschritt zu erzielen, ist das Haus als Holzskelettbau konstruiert. Es steht auf einer wasserdichten Kellerwanne. Über der Stahlbetonplatte beginnt das hölzerne Tragwerk, dessen Durchlaufträger im Achsabstand von zwei Metern von der Straßen- zur Gartenseite spannen. Die Zwischenunterstützung ist an den Außenflanken durch einen gliedernden Rücksprung und den Wechsel von Glas zu Holz ablesbar, im Obergeschoß verschwinden die Stützen in den Innenwänden, im Erd- und Dachgeschoß deuten sie eine Art Verkehrsfläche oder Ausbaumöglichkeit an. Bei Dach und Decken liegen über den Trägern Mehrschichtplatten, ein Produkt der weiterentwickelten Holzbautechnik, wie sie zur Zeit vor allem in Vorarlberg Furore macht. Auch die Außenwände besitzen einen gewissen aktuellen Wiedererkennungswert. Horizontale Lärchenholzlatten gehören zwischen Österreich und Holland zum vereinbarten ästhetischen Standard, der die Vorteile von Nachhaltigkeit, Bauschuttvermeidung, Energieeinsparung und materieller Selbstbescheidung sichtbar nach außen trägt. Nicht zu Unrecht.

Allerdings haben die der Architektur ferner stehenden Zeitgenossen oft nicht den Blick dafür, welche handwerkliche Kunst, den Detailzeichnungen des Architekten folgend, notwendig ist, um den Unterschied zwischen einem Bretterverschlag und einem Holzhaus herzustellen. Hier wäre ein Lehrstück zu besichtigen: wie auf der Eingangsseite die schmalen Leisten durch senkrechte Hölzer in Felder geteilt werden, was konstruktiv und formal begründet ist, wie sich die schmalen Fenster zu einem Motiv fügen, wie die silberne Kastenrinne sich auf einem Konsolenfries von den schraffierten Lattenrahmen (die mit einer Flachsdämmung hinterfüllt sind) ablöst, ja, selbst die beiden Fallrohre sauber wie Säulen stehen.

Die Gartenfassade ist vollständig aufgeglast. Ein Putzsteg im Obergeschoß und darüber ein rückspringender Balkon, der sich auf beiden Seiten zu einer Dachterrasse erweitert, überlagern mit ihren vertikalen Stahlprofilen die spiegelnden Scheiben. Horizontale Sprossenlinien der Brüstungen und diagonale Auskreuzungen lassen eine zweite Schicht entstehen.

Der Grundriß ist so logisch und simpel, so vielseitig interpretierbar, wie man es sich für ein Haus, das für unbekannte Käufer gebaut wurde, nur wünschen kann. Alle Attribute neuzeitlichen Wohnens, vom passabel ausgestatteten Bad über

den Kaminanschluß bis zur offenen Dachgalerie (als Arbeitsplatz), sind vorhanden. Es ist eines der Häuser, bei dem es nichts zu erzählen gibt, das keine kryptische Philosophie voraussetzt, weil Pläne und fertiges Bauwerk sich selbst erklären. Man kann nur umständlich aufzählen, was der Architekt schon vorgedacht hat. Dennoch scheint das offene Wohnangebot nicht jedermanns Sache zu sein. Seit das Haus den BDA-Preis Bayern erhalten hat, sieht man an den Wochenenden interessierte Passanten über die Gartenmauer weisen und Architektur erklären. Aber das völlig symmetrische, wandelbare Doppelpack, das gerade für Freiberufler eine beneidenswerte Lebensqualität bieten muß, hat noch keinen Käufer gefunden. Vielleicht liegt es an den belanglosen Neubauten der Nachbarschaft.

Wolfgang Bachmann

Ansicht vom Garten
View from the garden

Ansicht von der Straße
View from the street

Ansicht von Westen
View from west

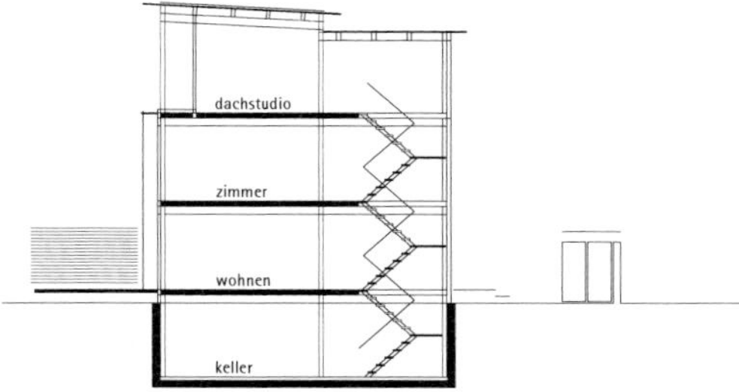

Schnitt
Section

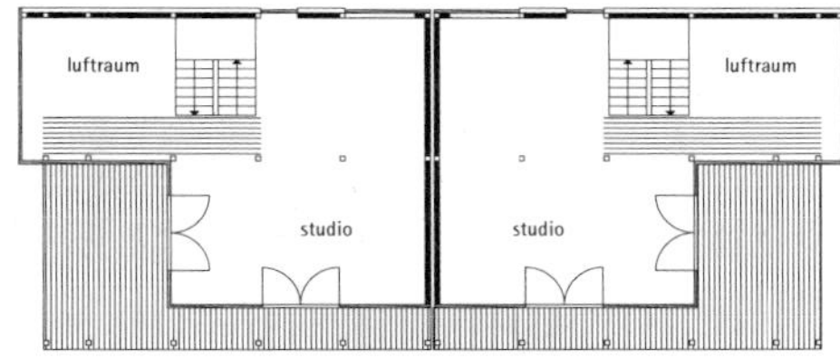

Grundriß Dachgeschoß
Attic floor plan

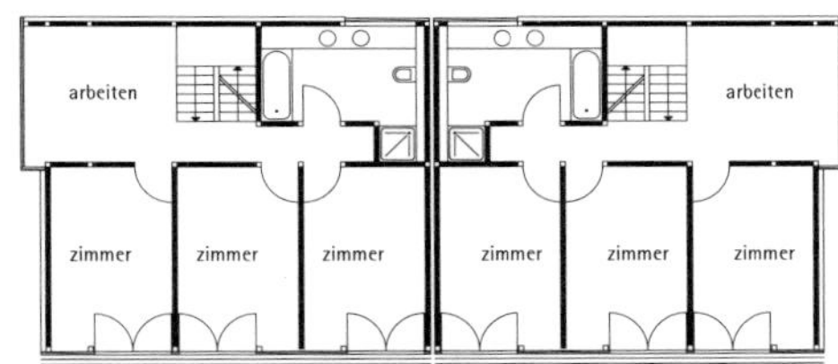

Grundriß Obergeschoß
Upper floor plan

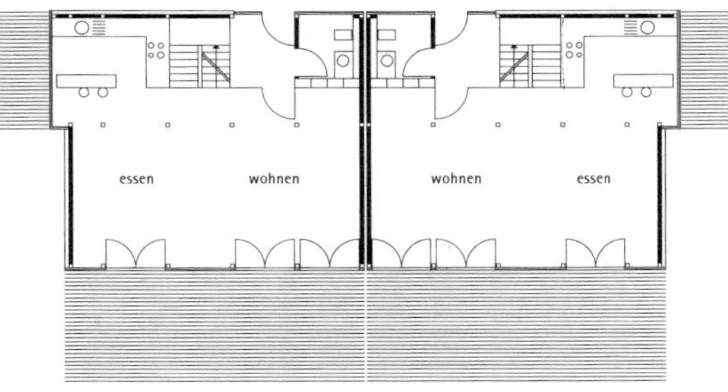

Grundriß Erdgeschoß
Ground floor plan

Giebelverglasung im Westen
Gable glazing, west

Treppe zum Dachgeschoß
Stairway to attic storey

Eingang
Entrance

Photos: Stefan Müller-Naumann

Dachstudio
Attic storey

Heinz Bienefeld,
Nikolaus Bienefeld

Wohnhaus, Hohen Neuendorf

Entwurf Heinz Bienefeld
Ausführungsplanung Nikolaus Bienefeld, Sándor Forgó
1997

House, Hohen Neuendorf

In Hohen Neuendorf, just north of the Berlin city boundary, the hustle and bustle of the nearby capital seems far away. Modest family homes nestle here among the trees. In this atmosphere, the whitewashed housed built by Nikolaus Bienefeld on the basis of a design by his father Heinz Bienefeld, who died in 1995, looks oddly out of place.

The two-storey main building is sheltered by a single-storey building that runs parallel to the road. A small, flat-roofed cube acts as a joint between the two long building components whose T-shaped, asymmetrical configurations make them look as though they had been juxtaposed by pure coincidence. The sense of the ephemeral is further underlined by the materials used and the construction method: the house is made of prefabricated wooden elements clad inside and outside with full-height plywood panels. The structural principle of the exterior has little more than the panelling system in common with the interior, for the panels are designed and dimensioned according to aesthetic principles, and create a certain verticality within the otherwise predominant horizontality of the facades. Razor-sharp horizontal incisions mark the transition from concrete base to wall and from wall to roof. Nikolaus Bienefeld refers casually to the low-pitched saddleback roofs clad with aluminium panels as a "silver lid".

The buildings are aligned according to a choreography that is hinted at on the outside, but becomes fully evident only

Haus für einen Bienenforscher

Am Ende fährt Spyros in die Berge. In einsamer Landschaft parkt er seinen Wagen, öffnet die Plane und beginnt, den Inhalt zu entladen. Zum Vorschein kommen schlichte weiße Holzkisten, die er wie zufällig auf dem spärlich begrünten, steinigen Boden verteilt. Zunächst stehen die Kisten vereinzelt, dann gruppieren sie sich in lockerer Folge zu Reihen, als handele es sich um eine Streusiedlung.

In Hohen Neuendorf, ein wenig nördlich der Stadtgrenze von Berlin, ist die Hektik der nahen Metropole vergessen. Einfache Siedlungshäuser verstecken sich zwischen den Bäumen, manche Zufahrtswege sind ungepflastert, so daß das Fahrtempo gedrosselt werden muß. In diesem von gedeckten Farbtönen bestimmten Ambiente wirkt das weißgetünchte Haus, das Nikolaus Bienefeld nach Skizzen seines 1995 verstorbenen Vaters Heinz Bienefeld errichtet hat, fremdartig. Hell schimmern die Wandflächen über dem grauen Betonsockel, und das Laub der Bäume spiegelt sich in der Verglasung.

Dem zweigeschossigen Hauptbaukörper, der rechtwinklig von dem Erschließungsweg abzweigt und nach Norden in die Grundstückstiefe vorstößt, ist ein schützender eingeschossiger Riegel vorgelagert, der sich parallel zum Fahrweg erstreckt. Ein kleiner flachgedeckter Kubus fungiert als Gelenk zwischen den beiden langgestreckten Volumina, deren T-förmige, asymmetrisch versetzte Konfiguration zunächst eher anmutet, als seien die Baukörper zufällig aneinandergeschoben worden. Der Hauch des Ephemeren wird durch Material und Konstruktionsweise noch verstärkt: Den aus Holzblocktafeln vorgefertigten Kern des Hauses verkleidete Bienefeld innen und außen mit maßgeschneiderten Schichtholzplatten, deren vertikale Nähte auf den glattgehobelten Oberflächen feine Schattenfugen hinterlassen. Die äußere Schale hat mit dem inneren Kern wenig mehr als die Bauweise gemein, denn Zuschnitt und Format der Verkleidungsplatten richten sich nach ästhetischen Gesichtspunkten und bewirken eine vertikale Binnengliederung der horizontal gestreckten Fassaden. Das Fügeprinzip der Verschalung bleibt erkennbar und steht in lebhaftem Kontrast zur Anordnung der Fenster, die wechselweise mittig, exzentrisch oder asymmetrisch, immer aber flächenbündig in der Holzvertäfelung sitzen. Tatsächlich gewähren sie (tagsüber) in den seltensten Fällen Einblicke, sondern wirken undurchsichtig wie schwarze Flächen auf weißem Grund. Die malerische Qualität der Fassaden liegt also nicht nur in ihrem Anstrich, der aus großer Ferne deckend, aus nächster Nähe aber wie eine durchscheinende Lasur zutage tritt, sondern auch in dem Wechselspiel von Linien und Flächen, Hell und Dunkel, verschatteten Fugen, die das Holz, und silbergrauen Profilen, die das Spiegelglas durchziehen.

Messerscharfe horizontale Einschnitte lösen den Betonsockel von den Wänden und diese von der Dachzone ab. Da ihr jeder Überstand fehlt, bildet die silbrige Traufe den oberen Abschluß der Fassade und dient gleichsam als Scharnier, das zur Schräge überleitet. Nikolaus Bienefeld apostrophiert die flachgeneigten, mit Aluminiumtafeln gedeckten Satteldächer salopp als »silberne Deckel«.

Das Ensemble verhält sich zu seiner Umgebung neutral. Tatsächlich existierte das Entwurfskonzept, noch bevor ein Grundstück für seine Realisierung gefunden war.

Im Grunde handelt es sich nicht um ein einziges, sondern um zwei Häuser, die weitgehend identisch sind: Die beiden Baukörper bilden ein typologisches Doppel, das zugleich die Variationsbreite eines Themas vor Augen führt. Der eine ist das verkleinerte Abbild des anderen und doch

Blick vom Eingang in das Langhaus
Interior of the long house seen from the entrance

Ansicht von der Straße (Süden)
View from the street (south)

mehr als seine Replik. Trotz gleichbleibender Silhouette und einheitlicher Grundstruktur läßt der Architekt mit Hilfe weniger Kunstgriffe im Ähnlichen das Unähnliche aufblitzen. Er veranschaulicht die Kehrseiten einer Medaille und bringt sie in eine übergeordnete, weil hierarchische Ordnung: Was auf den ersten Blick zufällig anmutet, ist zielstrebig geplant. Die Anordnung folgt einer Dramaturgie, die sich äußerlich andeutet, aber erst im Innenraum vollends erschließt und zu einem Höhepunkt gelangt.

Das Spiel der Gegensätze beginnt mit der Plazierung der Baukörper: Sie erfolgt hintereinander, gerade so, daß das niedrige Querhaus im Vordergrund das höhere Langhaus im Hintergrund bis auf seine Giebelpartie verdeckt. Umgekehrt überragt das hintere das vordere Haus um das Maß seines Daches und veranschaulicht damit jene Giebelansicht, die letzteres zur Straße hin verweigert.

Frontal besehen verwandeln sich die hintereinander geschalteten Trakte zu einem Ensemble, das an die Massengruppierung palladianischer Villen erinnert: Ein flacher Portikus legt sich als schützender Riegel vor den erhöhten rückwärtigen Wohntrakt und eröffnet gleichzeitig – mittels einer haushohen Verglasung im Eingangsbereich – partielle Durchblicke. Durch den zwischengeschalteten, aluminiumverkleideten Würfel, der sich in die Sichtachse schiebt, werden diese genauso zurückgenommen, wie durch das hölzerne Türblatt des glasumrahmten Eingangsportals, welches den Würfel seinerseits zur Hälfte verdeckt.

Mit der Tür eröffnet sich unversehens eine Raumflucht, die in dem Erschließungsgang des rückwärtigen Langhauses endet. Blick und Bewegungsrichtung werden hier kanalisiert und fangen sich in einer einläufigen Treppe. Sie leitet von dem ebenerdigen Wohn- in das obere, privatere Schlafgeschoß der Eltern und Kinder über.

Beim Durchschreiten der hintereinandergeschalteten Baukörper wird Raum in den unterschiedlichsten Qualitäten erfahrbar. Maßgeblich ist dabei der Wechsel von behütender Enge und befreiender Weite.

Von dem lichtdurchfluteten Vestibül des Vorderhauses tritt man nach links in eine schmale, langrechteckige Bibliothek, nach rechts in ein kleines Gästezimmer über quadratischem Grundriß. In beiden Fällen wird durch die Enge des Raumes bzw. die Minimierung seiner Grundfläche die Raumhöhe zum entscheidenden Ausdrucksmittel und bedingt eine fast sakrale Wirkung: frühchristlicher Andachtsraum versus Mönchszelle. Die dunkelrote Einfärbung der Bibliothek und die schmalen Schlitzfenster an der Stirnseite leisten dazu ihr übriges.

Auf das gläserne Vestibül, dessen Volumen dem des seitlichen Gästezimmers entspricht, aufgrund seiner Transparenz aber sehr viel geräumiger erscheint, folgt der tresorartig geschlossene Alumi-

inside. Opposites are played against one another, starting with the positioning of the buildings themselves. Viewed from the front, the tracts appear as an ensemble reminiscent of the grouping of components in a Palladian villa. A flat portico creates a sheltering zone in front of the high accommodation tract behind it. In Hohen Neuendorf, the second building phase shelters the first one from the street while at the same time the full-height glazing of the entrance area provides a glimpse inside. The door opens up to reveal an unexpectedly long view all the way through the transverse building and the cube and into the corridor of the long house behind it. In this way, both the gaze and the direction of movement are channelled towards a stairway running from the ground floor living area to the upper level where the family bedrooms are situated.

The boundaries of space are dissolved as this ephemeral plywood box metamorphoses into a fragile shrine of glass. Its physical compactness is countered by it sweeping views over the treetops. Even the wooden stairway seems to lead heavenwards, as though floating between the walls and over the floor.

Throughout the house, the link between the individual components is transformed into its opposite: seams, joints and sections create fine caesuras in which the principle of panelling and jointing remains visible, revealing an ornamental potential derived from its structural function.

Here, as in other houses by Bienefeld, architecture seems reduced to a kind of archaic Ur-house. Four walls at right angles to each other enclose an interior space sheltered from wind and weather by a sheet metal roof. It is the way children imagine houses to be and it also distantly recalls the rolling homes of travelling people.

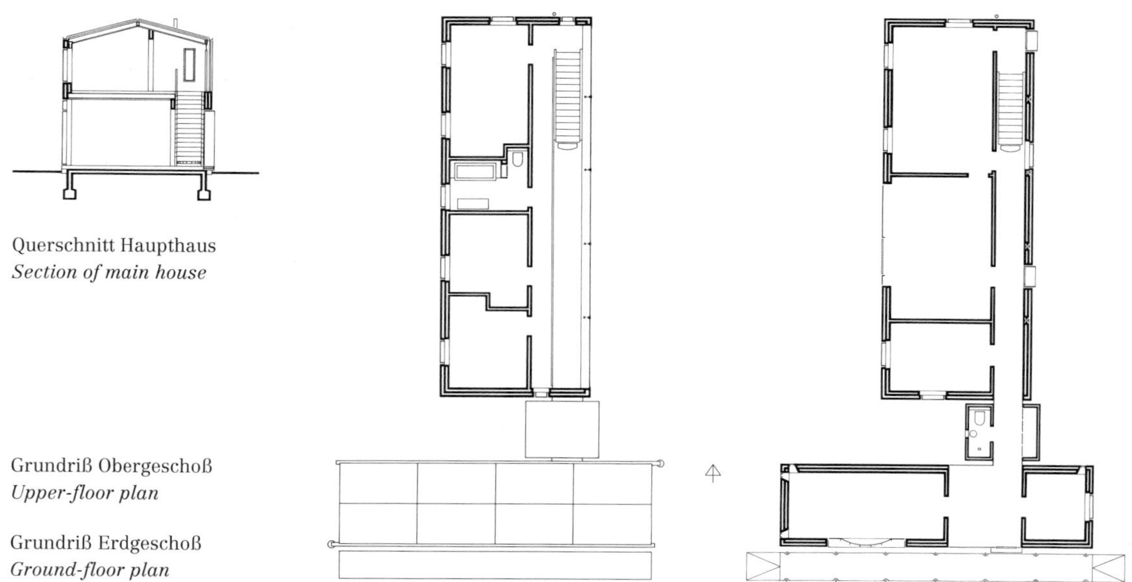

Querschnitt Haupthaus
Section of main house

Grundriß Obergeschoß
Upper-floor plan

Grundriß Erdgeschoß
Ground-floor plan

niumkubus. In ihm verengt und verflacht sich der Raum. Sein Fluß kommt kurzzeitig zum Stillstand, um sich dann in die Hallenschlucht des Haupthauses zu ergießen. Wir blicken in einen engen, 14 Meter langen Korridor, der die westliche Haushälfte erschließt und sich im Obergeschoß zu einer Galerie weitet, die über ihre gesamte Länge von einem Fensterband belichtet wird. Hier verwandelt sich der begrenzte in einen entgrenzten Raum. Die ephemere Schichtholzkiste mutiert partiell zum fragilen Glasschrein. Auf die körperlich erfahrbare Enge folgt die Weite des Horizonts, der sich jenseits der Baumkronen abzeichnet und den Bewohner über seinen Alltag erhebt. Trotz ihrer Blockhaftigkeit wirkt die hölzerne Treppe wie eine Himmelsleiter; aufgrund des umlaufenden Fugenschnitts scheint sie zwischen den Wänden und über dem Boden zu schweben. Ein vergleichbarer Effekt stellt sich in den oberen Schlaf- und Kinderzimmern ein, wo sämtliche Dielenfußböden mittels einer U-förmigen Vertiefung optisch von den Wänden abgesetzt werden, als handele es sich um höhenverstellbare Hebebühnen.

Treppenstufen
Steps

An dem ganzen Haus verkehrt sich die Verbindung der einzelnen Komponenten optisch in ihr Gegenteil: Nähte, Fugen und Schnitte setzen feine Zäsuren, in denen das Fügeprinzip anschaulich bleibt und zugleich die Möglichkeit zum Ornament, so wie es einst aus der Konstruktionsweise hergeleitet wurde, in sich birgt.

Architektur scheint hier, wie in anderen Häusern Bienefelds, auf das archaische Urbild einer Behausung reduziert. Vier rechtwinklig aneinander gezimmerte Wände grenzen einen Binnenraum aus, ein Blechdach verleiht den nötigen Schutz vor Wind und Wetter. Derart stellen sich Kinder Häuser vor, und entfernt mag man sich auch an die rollenden Heime über Land fahrender Völker erinnert fühlen, oder an jene weißen Holzkisten für Bienenschwärme, die Spyros, der Protagonist aus Theo Angelopoulos' Film ›Der Bienenzüchter‹, am Ende in der Bergwelt Arkadiens aufstellt.

Mechthild Heuser

Ansicht von der Gartenseite (Westen)
Seen from the garden (west)

Photos: Lukas Roth

Treppenhaus und Galerie
Stairway and gallery

Bibliothek im Querhaus
Library in the transverse building

Hans Busso von Busse und Eberhard Carl Klapp

Haus Witten, Witten

Projektleitung **Arndt Brüning**

Mitarbeit **Andrea Eggenmüller, Volker Rein**

Arts Centre, Witten

The ruins of the Witten House stand on the northern edge of the town of Witten, near the Ruhr and directly beside the Dortmund-Hagen railway line. The building looks back on a long and chequered history, from its beginnings as a country residence in 1492 to its use as a steel factory in the last century. Hans Busso von Busse and Eberhard Carl Klapp have converted the ruins into an arts centre. Their foremost concern was to leave the original structure unaltered and to create a continuation of its historic fabric in glass and steel. Their choice of materials and construction method, and the way in which they allowed the interface between old and new to show up clearly everywhere, has meant that the architects also managed to maintain a certain distance from the historic architecture. In the predominantly nineteenth-century tower tract, they have installed the administrative offices of the Volkshochschule institute of adult education. They built a glass foyer onto the western tract, of which only the outer walls remained, and created premises for the music school, the heart of which is its chamber music room. The architectural design of this new arts centre gains its vitality primarily from the simplicity and clarity of a formal syntax reduced to the bare essentials.

1492 – 1702 – 1892 – 1992: so lauten die historisch bedeutenden Daten von Haus Witten in der Stadt Witten im Ruhrgebiet. Am nördlichen Rand des Stadtzentrums, nahe der Ruhr und direkt an der Bahnlinie Dortmund-Hagen, stehen die Ruinen von Haus Witten, dessen Geschichte 1492 mit einem Wohn- und Gerichtsherrensitz begann. Anfang des 18. Jahrhunderts erlebte das Anwesen seine glanzvollste Periode mit der Erweiterung zu einer prunkvollen, von zwei markanten Ecktürmen beherrschten Vierflügelanlage. Diese barocke Disposition bildet bis heute die Grundform des Hauses. Mit der Industrialisierung des Ruhrgebietes ging der Herrensitz an die Unternehmerfamilie Lohmann und wurde Ausgangspunkt für die Wittener Stahlproduktion. Dem Zeitgeschmack folgend, gestaltete man die Anlage zu einem ›Rittersitz‹ um. Der nordwestliche der beiden Ecktürme erhielt einen mächtigen Zinnenkranz, der noch heute sein Aussehen prägt. Ende des Zweiten Weltkrieges wurde Haus Witten schwer zerstört. Unversehrt blieben nur der ›Ritterturm‹ und ein Teil des angrenzenden Wohntraktes, von den übrigen Flügeln stehen nur noch die Außenmauern. An diese lange Geschichte knüpften die Architekten Hans Busso von Busse und Eberhard Carl Klapp mit der Umgestaltung der Ruinen zu einem Kulturzentrum an.

Es ging den beiden Architekten vor allem darum, die historisch gewachsene Gestalt unangetastet zu lassen, sie vielmehr durch eigene Ausdrucksformen und moderne Konstruktionsweisen fortzuschreiben: »Es ist ein kostbares Buch, welches uns die Geschichte mit den Bauwerken überliefert und anvertraut hat, und wenn wir bauen, dann fügen wir diesem Buch der Zeit ein weiteres, das Kapitel unserer Zeit hinzu.« Diesen Ansatz unterstützte das westfälische Amt für Denkmalpflege mit der heute selten gewordenen souveränen Haltung, die Ruinen als solche zu erhalten und nicht einen bestimmten historischen Zustand zu rekonstruieren.

Die beiden Architekten wählten eine Glas-Stahl-Konstruktion für die Neubauteile. Mit der Materialwahl setzten sie die zu ergänzenden Bereiche deutlich von den aus Ruhrsandsteinen aufgeschichteten Bruchsteinmauern des Herrensitzes ab. Die hohe Leistungsfähigkeit des Stahls erlaubte es, die Tragwerkskonstruktion mit sehr geringem materiellen Aufwand zu gestalten. Aber nicht nur durch Material und Konstruktion sind von Busse und Klapp zum Historischen auf Abstand gegangen, sondern vor allem dadurch, daß sie deutliche Fugen zwischen Alt und Neu setzten; nie gibt es eine nahtlose Fortsetzung des historisch Gewachsenen.

Zwischen den beiden barocken Pilonen des ehemaligen Eingangstores führt ein hölzerner Steg über den bereits im 19. Jahrhundert zugeschütteten Wassergraben direkt auf den schmalen Durchlaß zwischen dem noch erhaltenen Turmtrakt und dem neuen Café Amadeus zu. Dieser Durchgang zum Innenhof, Fuge zwischen Alt und Neu, wird von einer schützenden Dachscheibe überfangen, ebenso der turmartige Kubus des Caféneubaus. Dieser ist zum Wassergraben hin in der Glas-Stahl-Konstruktion aufgelöst, zum Innenhof hin jedoch durch Mauern aus Ruhrsandsteinplatten völlig geschlossen. Mit dieser Materialwahl bezogen sich die Architekten ein einziges Mal direkt auf den historischen Bau, jedoch bewirkt der millimetergenaue Zuschnitt der modernen Steinplatten einen starken Verfremdungseffekt gegenüber den alten Bruchsteinen.

Das äußere Erscheinungsbild des weitgehend erhalten gebliebenen Turmtraktes wurde durch ein einfaches Satteldach ergänzt. Die Fensterverglasungen sitzen in schmalen dreiteiligen Stahlrahmen, die hier und da mit den noch erhaltenen steinernen Fensterkreuzen kontrastieren. In dem östlichen Flügel der Anlage sind die Büros der Volkshochschule untergebracht. Die Räume mit ihren unverputzten mächtigen Bruchsteinmauern und den teilweise noch erhaltenen prächtigen Kaminen strahlen etwas von dem einstigen herrschaftlichen Ambiente aus. Wie in der gesamten Anlage wurden auch hier überall mächtige Kas-

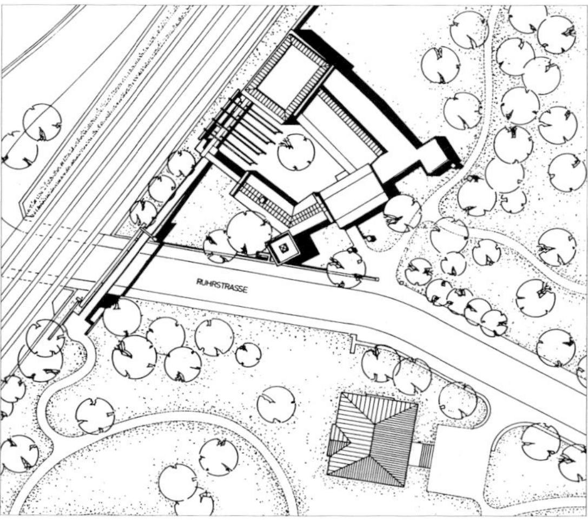

Lageplan
Site plan

Gesamtansicht von Süden
View from south

settendecken aus Stahlbeton eingezogen. Um die einzelnen Kassetten nicht zu verzerren, legte man die Außenkanten der jeweiligen Decken nach einem in sich stimmigen Raster exakt fest. So entstehen in jedem Raum glatte Randstreifen zwischen den äußeren Kassettenreihen und den Seitenwänden. Im Fußboden, zwischen Buchenholzparkett und umlaufenden Wänden, werden diese Randstreifen wieder aufgenommen. Sie sind Fugen zwischen der historischen Hülle und dem modernen Inneneinbau, ebenso wie die Glasstreifen, die zwischen den Buchenholztüren und den historischen Gewänden vermitteln.

Dem westlichen Teil der Anlage, der heute die Musikschule beherbergt, wurde ein gläsernes Foyer vorgelagert, das von einer an dünnen Stahlseilen aufgehängten Treppe und einem zylindrischen Fahlstuhlschacht beherrscht wird. Die Fensteröffnungen der ehemaligen Außenwand, jetzt Innenwand, wurden zu Türen umgestaltet. Diese erhielten jeweils als Schlußstein im Gewände einen eleganten Stahlanker, der sehr dekorativ wirkt, aber rein funktional ist.

In dem noch erhaltenen südwestlichen Gebäudetrakt, der Teil des ehemaligen fünfgeschossigen Herrenhauses war, wurden die klafterlangen Risse mit der Glas-Stahl-Konstruktion geschlossen, die auch eine schützende Haube über diesen Teil der Anlage bildet. Im Obergeschoß des Flügels schufen die Architekten im Verein mit den Akustikern ein kleines Meisterwerk: einen Kammermusiksaal. Da die Bahnlinie nur fünf Meter vom Gebäude entfernt verläuft, so daß die Schallwellen über den Bahndamm direkt in die Grundmauern der Ruine übertragen werden, wurde der Musiksaal als gläserner Kasten zwischen die Bruchsteinmauern gesetzt. Fußboden und Decke sind zwar in den Ruinen verankert, aber durch spezielle Auflager wieder vom Gebäude entkoppelt. So entsteht eine fast surreale Atmosphäre, wenn man im Saal einer leisen Kammermusik lauscht und durch die Glaswände hindurch auf die uralten Bruchsteinmauern blickt, hinter deren mächtigen Fensteröffnungen lautlos ein IC vorbeirast.

Der Keller unter dem West- und Südflügel ist zum Teil ins Erdreich eingegraben, um noch Übungsräume für Schlagzeug und andere lautere Instrumente zu schaffen. Hier wurde auch ein kleines Museum eingerichtet, das die lange Geschichte von Haus Witten anschaulich dokumentiert.

Vorgefundener Zustand nach dem Krieg
State of building after the war

Der Innenhof der Anlage, umgeben von den mächtigen Mauern des ehemaligen Herren- und Industriellensitzes sowie dem gläsernen Foyer, bietet einen herrlichen Rahmen für vielfältige Nutzungen. Hierzu tragen auch im südlichen Hofbereich das auf dünnen Stahlsäulen fast schwebende Dach und der wie ein Wehrgang gestaltete Fluchtweg aus dem Kammermusiksaal bei, die den idealen Rahmen für eine Bühne abgeben. Nach anfänglicher Skepsis haben die Wittener die alten Ruinen und ihre modernen Ergänzungen als eine Bereicherung in der ›Kulturmeile‹ ihrer Stadt angenommen. Daß dies gelungen ist, ist einer architektonischen Gestaltung zu verdanken, die sich durch eine einfache und klare Sprache auf das Wesentliche bezieht.

Ursula Kleefisch-Jobst

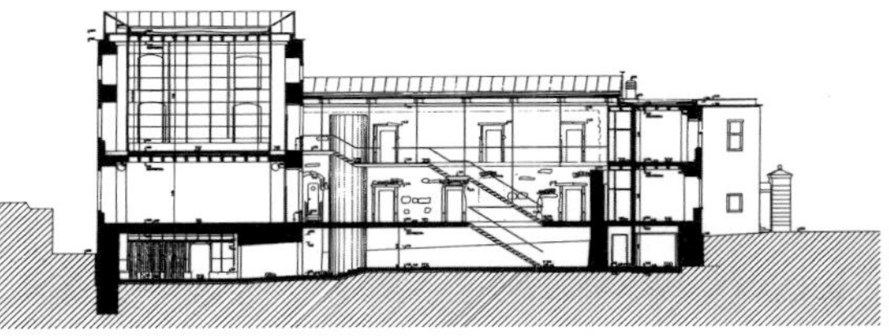

Schnitt
Section

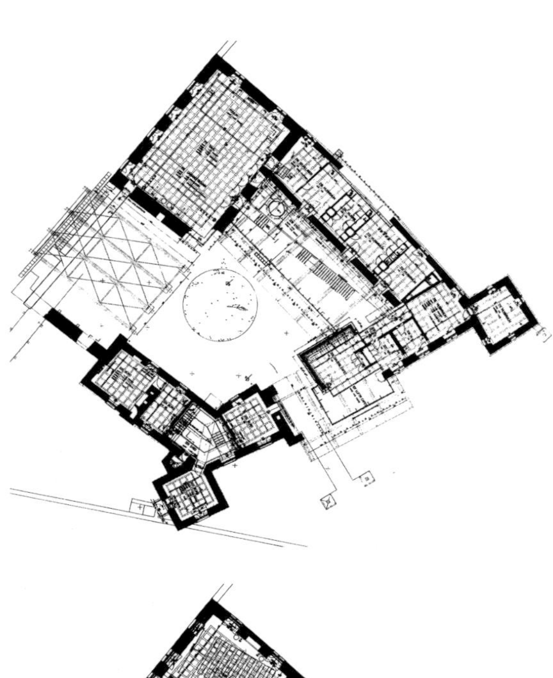

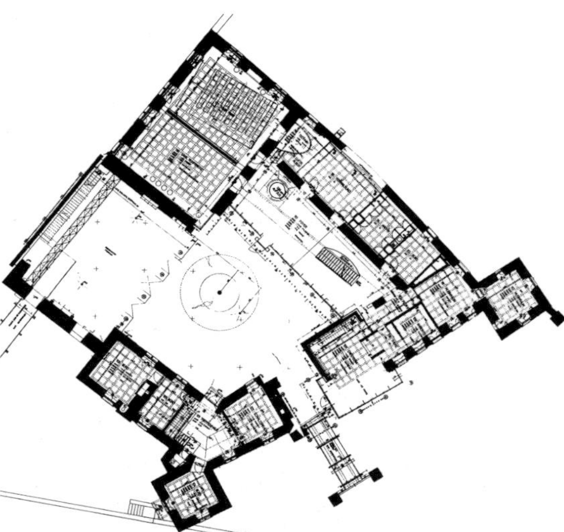

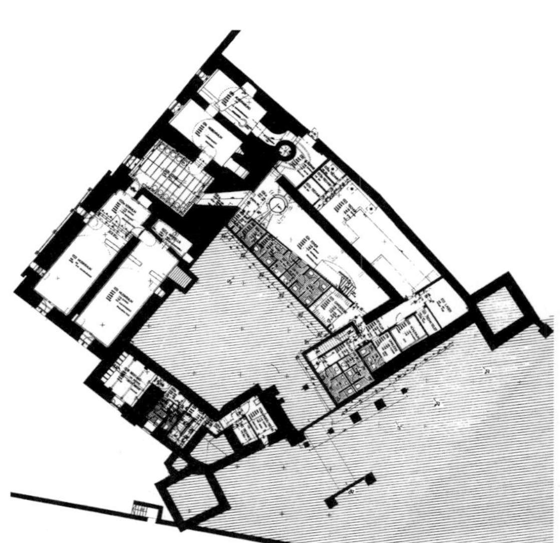

Grundriß Obergeschoß
Upper-floor plan

Grundriß Erdgeschoß
Ground-floor plan

Grundriß Kellergeschoß
Basement-floor plan

Hans Busso von Busse, Eberhard Carl Klapp
Haus Witten, Witten

Kammermusiksaal
Chamber-music room

Hofansicht
Courtyard

Durchgang zum Innenhof
Passageway to inner courtyard

Büro
Office

Foyer
Foyer

Photos: Jörg Winde

Coop Himmelb(l)au
Wolf D. Prix,
Helmut Swiczinsky

Multiplex-Kino, Dresden

Projektarchitekt	Tom Wiscombe
Projektleitung	Verena Perius
Projektteam	Andreas Mieling, Florian Pfeifer, Andreas Schaller, Alexander Seitlinger, Andreas Westhausser, Susanne Zottl

1993–1998

UFA Cinema Centre, Dresden

The Urban Design Concept
The urban design concept of the UFA Cinema Centre confronts the issue of public space, which is currently endangered in European cities. This situation is caused by the financial insolvency of city governments, which forces the sale of public space to developers, who then propose monofunctional buildings in order to maximise capital return.

By disintegrating the monofunctionality of these structures and adding urban functions to them, a new urbanity can arise in the city. The character of this urbanity would not only be determined by functional differentiation, thereby the creation of new spatial sequences, but also by the injection of media events.

The project for the UFA Cinema Centre is a result of the urban design concept developed for the planning competition Pragerstrasse Nord, which was considered a dynamic spatial sequence, defined by tangents and diagonals rather than by axes.

The interweaving of public squares, public interiors and passageways was proposed as a way of energising and densifying the new centre of Dresden.

The junctures between these urban vectors are defined as public spaces.

Kartesianische Ordnung aus dem Lot

Volkes Stimme ist empört: »Wie hat man so etwas genehmigen können?« Ja, wie ist es eigentlich geschehen? Ein Gutteil der Dresdner Bevölkerung lebt gefühlsmäßig im ›barocken Elbflorenz‹, die Lokalpresse reflektiert dieses Gefühl und hält es emsig wach, die Stadtverwaltung ist zu einem Teil von diesem Bewußtsein durchdrungen, zum anderen Teil ihm ausgeliefert. Da nimmt es wunder, daß der Wettbewerb zu einem solchen Ergebnis führte, und daß der Entwurf von Coop Himmelb(l)au auch noch in Beton und Glas umgesetzt werden konnte. Vielleicht liegt es an der Lage, am Rand der in Dresden ungeliebten, gleichwohl eine der größten städtebaulichen Leistungen der DDR repräsentierenden Prager Straße. In dieser Umgebung konnte wohl nicht allzuviel Schaden angerichtet werden.

Daß hier die architektonische Sensation entstehen könnte, die den Dresdnern durch die Ablehnung von Frank Stellas Kunsthalle versagt blieb, ein Publikumsmagnet sondersgleichen, der jenseits seiner Funktion als Kino Schaupublikum anzieht, war nicht zu erwarten.

Einen zyklopenhaften Betonklotz haben die Wiener Bau-Anarchos in den Dresdner Stadtboden gerammt, daran, darum, balancierend, kippend, berstend, ein vielfach gebrochener gläserner Kristall – der neue UFA-Palast, ›Kristallpalast‹, wie die Dresdner sagen, wohl ohne den berühmten Namensvetter von 1851 damit in Verbindung zu bringen. Man reibt sich die Augen. Dieses Stahl- und Glasgebirge und, schlimmer noch, der rohe Sichtbeton, mehr verstellt als verkleidet mit verzinktem Stahlgitterwerk, dazu die Fluchttreppen, ebenfalls aus verzinktem Stahl, alles ohne einen Tropfen versöhnender Farbe, irritiert ja die Sehgewohnheiten nicht nur rückwärtsgewandter Nostalgiker. Indes, bei so manch leidenschaftlichem Dresdner erfährt der UFA-Palast sogar so etwas wie Sympathie, hat man doch einen gemeinsamen Gegner, den verhaßten Plattenbau des sozialistischen Wiederaufbaus, insbesondere in der Prager Straße. Und in der Tat bringt der dekonstruktivistische Neubau seine Nachbarschaft gleich mit ins Wanken, indem er auf seinen schrägen Glasflächen die kartesianische Ordnung der Block- und Rasterarchitektur per Spiegelung aus dem Lot stürzt.

Das alte ›Rundkino‹, zu DDR-Zeiten nicht ungeschickt als Kontrapunkt zur rechtwinkligen Moderne konzipiert (und inzwischen durch vorgestellte aktuelle Neubauten aus dem Blickfeld geraten), bildet mit dem Coop-Neubau eine organisatorische Einheit, ein Multiplex-Kino (das zweitgrößte in Deutschland, wie es heißt) mit 15 Leinwänden, acht davon im Neubau. Auf die bauliche Anbindung an den bisherigen UFA-Palast haben die Architekten bewußt verzichtet. Alt- und Neubau stehen also im Abstand von 50 Metern nebeneinander, nur verbunden durch die virtuelle Nabelschnur der Organisation, des Kartenverkaufs und der Werbeemblemprojektion vom Dach des einen an die Fassade des anderen. An seiner Ostseite, entlang der überbreiten St. Petersburger Straße, präsentiert sich der Neubau mit einer langen, glatten Front, reagiert geschickt auf die Rezeptionsbedingungen der vorüberfahrenden Verkehrsteilnehmer durch große signifikant gestaltete Flächen. Nach Westen hingegen entfaltet er seine werbende Schauseite.

Der Kristall, tagsüber ein spiegelndes, nachts ein strahlendes Faszinosum, zieht die neugierigen Passanten auf der Prager Straße geradezu an, lockt sie auf Seitenwege. Als Haupteingang entpuppt sich ein doppelkonisches Stahlgebilde mit Schlupfloch, dessen Form so herrlich unerklärlich bleibt wie fast alles an der himmelb(l)auen Baukunst. Das Innere wartet mit einem furiosen Geschiebe von Treppenläufen, Aufzugs- und Pfeilertürmen aus Beton und stählernen Konstrukten auf, daß man nicht umhin kommt, an Piranesis imaginäre Gefängnisse erinnert zu werden.

Die auf allerlei Effekten beruhende grandiose Wirkung weicht allerdings einer gewissen Er-

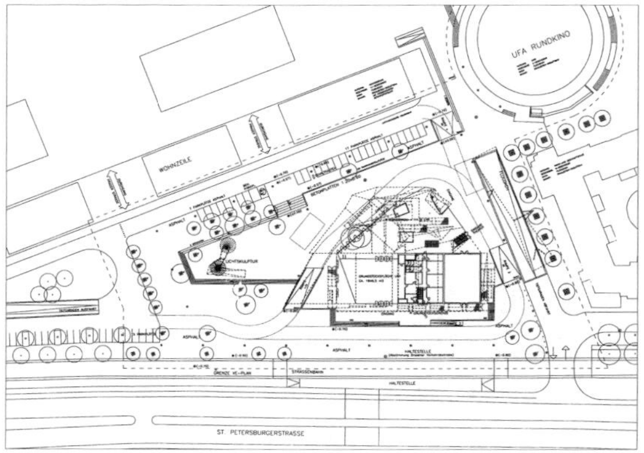

Lageplan
Site plan

nüchterung, je näher die Einzelheiten ins Blickfeld geraten, denn der Bau ist nichts für sensible Gemüter. Nun ist Coop nicht angetreten, die Erwartungshaltung von Ästheten zu bedienen, doch zahlreiche miserable, auch peinliche Details stören den Eindruck bis zur Ärgerlichkeit. Wohl vielfach ohne Zutun der Architekten wurden Orientierungshinweise, Schilder, Beleuchtungsanlagen, Videoschirme, Lautsprecher usw. so wahllos wie unsensibel allüberall angeschraubt, daß sie den architektonischen Blick malträtieren. (Offen bleibt, ob man diese Funktionselemente nicht hätte bedenken und gleich mitplanen müssen.)

Doch auch die Anschauung der Primärstruktur muß enttäuschen. Der Stahlkonstruktion des Kristalls fehlt Charakter; sie ist weder technizistisch raffiniert, delikat, was nicht der Sprache der Architekten entsprochen hätte, noch bringt sie die Nonchalance zum Ausdruck, die zum Beispiel Coops Dachgeschoßausbau in Wien auszeichnet. Weder zeigt sie die Leichtigkeit und Zufälligkeit der Mikadokonfiguration, noch die Dynamik und Spannung dekonstruktiver Gewalt. Sie ist einfach langweilig, brave Auftragsarbeit eines Ingenieurs, der offenbar keinen Bezug zur Architektur, zumindest nicht zu dieser, hatte. Hinzu kommt die graue Farbgebung, die mit den Sichtbetonflächen und den verzinkten Stegen, Treppen und Blechwänden nicht gerade anregend kontrastiert. Das Gewährenlassen beim Ausbau, die Abwesenheit von Design – vor allem bei den Vorräumen der Kinosäle – hat nicht zu einem charakter- und kraftvollen, materialbetonten Ambiente geführt, sondern zu merkwürdig undefinierter Hinterbühnenatmosphäre. Auch das Chaos will kontrolliert sein.

In den Kinosälen selbst hört die Coop-Herrlichkeit ohnehin auf. Wie in einer Betonkiste sind die acht schuhschachtelförmigen Kinosäle übereinander gestapelt. Keine karambolierende Raumkomposition wie bei Coop eigentlich zu erwarten, keine Überraschungen, keine Sinnenlust, denn die soll nur von der Leinwand kommen. So waren es die Kinospezialisten, die die Wände mit Plüsch bespannten, die Sitze wählten, die Leuchten aus dem Katalog aussuchten. Alles schön in Dunkelblau, nur der große Saal 14 erschauert in gewaltig-festlichem ›Premierenrot‹, das zum Stoßseufzer veranlaßt, es möge doch bald das Licht verlöschen und das Programm beginnen.

Das pralle Leben soll durch den Bau fluten, der tagsüber und abends alle Tore öffnet, dem Stadtleben Durchgang gewährt, auf allen Ebenen Zerstreuung, Unterhaltung, leibliche Genüsse bietet, auch jenen Passanten, die des Wegs kommen, ohne gezielt eine Filmvorführung anzusteuern. Doch noch wird das Potential des Gebäudes vom Betreiber nicht genutzt, beschränkt er sich auf den Ticketverkauf. Kein Multimedia-Spektakel an den Betonwänden, keine ambitionierte Gastronomie, keine hippe ›Sky-Bar‹, keine Kellerdisco, die einmal im Gespräch war. So ist die ehrgeizige Konzeption der Architekten, den Dresdnern ein Stück lebendige Stadt zu schenken, das dazu beiträgt, der City wieder Anziehungskraft zu verleihen, vorerst Option geblieben. Es blieb immerhin bei einem städtebaulichen Glücksfall und einem weit über die Grenzen Dresdens hinaus bedeutsamen Stück zeitgenössischer Architektur, und das ist für Dresden unbedingt ein Gewinn.

Falk Jaeger

Kristall (Foyer) und Kinoblock bei Nacht
Crystal (foyer) and cinema block at night

The UFA Cinema Centre is located at one of these junctures; it is formulated as the urban connection between Pragerplatz and St Petersburger Strasse. Therefore, the Cinema itself is transformed into a public space.

The Architectural Design Concept
The design is characterised by two intricately interconnected building units: "The Cinema Block", with eight cinemas and seating for 2,600, and the "Crystal", a glass shell which serves simultaneously as foyer and public square.

The Cinema Block
The Cinema Block opens up towards the street and is permeable for pedestrian traffic between Pragerstrasse and St Petersburger Strasse. It is differentiated by the circulation system of the cinemas and by views through to the latter street.

Coop Himmelb(l)au
Wolf D. Prix, Helmut Swiczinsky
Multiplex-Kino, Dresden

Grundriß 2. Obergeschoß
Second-floor plan

Grundriß 1. Obergeschoß
First-floor plan

Grundriß Erdgeschoß
Ground-floor plan

Grundriß Kinos Untergeschoß
Floor plan of basement cinemas

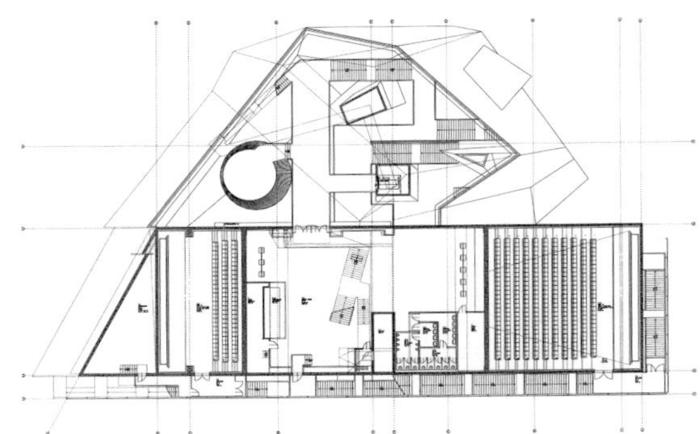

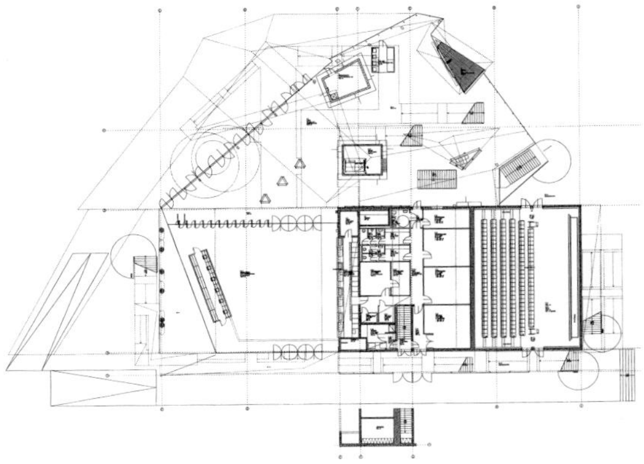

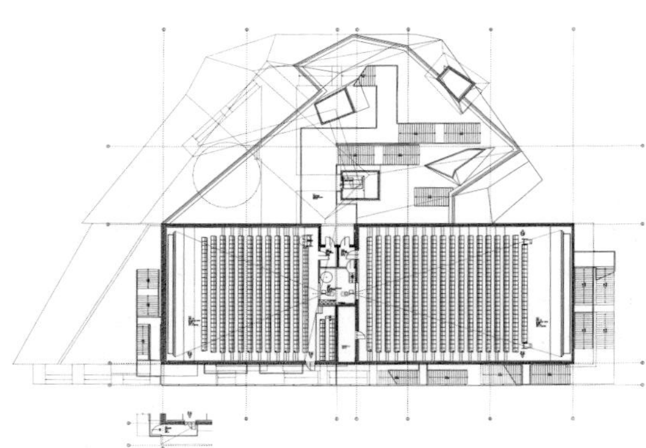

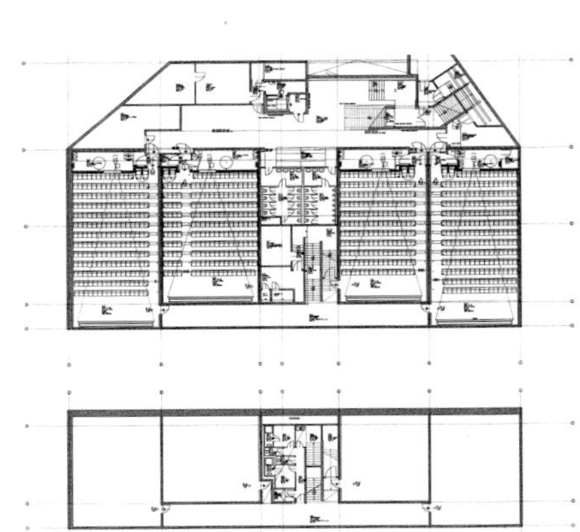

The Crystal
The Crystal is no longer merely a functional entry hall to the cinemas, but an urban passageway.

The bridges, ramps and stairs to the cinemas are themselves urban expressions. They allow views of the movement of people on a multitude of levels, unfolding the urban space into three dimensions. The lively quality of this space can be described in relation to the dynamic structure of film.

The Sky-Bar, the "floating" double-cone inside the foyer, is accessible and will host different functions (café, bar etc.).

In this way, the content of the building becomes visible to the city as much as the city is visible from the building. It is an inside-out building which sustains a dialogue with the city. The media event – projected from the interior towards the exterior – assists in the creation of urban space.

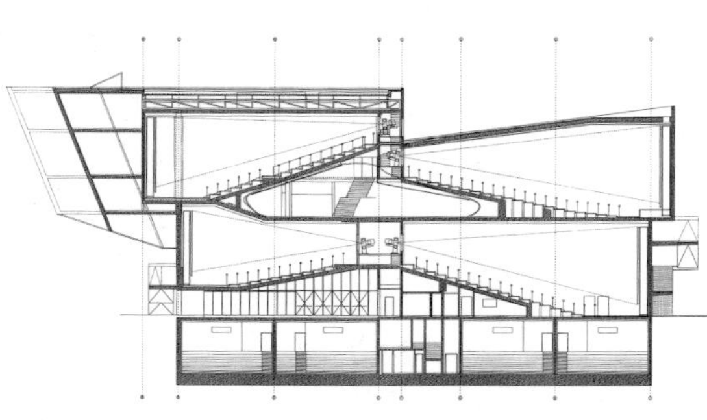

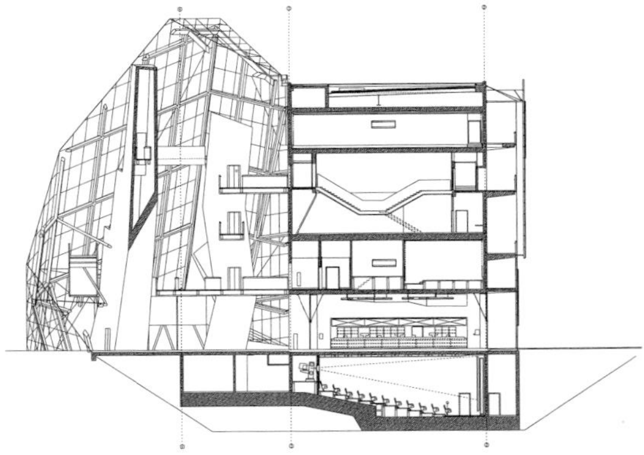

Schnitt A-A
A-A section

Schnitt B-B
B-B section

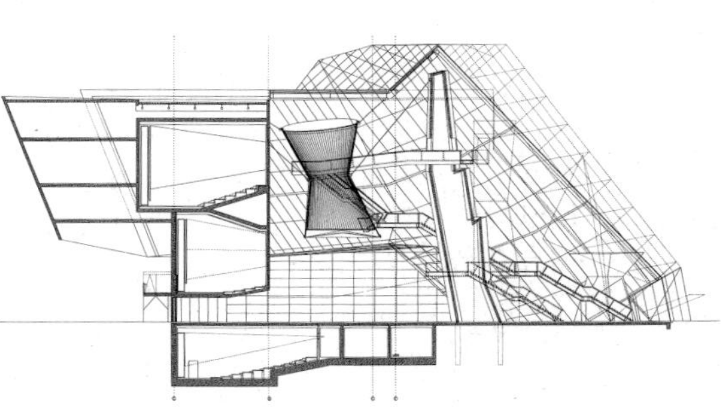

Schnitt C-C
C-C section

Blick auf die Medienfassade von der St. Petersburger Straße
View of media facade from St Petersburger Strasse

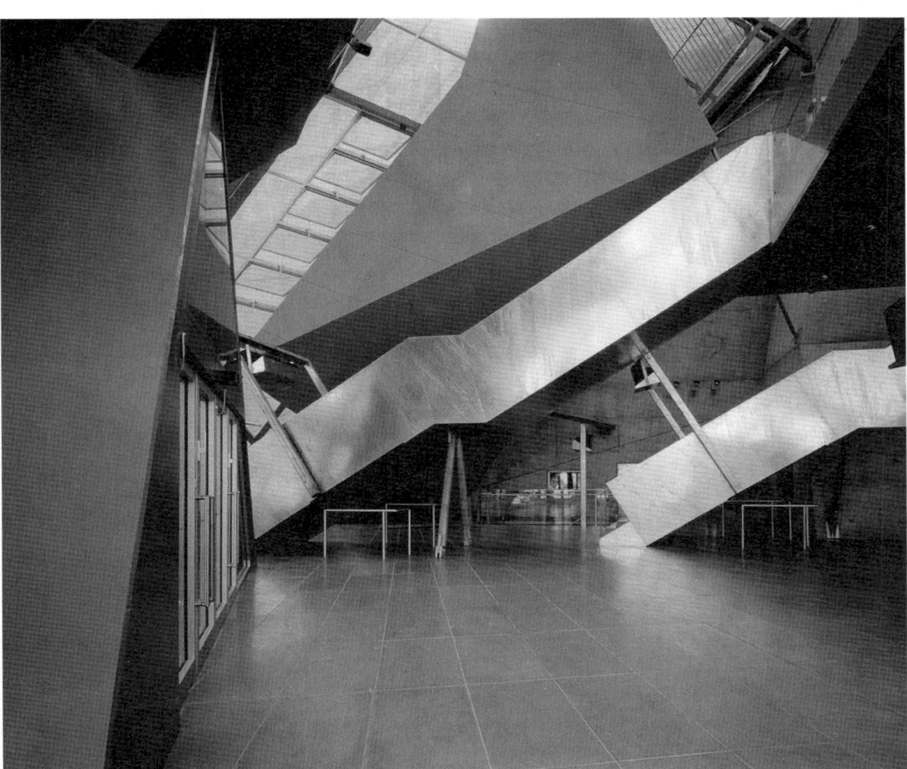

Kristall (Foyer). Treppenaufgänge zu den Kinos
The Crystal (foyer) with stairway to cinemas

Kristall (Foyer). Treppenaufgang zu den Kinos zwischen Aufzugsturm (links) und Medienturm (rechts)

The Crystal (foyer) with stairway to cinemas, between lift tower (left) and media tower (right)

Kristall (Foyer). Sky-Bar
The Crystal (foyer) and the Sky-Bar

Kristall (Foyer). Blick auf den Aufzugsturm
The Crystal (foyer) with view of lift tower

Photos: Gerald Zugmann

Jürgen Engel,
Kaspar Kraemer,
Rolf Schmiedecke,
Michael Zimmermann

Gürzenich, Köln
Umbau und Renovierung

Erbaut 1441–1447 von Johann von Bueren, wiederaufgebaut 1952–1955 von Karl Band und Rudolf Schwarz

1996–1997

Renovation of the Gürzenich, Cologne

The late Gothic Gürzenich in Cologne was erected as a multifunctional building between 1441 and 1447 according to plans drawn up by the city's master builder Johann von Beuren. The original outer walls are still standing, framing an area of 53 by 22 m.

Between 1855 and 1857 the interior was refurbished in mock tudor style and from 1890 to 1894 a bombastic stairway was added. In 1943, the Gürzenich was almost completely destroyed, leaving only the original gothic walls standing.

A competition was held in 1948/49 and reconstruction was undertaken between 1952 and 1955 to plans drawn up by architects Karl Band and Rudolf Schwarz. Their reconstruction and extension incorporated the facades of the adjacent ruined church of Saint Alban to the

Stellt der Dom unbestritten das sakrale Wahrzeichen Kölns dar, so steht ihm sicherlich unangefochten der Gürzenich auf dem Sektor der Profanbauten gegenüber. Das spätgotische Festhaus wurde 1441–47 als Ausdruck von Wohlstand und Selbstbewußtsein inmitten der engen Altstadtgassen nach Plänen des Stadtbaumeisters Johann von Bueren als seinerzeit größtes weltliches Haus der Stadt errichtet. Die typologische Provenienz ist primär in der niederländischen Kaufhallenarchitektur zu suchen.

Schon damals multifunktional ausgerichtet und unterschiedlichsten Veranstaltungen und Nutzungen dienend, von Schützenfesten, Konzerten, Maskenbällen, Kunstausstellungen über die Funktion als Börse oder Kauf- und Lagerhaus, blieb bis heute lediglich die ursprüngliche, immer noch gewaltige Hülle des Kernbaus mit einer Grundfläche von 1166 Quadratmetern nahezu unverändert.

Daß insbesondere für unterschiedliche Zwecke konzipierte Gebäude aufgrund der sich ständig wandelnden Ansprüche zu den stark temporären Architekturen gehören, verdeutlicht die Geschichte des Hauses bis heute.

Schon in der Zeit zwischen 1855 und 1857 wurde die zweigeschossige Hülle aus Außenmauern mit dem zweischiffigen großen Saal im Obergeschoß sämtlicher inneren Strukturen entledigt: Kölns Stadtbaumeister Julius Raschdorff erhöhte den nunmehr dreischiffig konzipierten Saal mittels einer offenen Dachstuhlkonstruktion im Tudorstil. Ferner kam ein Anbau an der Nordseite hinzu sowie 1890–94 ein pompöses Treppenhaus von Friedrich Carl Heimann. Die gründerzeitliche Prachtentfaltung wiederum ging bei einem Bombenangriff am 29. Juni 1943 verloren. Sämtliche erhaltenen Umfassungsmauern letztgenannter Bauteile wurden, da nach dem Kriege als nicht erhaltenswürdig angesehen, abgetragen. Unangetastet blieben abermals nur die Umfassungsmauern des Ursprungsbaus.

Die nächste durchgreifende Erneuerungsphase vollzog sich im Rahmen des Wiederaufbaus. Vorangegangen war 1948/49 ein auf Kölner Architekten beschränkter Wettbewerb, bei dem kein erster Preis vergeben wurde. Nach den Plänen der zweiten Preisträger Karl Band und Rudolf Schwarz, die 1951 den Auftrag erhielten, erwuchs zwischen 1952 und 1955 aus den Trümmern eine der bedeutendsten Festarchitekturen der fünfziger Jahre unter Einbeziehung von nun zum inneren Raumabschluß umgewidmeten Außenmauern der nördlich angrenzenden Kirchenruine St. Alban.

Der am 2. Oktober 1955 eingeweihte neue Gürzenich besteht aus zwei Schichten: den mittelalterlichen Bauteilen, repräsentiert durch die Reste des Gürzenich und St. Alban, sowie den modernen Einbauten samt neuem Verbindungstrakt mit dem großen Treppenfoyer. Dennoch bildet die gesamte Innenarchitektur ganz im Sinne des organischen Bauens eine fließende Einheit. Weite Flächen sowie schwingende Treppen fungieren als Flanierbühne der Besucher und Zentrum des Komplexes; dessen Herzstück aber blieb der in den alten Mauern und Proportionen wiederhergestellte große Saal im Obergeschoß.

Zur Hauptraumfolge gehört noch der mit Emporen versehene Garderobensaal, der im Erdgeschoß des Altbaukerns unter dem großen Saal neben einem Restaurant angeordnet wurde.

Von Band und Schwarz als Erlebnisarchitektur gezielt inszeniert, bestimmen Maß und Würde die Anlage der Treppen, die im Gegensatz zu einem formalistisch erstarrten Funktionalismus originär aus der vorhandenen Situation entwickelt wurden. Insbesondere das Licht spielt tagsüber wie auch nach Dunkelwerden in künstlicher Form eine gewichtige Rolle. Dieses kongeniale Zusammenspiel der gekurvten Linien, Bögen, Öffnungen und weiten Flächen findet Ergänzung durch hell-dunkle Materialkontraste der alten und neuen Bauteile, was durch die künstlerische Gestaltung zahlreicher Details wie Geländer, Fenster, Paneele, Türklinken, Leuchter, Böden und Decken noch

Schnitt
Section

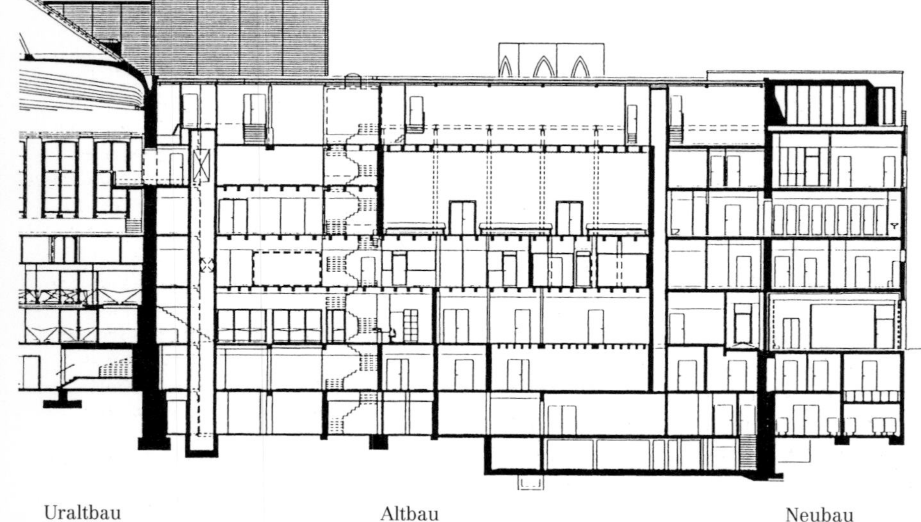

Uraltbau — Altbau — Neubau

eine Steigerung erfährt. Über ein Dutzend Künstler aus dem Umfeld der Kölner Werkschulen wirkten daran mit, unter denen Ewald Mataré und Ludwig Gies die bekanntesten sein dürften. Die geradezu versessene Liebe zu Assoziationen weckenden Details mündet in eine einheitliche künstlerische Idee, die das Ensemble zu einem beeindruckenden Gesamtkunstwerk erhebt.

Die seit 1955 gewandelten Anforderungen an Wirtschaftlichkeit und Logistik eines reibungslosen Veranstaltungsbetriebes verstärkten die Probleme bei der Bespielung. Am mittelalterlichen Werksteinmauerwerk, insbesondere an Zinnen und Eckwarten, nahmen die Spuren der Verwitterung und des Verfalls zu, die aufgrund der Verkehrssicherungspflicht keinen Restaurierungsaufschub erlaubten. Der Umzug des renommierten Gürzenich-Orchesters in die neue Kölner Philharmonie 1986 zwang nun zum Handeln im Sinne einer neuen Nutzungsvielfalt und Konkurrenzfähigkeit. Auch die Sanitäranlagen entsprachen nicht mehr dem Standard, ebenso die sicherheitstechnischen wie feuerpolizeilichen Normen sowie die medientechnische Ausstattung. Die Belieferung mit Speisen gestaltete sich immer schwieriger. Das schulterhohe Stuhlmagazin unter dem Saalboden erwies sich beim Möbelrangieren als hinderlich.

Außenansicht
Exterior view

Aus einem 1987 veranstalteten Architektenwettbewerb ging zwar das Team Helbig/Thies als Sieger hervor, den Zuschlag erhielt aber das zweitplazierte Büro Kraemer, Sieverts und Partner, Köln (KSP). Entsprechend ihren Vorschlägen beschränkte man sich auf eine Bestandssicherung, die letztendlich durch zwei relativ unscheinbare Annexe Ergänzung fand.

Allerdings war es bis zum Beginn der inneren Umbaumaßnahmen am Aschermittwoch 1996 noch ein mühsamer Weg. Das Umbaukonzept von 1992 sah zum Teil gravierende Eingriffe in den denkmalgeschützten Bestand vor sowie seine partielle Beseitigung. So sollte beispielsweise die Garderobenhalle unter Aufgabe von Emporen und Stützen in einen Veranstaltungssaal mit Bühne umfunktioniert werden. Weiter sollten die von Ludwig Gies stuckierte Katzenzungendecke im großen Saal sowie drei markante Deckenradleuchter zugunsten einer neuen Konstruktion geopfert werden.

Mitte 1994 setzte dann eine öffentliche Diskussion ein. Berichte in der überregionalen Presse, Proteste von Verbänden und Initiativen der Denkmalpflege mündeten in eine Neubewertung des Vorhabens. Die Auseinandersetzung mit der vorhandenen Substanz und den bestehenden Strukturen wurde quasi erzwungen. Alles gipfelte in der Verweigerung der Planungsgenehmigung durch das zuständige nordrhein-westfälische Ministerium für Stadtentwicklung und Verkehr am 25. Oktober 1994, womit die Denkmalpflege ihre Interessen durchsetzen konnte. Neu erarbeitete Lösungen führten zu Planungsänderungen, die unter weitgehender Wahrung des inneren Zustandes und äußeren Erscheinungsbildes gravierende Eingriffe in den Bestand erübrigten.

Der Plan, das Garderobenfoyer künftig als Veranstaltungssaal zu nutzen, wurde dahingehend realisiert, daß lediglich die Garderobentheken entfernt und durch mobile Elemente ausgetauscht wurden. Die treffend eine heitere Stimmungsmalerei der fünfziger Jahre widerspiegelnden Pastellgemälde von Richard Seewald wurden in situ restauriert. Das für die Wirkung der Schwarz-Bandschen Architektur ganz bedeutsame originale Beleuchtungssystem, das ursprünglich wegen der Anforderungen an heutige DIN-Normen weichen sollte, wurde restauriert und mittels eines untergeordneten, gestalterisch nicht ins Gewicht fallenden Systems ergänzt. Dies gilt sowohl für das Treppenfoyer als auch für den großen Saal im Obergeschoß, in dem neben der schon erwähnten Stuckdecke die Radleuchter restauriert und durch

north. The result was one of the most important examples of public building in Germany in the 50s. As needs have changed since 1955, new plans were required. A competition was won by the architects of the KSP group (Kraemer, Sieverts and Partner). Detailed discussions and heated debate prevented any major alteration of the listed historical remains. Restored in 1996/97 and sensitively extended, especially in respect of technical and lighting facilities, the visible alterations have been limited more or less to two additions – a glass elevator tower in front of the south facade, leading to a new, invisible storage facility beneath the forecourt, and an extension housing access area, sanitary facilities and office space to the north.

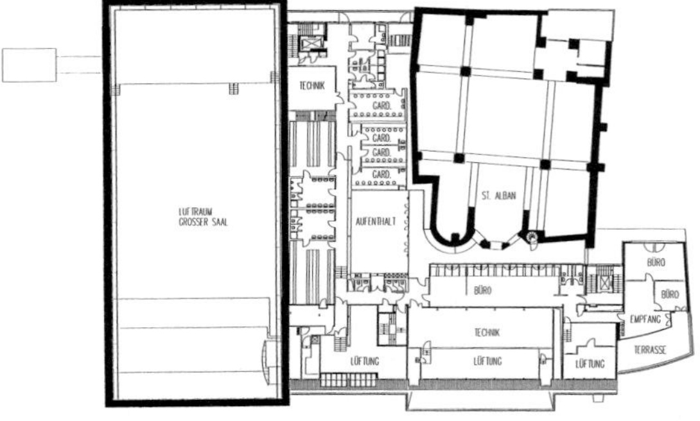

Grundriß Dachgeschoß
Attic floor plan

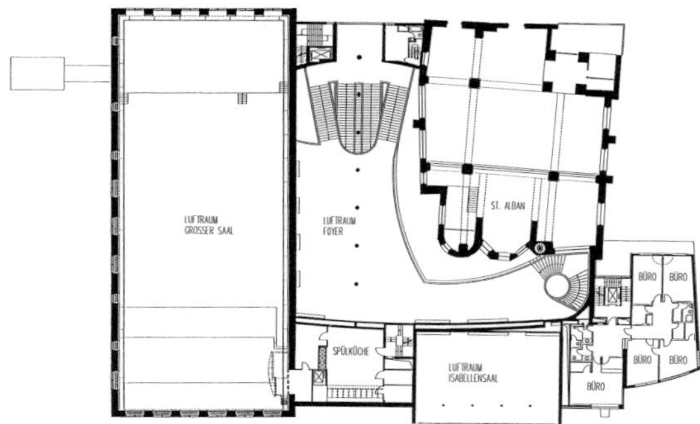

Grundriß 2. Zwischengeschoß
Second mezzanine floor plan

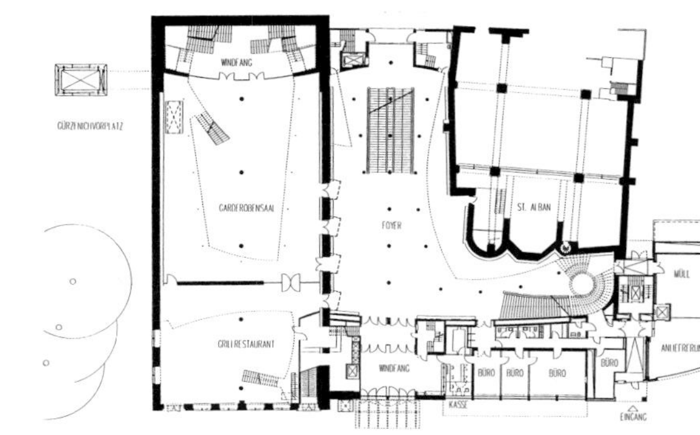

Grundriß Erdgeschoß
Ground-floor plan

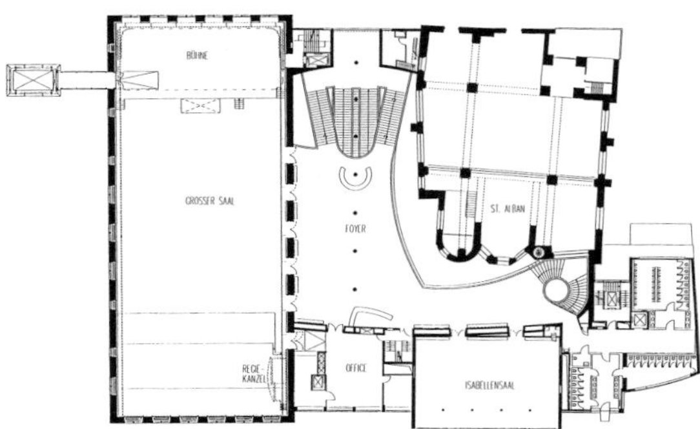

Grundriß Saalgeschoß
Functions-floor plan

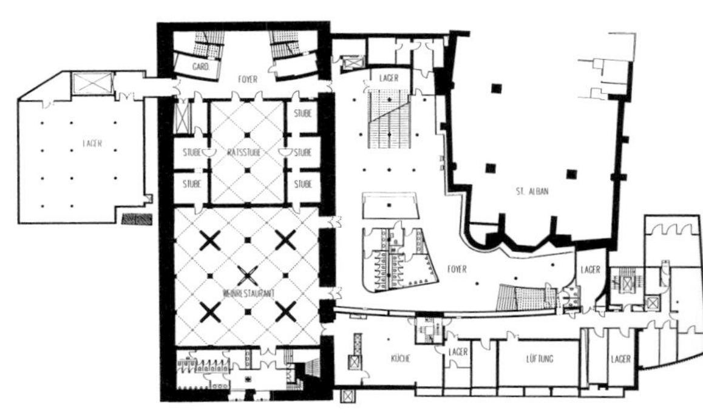

Grundriß Kellergeschoß
Basement floor plan

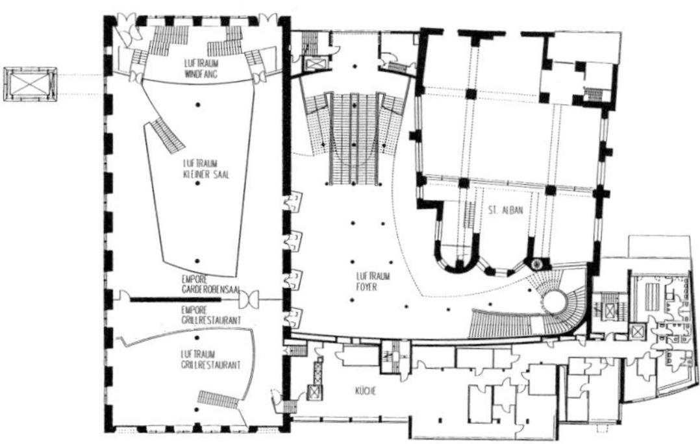

Grundriß 1. Zwischengeschoß
First mezzanine floor plan

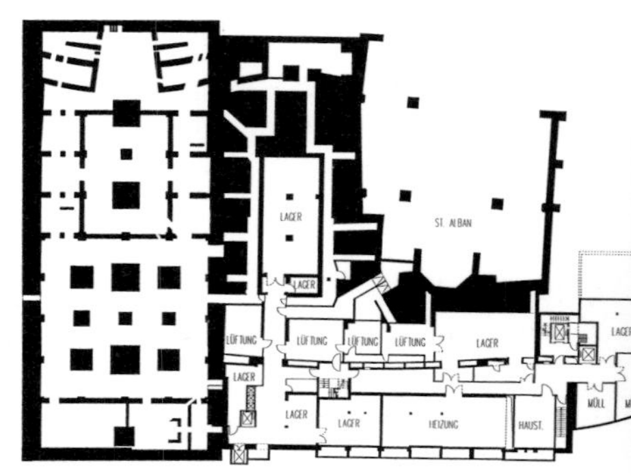

Grundriß Tiefkeller
Lower basement floor plan

dünne Messingringe im Schatten der äußeren Leuchtkränze ergänzt wurden. Entfernte Stuckelemente vervollständigte man nach Originalvorlagen. Die Farbfassungen konnten gemäß Befund auf den Ursprungston zurückgeführt werden.

Eine einschneidende Veränderung im Bühnenbereich stellte der Ausbau der von Hans Klais geschaffenen Orgel an der westlichen Schmalwand dar. Der Wegfall der auf drei unabhängigen, aufgeständerten Betonplatten aufgebauten Manualwerke erlaubt heute nicht nur die erneute Erlebbarkeit der ursprünglichen Raumwirkung mit den drei Fensterseiten, sondern bot zusätzlich die Möglichkeit des Einbaus einer variabel nutzbaren Szenenfläche mit Hubpodium sowie flexibler Beleuchtungs- und Vorhangstechnik. Darüber hinaus gestattet nun eine das südwestliche Kreuzstockfenster durchstoßende Glasbrücke in Verbindung mit einem sechs Meter vor der Südfront stehenden neuen Aufzugsturm den Transport sämtlicher Requisiten in einen großen Lagerkeller, der unter dem erst 1912 freigelegten südlichen Vorplatz angelegt wurde.

Dieser Lastenaufzugsturm ist in einer Sprache formuliert, die keine falsche Historizität suggeriert. Die Glas-Stahl-Konstruktion ist vertikal und horizontal auf ein lineares Minimum reduziert, durchsichtig und bis merklich unter die Firstlinie des historischen Baus emporreichend. Diese Zutat ist dem Altbau als gültiges Zeichen der neunziger Jahre angemessen selbstbewußt an die Seite gestellt. Wesentliche Erschließungsfunktionen konnten so unter Schonung der inneren Substanz aus- und unter die Erde verlagert werden.

Aus diesen Gründen war noch ein nördlicher Anbau an der Martinstraße nötig. Leicht geschwungen und damit vorgegebene Linien aufnehmend, wird der kleine zurückversetzte Fassadenabschnitt mittels dreier schmaler horizontaler Fensterbänder gegliedert, von Garageneinfahrt und Staffelgeschoß vertikal abgegrenzt. Auch hier besteht ein klares Verhältnis zwischen alt und neu. Anlieferungs- und Müllbereich im Erdgeschoß, zusätzliches Treppenhaus, Sanitärbereiche und Büros sind hier untergebracht.

Am 19. September 1997 wurde der diesmal dezent überformte Gürzenich eröffnet. Die Neugestaltung ist in einer funktional überzeugenden Weise realisiert worden. Zu den bislang erlebbaren Schichten ist nun eine weitere hinzugekommen, die nunmehr die fünfeinhalb Jahrhunderte lange Baugeschichte aktualisiert. Zu danken bleibt dies einer gelungenen Gratwanderung zwischen zeitgemäßer Nutzung und dem Denkmalschutz. Eine der schwierigsten Umbaumaßnahmen im historischen Kontext der letzten Zeit konnte damit erfolgreich gemeistert werden. Die permanente Prozeßhaftigkeit der Architektur wird sich im Neubau des Wallraf-Richartz-Museums nach Plänen von Oswald Matthias Ungers ab Ende 1998 auf dem nördlich angrenzenden Trümmergrundstück fortsetzen.

Hans-Peter Schwanke

Foyer im Erdgeschoß
Ground-floor foyer

Flurbereich vor den Büros im Neubau
Corridor in the new office space

Treppenaufgang
Stairway

Garderobenfoyer
Wardrobe foyer

Foyer im Saalgeschoß
Upper level foyer

Großer Saal
Functions room

Photos: Jens Willebrand

Oktavia Galinke,
Michael Peters

Erweiterungsbau der Realschule, Velen

1994–1995 und 1995–1997

School extension, Velen

The extension of a secondary school in Velen, North Rhine-Westphalia, completed in November 1997, was based on a competition project in 1993 which was won by Oktavia Galinke and Michael Peters. The building, a solitary structure set in front of the original 70s building, is bounded by a forest to the southeast and an adjacent residential area of one and two-storey single-family houses to the northwest. The classrooms are all outward-facing to respond to the natural surroundings. The floor plan of the new building is a 36 x 36 m square with a 14 x 14 m inner courtyard. The elements of primary construction were prefabricated in situ *as exposed concrete. The exterior of the school building is marked by uninterrupted windows and prefabricated facade elements of wood. The interior is dominated by cool materials such as galvanised steel and stone floors, whereas the classrooms themselves have warm materials such as wooden panelled walls and cork flooring.*

»So soll denn ein Schulhaus hell sein, freundlich, übersichtlich, bescheiden, ehrlich und naturverbunden. Alle anderen Gesichtspunkte haben vor diesen erzieherischen Forderungen gänzlich in den Hintergrund zu treten.« Dr. Willi Schohaus – um nur einen Autor der vielen zu nennen – seinerzeit Direktor am Kreuzlinger Lehrerseminar, postulierte diese bereits seit der Jahrhundertwende formulierten Grundsätze Anfang der dreißiger Jahre in seinem Vorwort von *Das Kind und sein Schulhaus*, einem schweizerischen »Beitrag zur Reform des Schulhausbaues«, an dem auch der Architekt Werner M. Moser mitwirkte.

Erstaunlich an dem 1997 fertiggestellten Erweiterungsbau der Realschule Velen in Nordrhein-Westfalen ist zum einen, daß die klassischen Ansprüche der Moderne an einen Schulbau den Architekten Oktavia Galinke und Michael Peters auch heute – oder: heute wieder – selbstverständlich zu sein scheinen, zum anderen, daß diese Prinzipien von ihnen auf verblüffend individuelle, zeitgemäße Art übersetzt worden sind. Dabei so, als hätte auch die radikale Eindringlichkeit der alten Schulbau-Debatte die jungen Architekten herausgefordert, die sich in der genannten Schrift zum Beispiel folgendermaßen mitteilt: »Die formalistisch-architektonische Auffassung, sei sie modern oder historisch gerichtet, muß bekämpft werden, denn sie steht im Gegensatz zu den menschlichen, pädagogischen und hygienischen Belangen der Schule.«

Es handelt sich um ein relativ kleines, klar gegliedertes, zweigeschossiges Gebäude von etwa 36 x 36 Metern, dem ein 14 x 14 Meter großer Innenhof eingeschrieben ist. Um diesen Innenhof gruppieren sich auf beiden Ebenen insgesamt acht Klassenzimmer, zehn Sonderräume und die Eingangshalle. Die tragenden Elemente des Baues – Wandscheiben, Rundstützen und Decken – wurden in Sichtbeton vor Ort errichtet; die Teile, die unverkleidet blieben danach nicht mehr bearbeitet. Die formale Ordnung aller Bauteile ist durch ein orthogonales Achsraster von 1,20 Metern definiert. Um das Gerüst des Schulhauses spannt sich an drei Seiten über beide Geschosse eine Sequenz von sehr feingliedrigen Fenstern auf zwei Reihen quergegliederter, fein detaillierter, holzverkleideter Sockel. Im Gegensatz zur horizontalen Betonung der West-, Süd- und Ostseite des Gebäudes ist die Gestaltung der Eingangsseite im Norden – gegenüber dem Schulbau aus den siebziger Jahren – vertikal bestimmt. Ihre Mitte wird um die Eingangstür herum, die in die große Halle führt, durch eine über beide Geschosse reichende Glaswand gebildet, die an beiden Seiten in der gesamten Höhe des Hauses von derselben Art filigraner Wandbekleidung wie die der Sockel geschlossen wird. Das Schulgebäude macht von außen einen sehr harmonischen und transparenten Eindruck.

Im Innern setzt sich dies fort. Der Innenhof grenzt sich nur durch eine Glashaut vom dreiseitigen Korridor, von dem aus die Schulräume betreten werden, und von der Eingangshalle ab. Die Eingangshalle wird auch als Aula und als Pausenraum genutzt. Von der Halle aus ist der gepflasterte Innenhof durch eine Flügeltür zu betreten; er verlängert den zweistöckigen Gemeinschaftsraum optisch und gibt ihm sowie dem umlaufenden Korridor natürliche Helligkeit. Die Unterrichtsräume baden dank der außenliegenden, durchgehenden Fensterfront, die bis zur Decke hinaufgeführt ist, selbst bei trübem Wetter in gleichmäßigem und ruhigem Licht. Da die Brüstung die Tischhöhe nicht überschreitet, gibt jedes Schulzimmer einen ungehinderten Ausblick auf Wald und Wiese frei und läßt bei den jungen Menschen bestimmt kein Gefühl von Zwang und Eingeschlossensein aufkommen. Außerdem öffnen sich die Fenster nach außen.

Der Biologie- und der Musikraum im Erdgeschoß, im Obergeschoß der Physiksaal und der Kunst-und-Werken-Raum – jeweils in den zwei Ecken der Südseite gelegen – haben sogar zwei Fensterfronten. Dazwischen liegen auf beiden Stockwerken jeweils zwei weitere naturwissenschaftliche Räume. In der nordöstlichen Ecke befindet sich unten ein Mehrzweckraum, oben der Raum für den Informatikunterricht. Die Sonderräume haben eine rechteckige Grundform, die Normalklassen eine annähernd quadratische. Der quadratische Raum paßt sich, wie wir von den

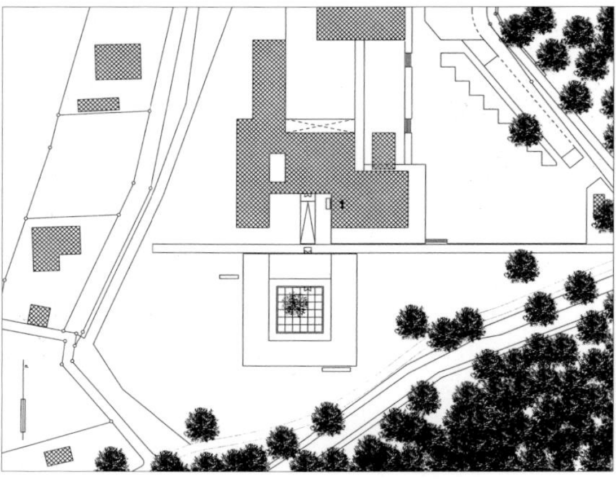

Lageplan
Site plan

Eingangsseite
Entrance

Schulreformern seit langem wissen, am besten den unterschiedlichen Unterrichtsformen an, denn er erlaubt die meisten Variationen der Möblierung, so zum Beispiel, daß Lehrer und Schüler in Gruppen zusammenkommen.

Dieses Schulhaus, ganz ›pädagogischer Zweckbau‹, ist zwar einer neutralen architektonischen Haltung verpflichtet, so, als ob es zukünftigen Auffassungen über Erziehung die Auswirkungsmöglichkeiten nicht verbauen wollte. Dennoch besitzt es einen unverwechselbaren Charme nicht zuletzt durch den gekonnten Einsatz der unterschiedlichen Materialien. Im Bereich der Verkehrsflächen dominieren kühl-schimmernde Wandbekleidungen aus gekanteten, verzinkten Stahlblechen, der Sichtbeton der Decken und Stützen sowie die grauen Natursteinböden. Die Unterrichtsräume dagegen werden bestimmt von ›warmen‹ Holztafelwänden und Korkparkettböden. Alles ist bis auf das kleinste Detail sorgfältig durchgearbeitet.

Es wurde schon erwähnt, daß dieser Neubau als Erweiterung einer Schule aus den siebziger Jahren dient; das neue Gebäude übernimmt übrigens deren Höhe, Volumetrie und Ausrichtung. Das Projekt der Erweiterung der ehemaligen Hauptschule geht auf einen Wettbewerb im Jahr 1993 zurück, bei dem die beiden Architekten den ersten Preis gewannen. Daß sie auch den Bauauftrag bekamen, ist besonders schön, denn es ist ihr erster realisierter Bau geworden.

Bis heute ist bei Psychologen und Pädagogen umstritten, *welchen* Einfluß Gebäude auf Schüler und Schülerinnen haben. Klar ist nur, *daß* sie die seelische Stimmung beeinflussen. Ernst May, der Architekt des Neuen Frankfurt, dem die Stadt auch zahlreiche Schulen verdankt, schrieb 1928 in der gleichnamigen Zeitschrift »daß die neue bauliche Gestaltung nur ein Teil und nicht einmal der wichtigste der neuen Schule sein kann, die uns vorschwebt, daß die Reform des pädagogischen Unterrichts Voraussetzung für die Geburt jener Schule ist, die wir uns als die Schule der Zukunft wünschen, die Schule, vor der die Jugend nicht mehr zittert, sondern in die die Schüler mit Begeisterung wandern und in der sie nicht mehr ›schulmeisterlich‹, sondern aus warmherzigem Verstehen heraus herangebildet werden, in der in gemeinschaftlichem Gedankenaustausch, gemeinschaftlichem Studium die Grundsteine zu einem kraftvollen Charakterbau gelegt werden der den Stürmen des Lebens zu trotzen geeignet ist«. Es wäre interessant herauszufinden, ob der Schulbau von Oktavia Galinke und Michael Peters mit seinen leicht und frei wirkenden Räumen das körperliche und geistige Wohlbefinden der Jugendlichen befördern kann.

Romana Schneider

Oktavia Galinke, Michael Peters
Erweiterungsbau der Realschule, Velen

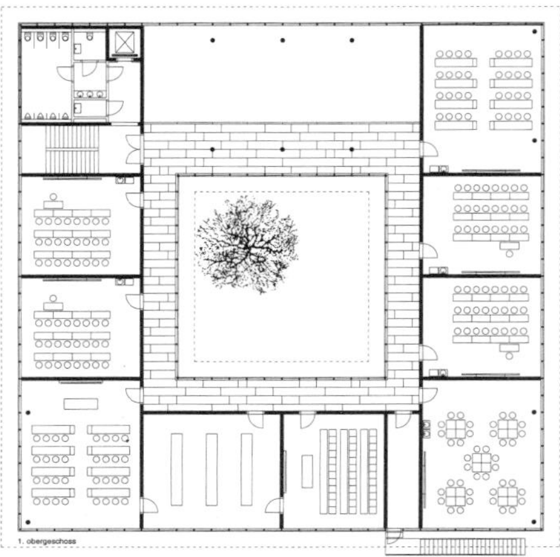

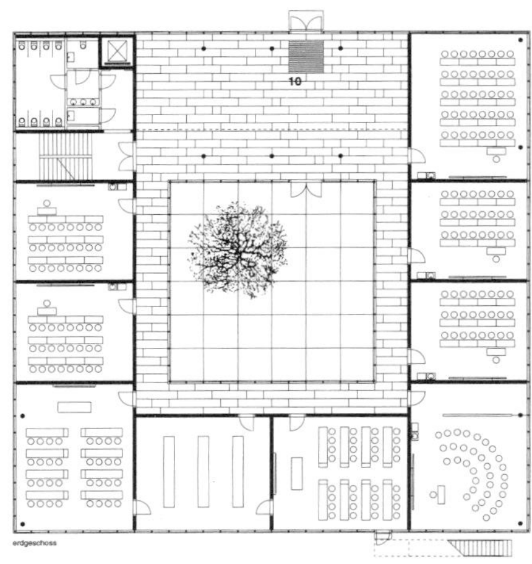

Grundriß Obergeschoß
First-floor plan

Grundriß Erdgeschoß
Ground-floor plan

Blick von der Halle in den Innenhof
View of the inner courtyard from the hall

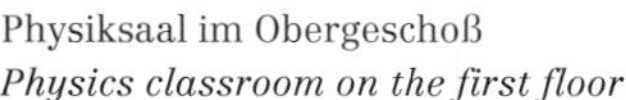

Physiksaal im Obergeschoß
Physics classroom on the first floor

Ansicht von Süden
View from the south

Fassade mit aufspringenden Fenstern
Facade with open windows

Photos: Christian Richters

Richard Gluckman **Deutsche Guggenheim, Berlin**

Projektarchitekt David G. Saik
Mitarbeit Michael Meredith
Ausführung Novotny Mähner & Assoziierte
1997

German Guggenheim, Berlin

On 7 November 1997, a further branch of the Solomon R. Guggenheim Museum New York was opened on the ground floor of the newly restored Berlin headquarters of the Deutsche Bank, which is situated at the junction of two Berlin streets with a long tradition: Unter den Linden and Charlottenstrasse. Both the architectural concept and the exhibition programme allow one to expect that this new arts address will develop a striking identity. The single-storey space was restored and fitted out for exhibition purposes by Richard Gluckman Architects, New York. With an area of no more than 340 square metres, the elongated exhibition space may seem to be something of an understatement, no more than a miniature version of a cultural concern with worldwide operations. The gallery area can be divided and articulated by demountable partitions, however. The carefully executed terrazzo flooring and the delicate lighting, in conjunction with the completely smooth white walls, are elements suited to the presentation of anything from classical

Am 7. November 1997 wurde in der neu restaurierten Berliner Zentrale der Deutschen Bank eine weitere Dependance des Solomon R. Guggenheim Museums New York eröffnet. Gemeinsam getragen von der Guggenheim Foundation und der Deutschen Bank, werden hier Ausstellungen zur klassischen Moderne und zur zeitgenössischen Kunst gezeigt.

Der Ausstellungsraum ist gut 40 Meter lang, gerade einmal 8,5 Meter breit und 6 Meter hoch. Gewöhnt an die großen Guggenheim-Museen in New York, Bilbao und Venedig, mag einem dieser langgestreckte Raum von 340 Quadratmetern als Miniaturisierung und Understatement eines weltweit operierenden Kulturkonzerns vorkommen. Und im Konzert der großen Berliner Museen wie der Nationalgalerie, dem Gropius-Bau, den Museen in Dahlem, der Museumsinsel mit den Schinkel-Bauten, in jüngerer Zeit auch dem Hamburger Bahnhof drängt scheinbar die bloße Größe bzw. Kleinheit dieses Guggenheim-Engagement an den Rand. Aber sowohl das architektonische Konzept als auch die Ausstellungsplanungen zeigen bzw. lassen erwarten, daß diese neue Kunstadresse, im Erdgeschoß der Bank an der Kreuzung der traditionellen Berliner Straßen, Unter den Linden und Charlottenstraße, gelegen, eine markante Identität haben und entwickeln wird. Richard Gluckman Architects aus New York restaurierten den eingeschossigen Raum und richteten ihn für Ausstellungszwecke ein.

Die detailliert restaurierte Fassade an der Straße Unter den Linden mit neorenaissancistischer Bossenquaderung wird neben dem rechts gelegenen Eingang durch zehn schlanke Fenster charakterisiert, die ursprünglich den Namen des Museums jeweils mit einem Buchstaben aufnehmen sollten. Die Fenster sind mit beweglichen Stahlrahmen ausgestattet, die erlauben, diese je nach Ausstellungserfordernissen verschieden zu nutzen. Die Fensterflächen sind mit Streifen von Fiberoptic versehen, die nachts aus sich heraus in einem matten Grau leuchten. Für die Eröffnungsschau mit Arbeiten von Robert Delaunay wurden die Fenster allerdings verdunkelt. Dadurch richtete sich die Aufmerksamkeit auf das Vestibül, in dem Projektoren Bilder und Texte des Pariser Künstlers auf Türen und Deckenflächen projezierten. Durch diese 3,5 Meter hohen Bilder wurden Glas und Stahl entmaterialisiert und die Besucher aufgefordert, direkt durch die projezierten Bilder die Ausstellung zu betreten.

Die elegante Einfachheit des in den zwanziger Jahren entstandenen Gebäudes aus Sandstein nahe dem Brandenburger Tor und seine neue architektonische Fassung nimmt sich in diesem von der Historie getränkten Areal bewußt zurück und steht damit in scharfem Gegensatz zur expressiven Gebäudeskulptur des fast gleichzeitig eröffneten Guggenheim Museums von Frank O. Gehry im spanischen Bilbao.

Ein Museumsshop mit kleinem Café öffnet sich zum überdachten Innenhof des Bankgebäudes und ist über mehrere Stufen zu erreichen, da sein Bodenniveau höher gelegen ist als das des Ausstellungsraumes. Dieser wird lediglich akzentuiert durch einen blockhaften schwarzen Empfangstresen an der Stirnseite und einem ebenso schwarz gefaßten kubischen Windfang hinter dem Eingang. Der Shop weist eine ähnlich reduktive Ästhetik wie der Ausstellungsraum auf mit indirekt beleuchteten Präsentationsvitrinen und frei positionierten Podien, die aus Ahornholz und sandgestrahlten Stahlplatten gefertigt sind. Entsprechend den jeweiligen Anforderungen kann der Galerieraum durch Stellwände unterteilt und akzentuiert werden. Der sorgfältig ausgeführte Terrazzoboden und die sensible Beleuchtung sind neben den vollständig glatten, weißen Wänden Elemente, die ebenso Präsentationen eher klassi-

Aufriß zur Straße Unter den Linden
Elevation of Unter den Linden facade

scher, also mittlerer Bildformate entgegenkommen wie auch großformatige Environments, die als Skulpturen und Video-Installationen eigens für diesen Raum von international renommierten Künstlern geschaffen werden sollen.

Die Betreiber, die Guggenheim Foundation und die Deutsche Bank, haben ein globales Verständnis, die einen von Kultur, die anderen von Wirtschaft. Die Bank ist nicht nur mit ihrer gegenwärtigen Kunstsammlung, sondern auch in ihrer Geschichte oft mit kulturellem Engagement hervorgetreten. Sie unterstützt Museen, auch das Guggenheim. Natürlich dient Kunstförderung auch kommerziellen Interessen: ein schon klassischer Fall von Image-Transfer. Beim vorliegenden Beispiel ist es ein gewissermaßen doppelt dialektischer Transfer, eine Potenzierung von gegenseitigem Nutzen. Anlaß, Zweck und Ziel aber dieser Berliner Guggenheim-Dependance sind honorig in dem Sinne, daß hier Eigen- und Gemeinnutz zur Deckung kommen. Und gerade die zurückhaltende, nicht auftrumpfende Integration des Ausstellungsraums in das vorhandene innerstädtische historische Gebäudeensemble wird der Deutschen Bank wie dem Guggenheim Museum viele Sympathien einbringen.

Anna Meseure

Eingang Unter den Linden
Unter den Linden entrance

Eingangsbereich
Entrance area

paintings to large-scale environments. The restrained, unobtrusive integration of the exhibition space into the existing historical ensemble of buildings in the city centre will certainly earn the Deutsche Bank and the Guggenheim Museum a great deal of support.

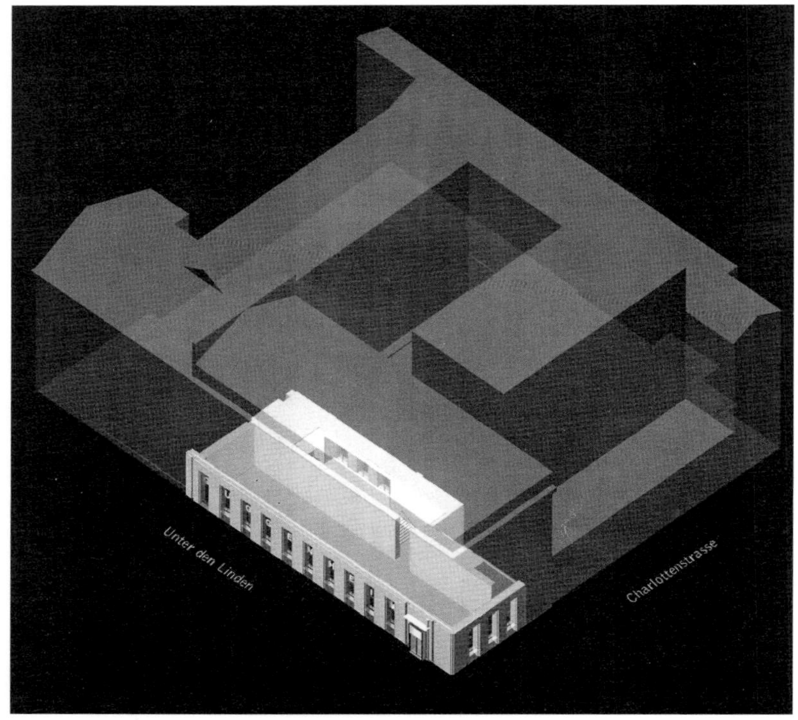

Axonometrie innerhalb des bestehenden Bankgebäudes
Axonometric drawing of existing bank building interior

Museumsshop
Museum shop

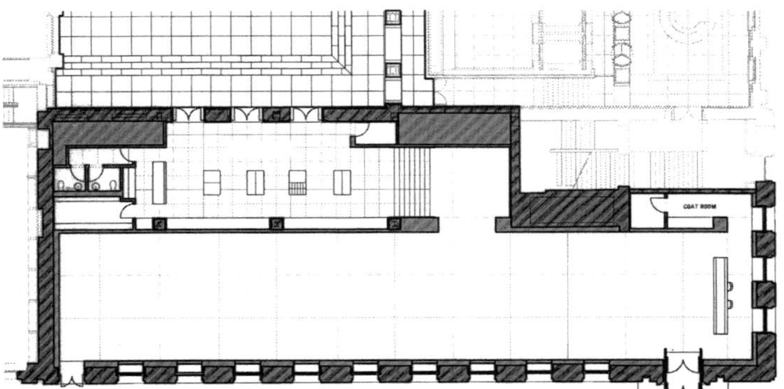

Grundriß
Floor plan

Ausstellungsraum
Exhibition space

Haus Fissan, Bad Lippspringe

Entwurf und Planung	Thomas Herzog
Mitarbeit	Andrea Heigl
Ausführungsplanung und Bauleitung	Enno Schneider
Mitarbeit	Hermann Brand
Tragwerksplanung	Walter Müller, Behringer + Müller
	1991–1998

Fissan House, Bad Lippspringe

In the mid-80s Munich-based architect Thomas Herzog built a medical surgery in Bad Lippspringe near Paderborn. He has now extended the one-storey wood-frame building with a greened flat roof by adding free-standing housing. A small guest house has been linked with the family home by a long gallery tract. Whereas the long wall of exposed concrete dominates the hermetic north facade, the south facades are opened out by means of large-scale glazing to overlook a beautiful flood meadow. The wood-clad, wood-frame houses with their southward-pitched roofs are grouped around a large terrace. The greened flat roof of the gallery tract, on the other hand, is carried by a metal skeleton framework and the northern exposed concrete wall. The stark contrast of components and materials also marks the interior. Here, unlike the gallery, warm natural materials predominate in the living accomodation of the two souther pavilions. Sliding doors allow the rooms to be varied. A key feature of the architecture is its rugged and carefully calculated simplicity.

Aufklärerisch einfach

In Bad Lippspringe ist die Welt aus den Fugen geraten. Krüppelwalmdächer, Schleppgauben und Erkernasen, die natürlichen Kinder des Bausparkassenregionalismus, sehen sich neuerdings von zwei Bauten Thomas Herzogs brüskiert. Für einen Internisten hatte der Architekt bereits Mitte der achtziger Jahre eine Arztpraxis errichtet, die er nun um ein Wohnhaus ergänzte. Schon die Praxis, ein quadratischer, eingeschossiger Holzständerbau mit begrüntem Flachdach und zentralem Atrium, hatte in dem behäbigen Kurort für Furore gesorgt. Angesichts derartiger Zumutungen wechselten manche Patienten lieber den Arzt. Für den Standort Deutschland spricht, daß aufgeschlossenere Zeitgenossen schon bald in Scharen kamen und den anfänglichen Patientenschwund mehr als ausglichen. Der Wettbewerbsvorteil architektonisch anspruchsvoller Warte- und Behandlungsräume ist damit exemplarisch erwiesen. Leider offenbart das ästhetische Desaster der meisten Arztpraxen, daß sich diese Erkenntnis unter deutschen Medizinern selbst in Krisenzeiten noch nicht hinreichend herumgesprochen hat.

Angrenzend an die Praxis und entlang einer ruhigen Nebenstraße fügte Thomas Herzog zum Entsetzen des örtlichen Bauamtes kürzlich freistehende Wohnbauten hinzu. Ein kleineres Gästehaus wurde dabei durch einen langen Galerietrakt mit dem doppelt so großen Wohnhaus der Arztfamilie verbunden. Die kleinteiligere und mit ihrem großflächig verglasten Eingang auch transparentere Praxisfassade findet in der gleich hohen, aber geschlossenen Nordfront der flachgedeckten Galerie einen ruhigen Gegenspieler. Besonders wirkungsvoll kontrastiert die Holzverschalung der Praxis mit der benachbarten Sichtbetonwand, die das Grundstück auf voller Länge abschirmt. Die ungnädig-abweisende Geste wird allerdings durch den freien Blick auf die Fensterbänder des dahinter aufragenden Wohnobergeschosses deutlich gemildert.

Kontrastreich öffnet sich die Südseite weitgehend zu dem von der Lippe, einem Bach, und hohen Bäumen gesäumten dreieckigen Wiesengrundstück. Die Fassaden der Verbindungsgalerie und der vorgelagerten Wohnkuben sind vollverglast. Stark vorkragende und zum Garten hin abfallende Pultdächer sorgen im Verein mit Weinranken für Sonnenschutz. Das Holzskelett der Wohnhäuser ist an den Schmalseiten holzverschalt und an den Ecken durch Fenstertüren mit hohen Klappläden ausgefüllt. Beim Wohnpavillon blieb die westlichste der fünf Rasterachsen als schattige Veranda ausgespart. Dreh- und Angelpunkt der extrovertierten Südseite ist aber fraglos die zentrale Terrasse. Nur die westfälische Witterung vereitelt, daß sie ihre Qualitäten als Piazza des Familienlebens vollends ausspielen kann.

Das kraftvolle Zusammentreffen gegensätzlicher Bauteile und -materialien prägt auch die Innenräume. Vom diskreten seitlichen Zugang in der Flucht der Arztpraxis betritt man die Galerie und überblickt sogleich die gesamte Erschließungsachse. Die ›promenade architecturale‹ führt an niedrigen Betoncontainern vorbei, in denen die Sanitärräume untergebracht sind. Zwischen den Wohnpavillons und entlang der gut belichteten Sichtbetonwand hat die Kunstsammlung des Bauherrn einen ausgezeichneten Platz gefunden. Im Gegensatz zu den Wohnbauten wird das begrünte Flachdach der Galerie von einem Stahlskelett getragen, das auf der Nordwand lagert. Eine schmale Lichtfuge zwischen Wand und Decke mindert die Massivität der Konstruktion.

Wie ein Scharnier verbindet eine lichte Treppenachse Galerie und Wohnbereich. Transparente einläufige Stahltreppen führen zu den Schlafräumen des Obergeschosses. Wie in den leicht abgesenkten Wohnräumen des Erdgeschosses dominieren hier wärmere Materialien. Das bräunliche Holzskelett ist mit lasierten Sperrholzplatten

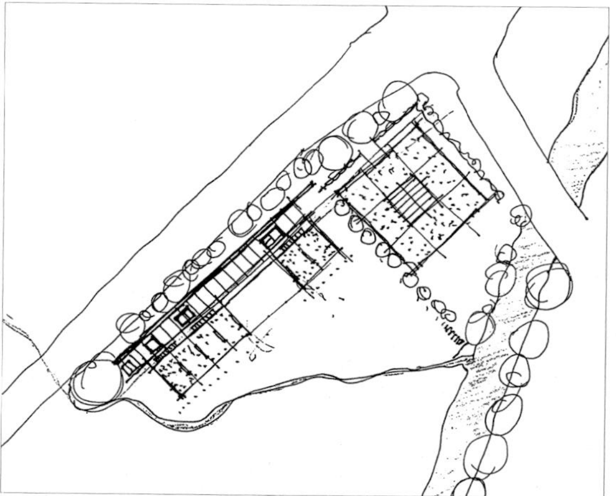

Lageskizze
Site sketch

an Decken und Wänden ausgefacht. Mit großen Schiebetüren lassen sich die Räume variabel gestalten. Zur Vielfalt der Raumeindrücke trägt ferner die zweigeschossige Öffnung von zwei Raumachsen bei. Der durchaus rauhe und wohlkalkuliert einfache Charakter der Architektur verlangt von den Bewohnern zweifellos mehr Wohndisziplin und Hingabe als manche luxurierende Anlage. In ihrem aufklärerischen Impetus und ihrem zwangsläufig elitären Anspruch ist sie eine moderne Spielart jener idealtypischen ›noble simplicité‹, vor deren Definition bereits der wortgewaltige Jacques-François Blondel im ersten Band seines *Cours d'architecture* vor mehr als zweihundert Jahren kapitulieren mußte: »Die Einfachheit besitzt einen Charakter, den die Kunst nicht definieren und den der tüchtigste Lehrer nicht vermitteln kann … Es gibt nur eine sehr geringe Zahl von Kennern, die sie wahrzunehmen und zu schätzen wissen.«

Ansgar Steinhausen

Gartenseite. Links das Wohnhaus, rechts das Gästehaus
Garden side with house on left and guest house on right

Blick vom Eßzimmer in die Küche
Kitchen seen from the dining room

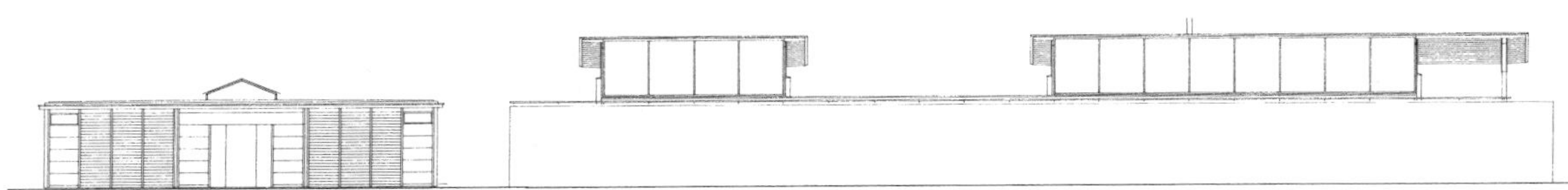

Ansicht von Nordwesten
View from northwest

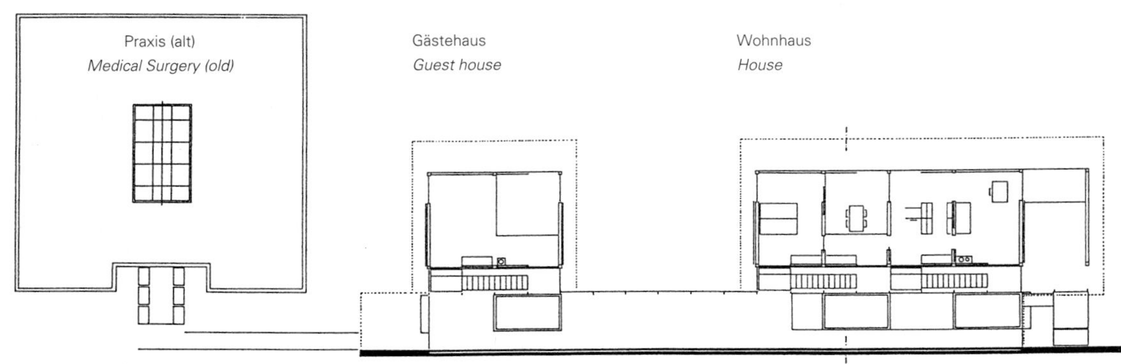

Grundriß Obergeschoß
Upper-floor plan

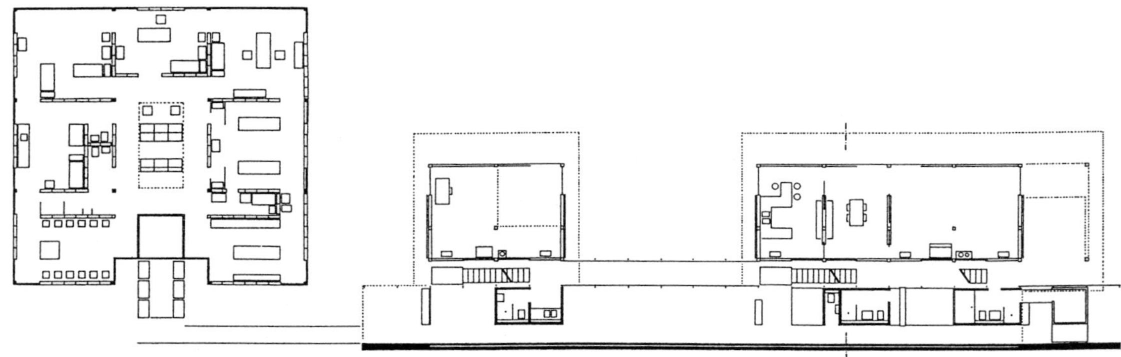

Grundriß Erdgeschoß
Ground-floor plan

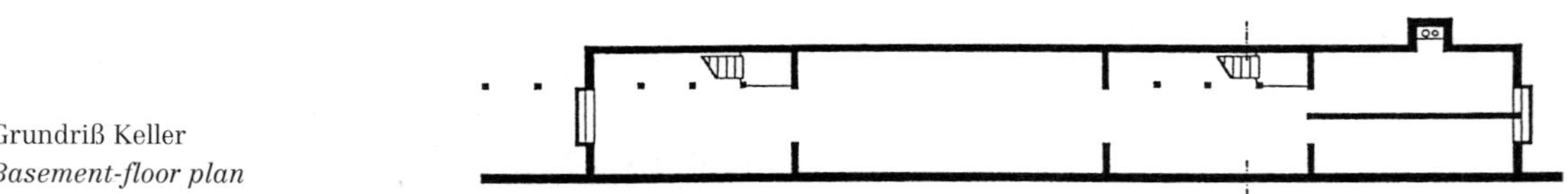

Grundriß Keller
Basement-floor plan

Arbeitsraum im Obergeschoß
First-floor office

Galerietrakt
Gallery tract

Treppe
Stairway

Ansicht von der Straße
View from the street

Photos:
Dieter Leistner/Architekton

Zentrale Terrasse
Central terrace

Andreas Hild und
Tillmann Kaltwasser

Theater, Landshut
Sanierung und Umbau einer mittelalterlichen Zollscheune

Mitarbeit Dionys Ottl

Fertigstellung: 1998

Theatre, Landshut

The underlying principle involved in dealing with listed buildings is their material and historical conservation. The sheer scope of possible strategies for new buildings makes controversy inevitable. With this in mind, architects Hild & Kaltwasser, who already have considerable experience in this difficult field, were commissioned to undertake the conversion of the Rottenkolber Stadel.

This Gothic customs warehouse formerly situated outside the city walls is still a freestanding building in the centre of modern-day Landshut.

A theatre auditorium seating 90, a foyer, backstage dressing rooms and a small workshop have been integrated into this listed building.

In their assimilative approach, the architects made reference to contemporary theatre and rural origins. It is as though the former warehouse had been operated on and its inner organs laid bare. In this way, the original forms have taken on a new structure. As in a musical fugue, the themes of the historic matrix are varied and transposed into new temporal and spatial keys in harmony with each other. The theme of the expanded, rustic structure is reiterated in the form of the wooden shutters of the rooftop windows. The stairway that links the rustic architecture of the historic building with the progressive atmosphere of a modern theatre creates a dramatic break that is balanced by a unifying coat of red.

The character of the auditorium itself is dominated by the wooden roof structure and is set against a black-clad background

Moderate Implantate

Der Ausgangspunkt im Umgang mit denkmalgeschützten Gebäuden liegt vorrangig in der Absicht des materiellen Schutzes und der Bewahrung der Denkmalsubstanz. Daran anschließend fächert sich als Spiegelbild der eigentlichen Diskussion, der Gestaltung des Neuen, eine Bandbreite möglicher Strategien zur Transformation des Alten auf.

In diesem Bewußtsein um unterschiedlichste Lösungsansätze zog die Stadt Landshut Andreas Hild und Tillmann Kaltwasser, welche in bereits realisierten Projekten ein besonderes Einfühlungsvermögen für kontextuell schwieriges Terrain bewiesen haben, im Direktauftrag für Sanierung und Umbau des Rottenkolber Stadels zu Rate.

Die ehemals außerhalb der Stadtmauern gelegene Zollscheune steht heute inmitten der sich beidseits der unteren Isar ausdehnenden Stadt. Der immer noch freistehende Baukörper setzt sich am Ende des 20. Jahrhunderts wie ein Kleinod durch seinen neu hinzugegebenen intensiv roten Putz und seine gedrungene kompakte Form von einer durch provinzielle Beschaulichkeit geprägten Stadtlandschaft üblicher Wohn- und Geschäftshäuser ab.

Mit der einer sanften Renovation innewohnenden Zurückhaltung gegenüber der denkmalgeschützten Struktur wurden ein mit 90 Sitzplätzen ausgestatteter Theatersaal, eine Eingangshalle sowie Künstlergarderoben und eine kleine Werkstatt integriert. Die einfache räumliche Konfiguration entwickelt sich von der rot ausgemalten Eingangshalle bis zu dem mit schwarzem Stoff ausgekleideten Theatersaal durch eine Aneinanderreihung in sich abgeschlossener Bereiche, welche sich auf ruhige und unangestrengte Art in die vorhandene Konstruktion einfügen. Die introvertierten Räume erhalten durch ihre entschieden dimensionierte Größe und ihre horizontale oder vertikale Proportionierung einen ihren sozialen Funktionen entsprechenden Charakter intimer oder gemeinschaftlicher Orte.

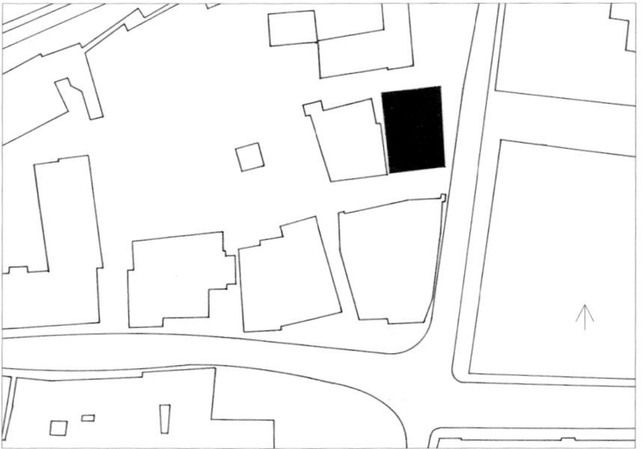

Lageplan
Site plan

Optional wird das Foyer als Erweiterung der Bühne oder als zweiter Auffürungsort im Sinne einer ›alltäglicheren‹ Praxis von Theater von dem in Landshut ansässigen Ensemble wahrgenommen.

Mit dem Ziel, die Atmosphäre und regionale Eigenheit des mittelalterlichen Speichers zu bewahren, verzichteten die Architekten von Beginn an auf eine parasitäre Dialektik von Kontext und Eingriff zu Gunsten eines assimilativen Umgangs mit dem Bestand.

Die Frage der Gestalt des Neuen erhebt nicht die Forderung nach einem zeitgemäßen Stil, sondern bildet eine Antwort auf die vorgefundenen Referenzwelten, welche zwischen zeitgenössischem Theater und ländlicher Ursprünglichkeit liegen.

Die Suche nach einer Einheit, welche den inszenierten Bruch mit der Vergangenheit vermeidet, wird durch einen roten Farbfilm hervorgehoben, der sich bis an den Theatersaal reichend über Alt und Neu als letzte Schicht in jede Scharte des Gebäudes legt. Dieser warme Rotton erinnert in seiner durchgängigen Farbtemperatur an die samtroten Wandbekleidungen altehrwürdiger Theater eines bourgeoisen Zeitalters. Er verhält sich bewußt komplementär zum abstrakten Farbkanon einer Moderne, welche das reine Weiß als Inbegriff allen Neubeginns instrumentalisierte, um die Grenzlinie gegenüber einer in sich abgeschlossenen Geschichte zu unterstreichen .

Erst nach gedanklichem Ablösen dieses roten Films von seinem Untergrund entschlüsselt sich das Gebäude dem Betrachter in den unterschiedlichen Materialoberflächen seiner Bestandteile.

Es scheint, als ob das einstige gotische Lagerhaus im ersten Entwurfsschritt wie in einem chirurgischen Quellenstudium in seine ›Organe‹ zerlegt wurde, um im weiteren aus der Interpretation und funktionellen Umwidmung dieser Ursprungsformen die Gestalt des Neuen zu erhalten. Gleichsam einer musikalischen Fuge werden die aus der historischen Matrix gewonnenen Themen variiert, um mit dem Alten an zeit- und ortsversetzten neuralgischen Punkten, die eine Modernisierung erfordern, in Einklang gebracht zu werden.

Eine in rustikaler Manier neu eingezogene Mauerwand im Foyer, welche die Garderoben-

und Kassentresen sowie die Ausgabe der Serviceküche aufnimmt, verwischt die Grenze zwischen Alt und Neu in mimetischer Weise. Über die daraus ausgeschnittenen und bis zum roten Granitboden reichenden Wandöffnungen wird das Motiv des einen Halbstein messenden Fugenversatzes als Belüftungsöffnung, wie man es von ländlichen Mauertechniken kennt, eingeführt. Als Konnotation dieser Auslaßöffnungen der Klimaanlage wird dieses Thema der expandierten Struktur in Maß und Modulation des Ziegels in den oberen Räumen nun als Holzläden vor den Dachgauben und somit auch von außen sichtbar wieder verwendet.

Gegenüber dem vagen Gleichgewicht dieser ortsversetzten Variationen von vorgefundenen Themen deutet sich in der hohen Eingangshalle durch das Motiv einer in die Betonwand eingeschnittenen Treppe ein erweitertes Bezugssystem an. Die andere Herkunft dieser scharfkantig ausgeformten, Tragen und Lasten negierenden Intarsie der Moderne, welche zwischen Inhalt und Ort, zwischen progressivem Theater und rustikalen Manieren vermittelt, wird jedoch wieder durch den vereinheitlichenden roten Farbfilm ausbalanciert. Die ausschnitthafte Wahrnehmbarkeit des massiven, dreigeschossigen Betonkörpers, welcher eine zusätzliche Fluchttreppe in sich birgt, trägt weiterhin dazu bei, die bloße autistische Ausstellung eines raffinierten Details vor authentischem Hintergrund zu vermeiden.

Schreitet man diese Treppe, welche vom Foyer zum Vorraum des Theatersaals führt, hinauf, befindet man sich plötzlich, vom Zuschauer zum Akteur gewandelt, auf einem exponierten, vom versammelten Publikum abgetrennten Standpunkt.

Beim Betreten des Theaterraums wähnt man sich beim Einblick in das übermächtige, den Raum dominierende Gebälk vor schwarz bespanntem Hintergrund an einem mystischen Ort. In diesem hermetischsten aller Räume, in welchem kontrastierend zum Rot des übrigen Hauses die Materialfarbe des Holzdachstuhls omnipräsent ist, verweist die unbehandelte Betonschürze als Auflager der Dachkonstruktion beiläufig darauf, daß man in einer mächtigen, schwarz gestrichenen Betonwanne Platz genommen hat. Die den Querschub des Dachtragwerks aufnehmende Stahlbetonkonstruktion dient durch ihre zurückhaltende Behandlung der Entfaltung des historischen Tragwerks als hauptsächliches Charakteristikum des Raumes. Indem diese gegossene Konstruktion durch den Anstrich fast vollständig ausgeblendet wird, empfindet man die freigelegte Holzkonstruktion in ihrer ursprünglichen Form.

Ansicht von Osten
View from the east

Da das Alte immer in Verbindung mit dem Neuen gelesen wird, wäre im Gegensatz zur ausgeführten Variante durch eine Konfrontation dieser Struktur mit moderner Bautechnologie, beispielsweise einer virtuos zugbelasteten Stahlkonstruktion, das Alte im Dialog mit dem Neuen allzu leicht entwertet worden.

Der Theaterraum besitzt weder eine Guckkastenbühne mit Bühnenturm, welcher aufgrund des nach oben begrenzenden historischen Dachstuhls nicht möglich gewesen wäre, noch ist er eine ›Black box‹. Die Bühne kommt ohne ein Übermaß an technischer Ausstattung aus. Der Grundriß des Auditoriums thematisiert die räumliche Koexistenz von Schauspieler und Publikum im breiten Gegenüber innerhalb eines einzigen sie umgebenden und vereinenden Raums .

Ob die den Ort prägende Unaufdringlichkeit dazu angetan ist, die Kommunikation zwischen Theaterpraxis und Publikum zu stärken, wird das im Sommer eingeweihte Haus in den kommenden Spielzeiten vorführen.

Durch das Verständnis, die Genese des Neuen als Variation des Alten zu begreifen, wurde für den Rottenkolber Stadel auf jeden Fall eine selbstverständliche Grundlage für eine geschlossene Fassung aus Bestand und Zufügung gefunden. Die folgende differenzierte Materialisierung des Neuen in Verbindung mit einer vereinheitlichenden Farbgebung von Alt und Neu haben in mehrschichtiger Weise zur Vereinigung eines untrennbaren Ganzen geführt.

Olaf Hoffmann

that contrasts with the red of the rest of the building. The steel reinforced concrete structure that absorbs the transverse shear of the roof is painted black, making it almost entirely invisible and thereby avoiding a clash with the original historic beam structure.

The auditorium itself has a minimum of technical equipment. The floor plan emphasises the spatial co-existence of actors and spectators. This approach, in which the new is a variation on the old, with a uniform colority of context and intervention, all adds up to a multifacetted and inextricably interlinked whole.

Theatersaal
Auditorium

Schnitt
Section

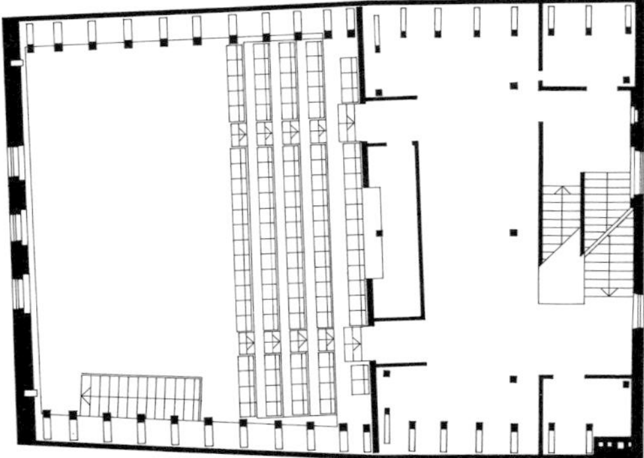

Grundriß 1. Obergeschoß
First-floor plan

Grundriß Erdgeschoß
Ground-floor plan

Treppe
Stairway

Photos: Michael Heinrich

Foyer
Foyer

Christoph Ingenhoven, Jürgen Overdiek, Hans Kahlen

Verwaltungsgebäude, Neuss

Projektteam Christoph Ingenhoven, Achim Nagel, Peter Jan van Ouwerkerk

Mitarbeit Claudia de Bruyn, Thomas Habscheid-Führer, Imre Halmai, Stephan Höher, Heike de Jonge-Ukena, Peter Merten, Hinrich Schumacher, Norbert Siepmann

1996–1998

Administrative building, Neuss

The northern end of Neuss city centre is an area of considerable diversity. A new administrative building has now been erected there on a narrowly tapered former industrial site.

An equilateral triangle embraces a triangular inner courtyard. The building seems to float on its set-back base with air slats providing ventilation for the underground garage. The actual form of the building and its corner alignment have created a forecourt that also has an effective impact as a public space. The inner frame of the building was constructed in situ *in the form of a conventional steel reinforced concrete shelf-like structure. Because there are no double ceilings or suspended ceilings, the overall mass of the building is optimally used and there is no need for ventilation or air conditioning. The key feature of Rhineland House is its all-round exterior and interior cladding in a a repetitive facade of entirely prefabricated components.*

Rhineland House makes an important contribution to the city of Neuss and to contemporary architecture as such.

The wooden planking planned for the rooftop terrace was unfortunately struck from the final design on financial grounds. It now has a pebble covering instead that is not suitable for recreational use. Further cuts also affected the originally planned continuation of the "primary structure" on either side of the rooftop terrace.

Das Düsseldorfer Architektenteam Ingenhoven Overdiek Kahlen und Partner wurde durch innovative Großprojekte international bekannt; himmelstürmende Hochhäuser für Essen, Frankfurt und Shanghai sorgten für Furore. Auch unter der Erde sind die jungen Rheinländer erfolgreich; jüngst gewannen sie mit einem spektakulären Entwurf den Wettbewerb für den Um- und Neubau des Hauptbahnhofes der Schwabenmetropole (›Stuttgart 21‹). Doch auch die ›kleineren‹ Projekte aus dem Hause Ingenhoven verdienen Aufmerksamkeit: In Neuss, nur einen Steinwurf vom eigenen Büro am Düsseldorfer ›Medienhafen‹ entfernt, wurde gerade ein bemerkenswertes Bürohaus fertiggestellt.

Das nördliche Ende der Innenstadt von Neuss ist eine disparate Gegend von eigenem Reiz: Hafenbecken, Gleisanlagen, Bauten, die sich in Banalität und Häßlichkeit gegenseitig überbieten. Hier, auf einem spitz zulaufenden, ehemals industriell genutzten Grundstück, entstand das neue Verwaltungsgebäude der Rheinland-Versicherung. Schon nach der ersten Besichtigung des zwischen drei Straßen eingezwängten Areals am Eingang der Stadt war für die Düsseldorfer Architekten klar, daß sie mit dem für diesen Ort zu planenden Haus einen Kontrapunkt zur Tristesse der Umgebung – und einen Auftakt für deren weitere Entwicklung – schaffen wollten: Ein klares, auf einen Blick erfaßbares Gebäude, ein Zeichen, 'was Neues in Neuss.

Wo der elegante RWE-Turm deutlich die Vertikale sucht und 162 Meter hoch in den Himmel über Essen schießt, bleibt das Haus in Neuss breit gelagert am Boden. Wo der Umbau des Stuttgarter Hauptbahnhofes organisch geformte Konstruktionen verwendet, bleibt man in Neuss streng geometrisch. Ein gleichseitiges Dreieck – zwei Schenkel sechsgeschossig, das südliche zwei Geschosse niedriger – umschließt einen ebenfalls dreieckigen Innenhof. Ein umlaufender, zurückspringender Sockel, dessen Lamellen gleichzeitig für die Durchlüftung der Tiefgarage sorgen, läßt das Gebäude ›schweben‹. Durch die Form des Hauses und seine Anordnung in der Grundstücksecke entsteht im Süden ein Vorplatz, der auch als öffentlicher Raum wirksam wird. Die innere Struktur des Gebäudes wurde konventionell als ›Stahlbetonregal‹ vor Ort erstellt, die durch die Abwesenheit von Doppelböden oder abgehängten Decken optimale Nutzung der Speichermassen macht eine Lüftungs- oder Klimaanlage überflüssig: ›light tech‹ statt ›high tech‹. Der Clou des – mit DM 1600 pro Quadratmeter BGF äußerst preiswerten – ›Rheinland Hauses‹ aber ist die repetitive, gläserne Fassade, die das Haus umhüllt. Elementiert und komplett im Werk vorgefertigt ist sie ein Paradebeispiel für industrialisiertes Bauen, wie es Christoph Ingenhoven vorschwebt: Jeweils ein raumhohes Element mit Festverglasung und eines mit gläserner Brüstung und Dreh-Kipp-Fenster bilden die alternierenden, gleich großen Grundeinheiten der Fassade; die dunklen Aluminiumrahmen lassen diese Schicht der Gebäudehaut gegenüber einer äußeren hellen ›Primärstruktur‹ zurücktreten. Das Rahmenwerk, das die genannten Grundeinheiten der Fassade zu je einem Paar zusammenfaßt und den Sonnenschutz und dessen Führung aufnimmt, gibt dem Gebäude ein wohlproportioniertes, überzeugendes ›Gesicht‹. Gleichmäßig überzieht die schöne Haut das Haus; nur an den spitzen Gebäudeecken, vor der Kantine, den Treppenhäusern und Aufzügen wird die Regel variiert. Die Holzbeplankung der Dachterrasse fiel leider dem Rotstift zum Opfer. Mit Kies belegt eignet sie sich nun nicht zum Aufenthalt. Ebenfalls aus Kostengründen wurde die geplante Fortsetzung der ›Primärstruktur‹ beiderseits der Dachterrasse nicht ausgeführt.

Das Innere des 37 Millionen DM teuren Hauses überzeugt weniger. Während das Büro Ingenhoven, das unfreiwillig in Arbeitsgemeinschaft mit einem Co-Architekten arbeiten mußte, im Entree noch einige Gestaltungskunst durchsetzen konnte, endet diese abrupt auf den langen Fluren der Bürogeschosse: wo ein elementiertes Trennwandsystem mit Glasoberlicht vorgesehen war, findet man nun Rauhfaser vom Boden bis zur Decke! Gemessen an der Qualität der äußeren Erscheinung

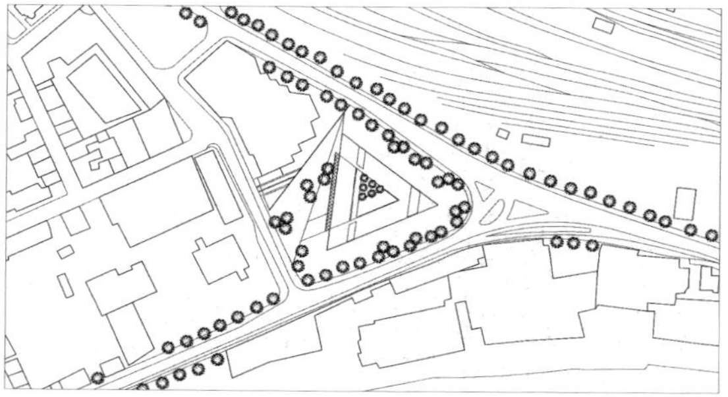

Lageplan
Site plan

Gesamtansicht
General view
(Photo: H. Knauf)

wird manches, das an einem 08/15-Gebäude achselzuckend hingenommen würde, ärgerlich: die ungeschlachten Hinweistafeln, die vom bislang unwirtlichen Innenhof abgeschottete Kantine, das dem Gebäudezuschnitt zuwiderlaufende Muster der Böden, der insgesamt eher mäßige Ausbaustandard. Das alles ruft die alltägliche Trübsal üblicher Büroetagen ins Gedächtnis. Warum der Bauherr, nach all den Anstrengungen, das letzte Stück des Weges nicht mitgehen wollte, bleibt unverständlich, zumal die Mehrkosten für einen Innenausbau ›à la Ingenhoven‹ nicht einmal fünf Prozent der Baukosten betragen hätten. Konsequenterweise distanzieren sich die Architekten nun auch vom Innenleben des ›Rheinland Hauses‹ und wollen sich in Zukunft nicht mehr auf ähnliche Projektkonstellationen einlassen: »Wir haben viel gelernt in Neuss.«

Wer sich für das architektonische Credo von Ingenhoven Overdiek Kahlen und Partner interessiert, der gerät unweigerlich an Christoph Ingenhoven. Der Prinzipal, Jahrgang 1960, entwickelt und (re)präsentiert, seine schlagkräftigen Partner kümmern sich um Bauausführung, Management, EDV-Einsatz und und und. Architektur ist für Ingenhoven weit mehr als Gestaltung, Form, Ästhetik. Ihm geht es um einen ganzheitlichen Ansatz, um die Aufhebung der Grenzen zwischen Wissenschaft, Ingenieurwesen und Architektur. Verantwortung für die (gebaute) Umwelt, intelligenter Einsatz von Technik und Industrie lauten seine Maximen: »Ökologisch denken heißt zusammenhängend und umfassend denken. Das verantwortungsbewußte, bezahlbare Bauen der Zukunft muß industrialisiertes Bauen sein, so präzise, komplex und beherrschbar wie die besten Handwerksleistungen der Vergangenheit.« Ein hoher Anspruch an ein ›Neues Bauen‹, das sich abwendet von energiefressenden Regelungsapparaturen.

Wie der 19-geschossige Glasbügel von Ingenhovens ehemaligem Partner Karl-Heinz Petzinka in der nordrhein-westfälischen Landeshauptstadt ist das neue Haus der Rheinland-Versicherung, trotz seiner weitaus bescheideneren Dimensionen, eine Art ›Stadttor‹. Wie der elegante RWE-Turm in Essen setzt es, trotz unbefriedigendem Innenleben, ein Zeichen. Für den Ort und für das alltägliche, zeitgemäße Bauen leistet das ›Rheinland Haus‹ einen wichtigen Beitrag.

Was Neues in Neuss.

Christof Bodenbach

Außenansicht
Exterior

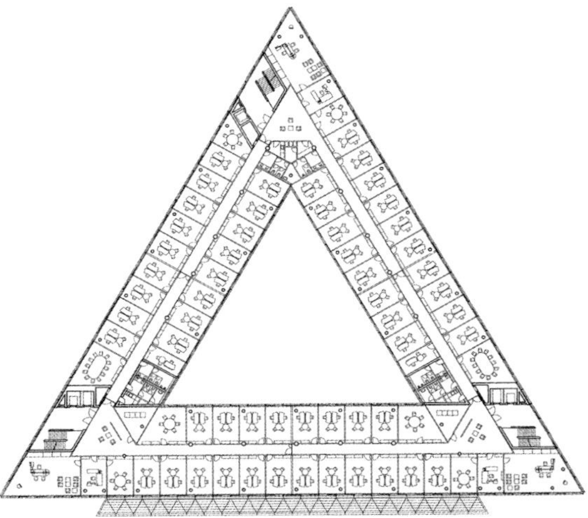

Grundriß 1. Obergeschoß
First-floor plan

Ansicht Eingangsfront
Entrance

Fassadenausschnitt Eingang mit Überdachung
Detail of facade with awning

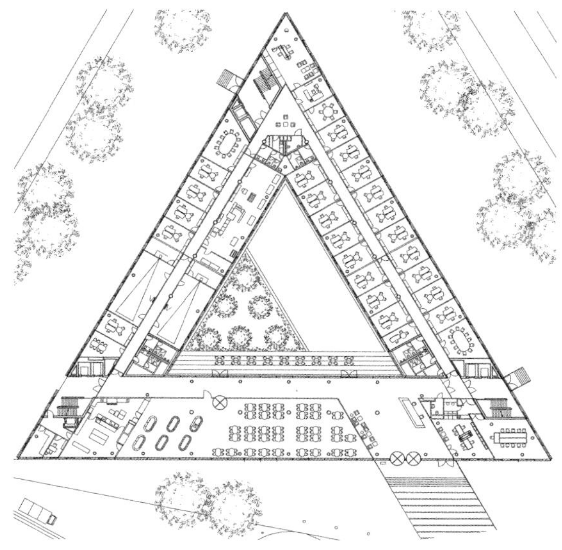

Grundriß Erdgeschoß
Ground-floor plan

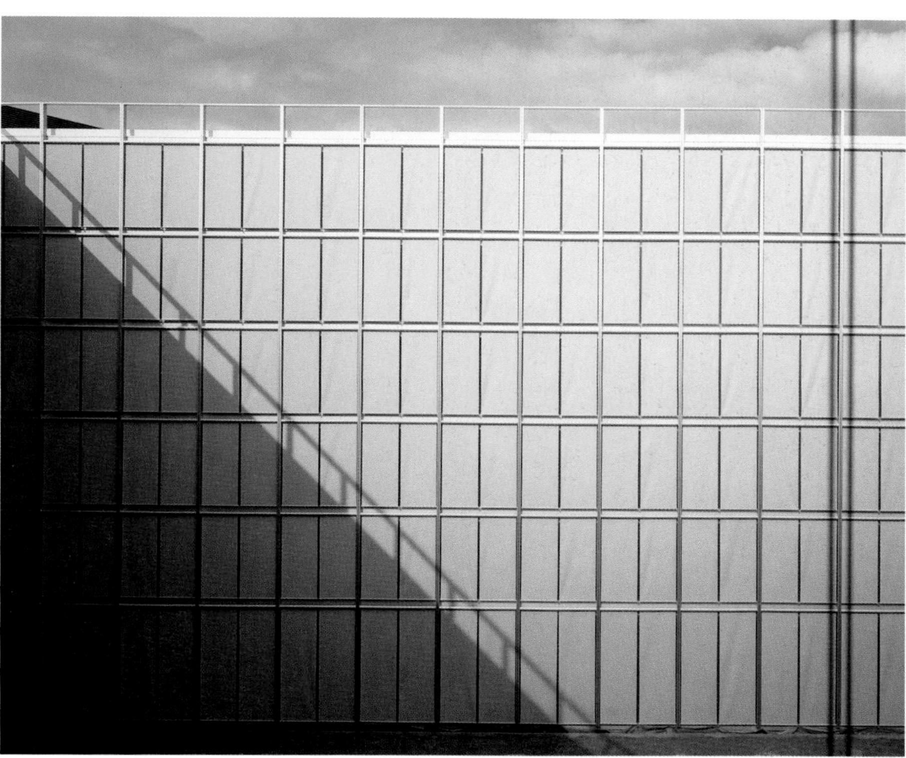

Ansicht Innenhof-Fassade mit Blendschutz
Inner-courtyard facade with anti-glare cladding

Ansicht Innenhof-Fassade
Facade in the inner courtyard

Photos: H. G. Esch
(wenn nicht anders angegeben)
(unless otherwise specified)

Jochem Jourdan, Bernhard Müller

Heizkraftwerk Mitte, Berlin

Projektteam

Frank Holzapfel, Claus-Peter Koller, Holger Kostmann, Michael Merrill, Maria Salzano

Planung: 1992–1994

Ausführung: 1995–1997

Combined heat and power plant, Berlin

Since the end of the last century, urban planning directives and the architectural design of inner city power plants have posed something of a problem. In Berlin, the Bewag (Berliner Kraft- und Licht Aktiengesellschaft) power company can certainly be proud of a number of well designed facilities for the generation and distribution of power.

The development of Potsdamer Platz and the new Berlin government district since 1990 has gone hand in hand with an increased demand for heating and electricity. Realising that a combined heat and power plant at the heart of a traditional residential and small business area called for a solution that would appeal to the planning authorities as well as the local inhabitants, Bewag commissioned a number of renowned architects to draw up preliminary designs.

The chosen design by Jochem Jourdan and Bernhard Müller is a commendable architectural design that fits in well with the urban surroundings.

The technology involved called for the building to be staggered in three steps down towards the River Spree. Dark red klinker brick and the glint of the steel flues recall Berlin's historic power stations. The building fits in with the surroundings without actually adapting to them in form. The architecture is complemented by high-profile projects by artists Ayse Erkmen, Per Kirkeby and Dan Graham. A riverside footpath provides opportunities for a walk amid technology, art and culture.

Als im Herbst 1882 zum ersten Mal die elektrische Straßenbeleuchtung am Potsdamer Platz in Berlin eingeschaltet wurde, kam der Strom hierfür aus den von Werner von Siemens (1816–1892) entwickelten Dynamomaschinen. Die Erfindung der Glühlampe und des Elektromotors ließen den Strombedarf schnell ansteigen, so daß erste elektrische Blockstationen in Kellern nicht mehr ausreichten. Für eine wirtschaftliche Stromversorgung mußten Zentralstationen errichtet werden, die mehrere Blöcke versorgten. Hiermit stellte sich auch erstmals die Frage nach der städtebaulichen Einordnung und der architektonischen Gestaltung dieser Bauwerke.

Die Betreibergesellschaften Berliner Electricitäts-Werke (BEW) und Allgemeine Elektrizitäts-Gesellschaft (AEG) beauftragten namhafte Architekten – wie Franz Heinrich Schwechten (1841 bis 1924) und Peter Behrens (1868–1940) – mit Entwürfen für den modernen Energieträger.

Als 1920 die Gemeinde Groß-Berlin unter Einbeziehung umliegender Dörfer und Gutsbezirke entstand und Berlin über Nacht zur größten Stadt der Welt aufstieg, erforderte dies ein neues Energieversorgungskonzept. Aus diesem Grund bildete sich 1923 die Berliner Städtische Elektrizitätswerke Aktien Gesellschaft (Bewag). Das Bauprogramm zur Umsetzung des neuen Energiekonzepts wurde nun aufgeteilt: Entwurf, Planung und Durchführung der Großkraftwerke erfolgten durch die AEG unter der Federführung des Architekten Georg Klingenberg (1870–1925). Die Bauwerke der Energieverteilung in den einzelnen Stadtteilen projektierte das Baubüro der Bewag, als dessen Leiter 1924 ein Schüler Klingenbergs, Hans Heinrich Müller (1879–1951), angestellt wurde.

Beide begründeten in Berlin eine Schule moderner Bauten für die Stromversorgung: Georg Klingenberg entwickelte Richtlinien zur Gestaltung der Kraftwerke, sein Bruder Walter Klingenberg (1861–1963) entwarf mit seinem Partner Werner Issel (1884–1974) unter anderem 1925/26 das Großkraftwerk Rummelsburg im Osten der Stadt. Dieses galt als eines der wichtigsten Gebäude der Industriekultur der zwanziger Jahre, vorbildlich damals auch in der Organisation der Gesamtanlage, direkt an der Spree und der Eisenbahn gelegen. Die Kraftwerkstechnik bestimmte die Verteilung der kubischen Baumassen. Als gestalterisches Mittel wurde der Kontrast zwischen den sichtbaren Stahlträgern und den großzügig ausgespannten Klinker- und Glaswänden genutzt. Acht hohe Stahlschornsteine kennzeichneten das Gebäude schon von weitem als technisches Bauwerk.

Auch die Entwürfe Hans Heinrich Müllers für Umform-, Abspann- und Gleichrichterwerke setzten sich durch die Verwendung von dunklem Backstein klar von der Bebauung der Umgebung ab. Dabei achtete Müller immer auf die städtebauliche Einordnung. Meist nahm er die Baulinie sowie die Traufhöhe der angrenzenden Gebäude auf und oft setzte er den Rhythmus der vorhandenen Öffnungen in seinen Fassadenentwürfen fort.

Die Neubauten auf dem Potsdamer Platz und im Berliner Regierungsviertel erforderten ab 1990 die zusätzliche Produktion von Strom und Wärme. Das bereits bestehende Kraftwerk im Bezirk Mitte stammt aus den sechziger Jahren und ist mit veralteter Technik und zu gering dimensionierten Kapazitäten dem künftigen Verbrauch nicht mehr gewachsen. Das Grundstück war planungsrechtlich nicht für das Kraftwerk gesichert, die störungsfreie Einordnung des Industriebaus in ein traditionelles, dicht bebautes Mischgebiet gestaltete sich schwierig.

Um Konflikte mit dem Bezirk Mitte und den Anrainern zu vermeiden, beauftragte die Bewag mehrere Architekten mit dem Entwurf eines innerstädtischen Kraftwerks. Ziel war die spannungsfreie städtebauliche Einpassung des Gebäudes in die Umgebung sowie die Befriedigung der gestalterischen Ansprüche durch die Konzipie-

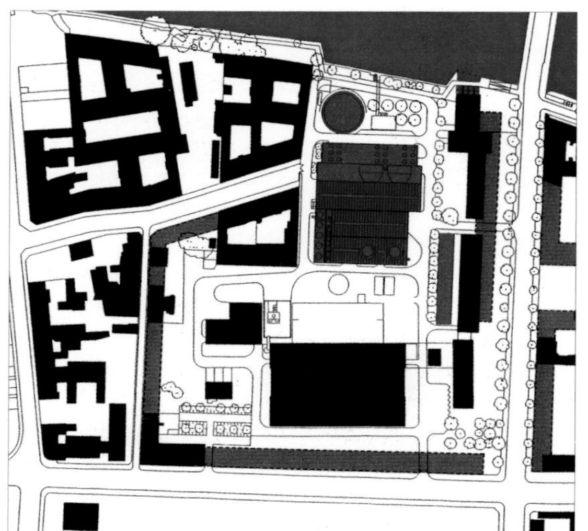

Lageplan
Site plan

Ansicht von Nordosten
View from the northeast

rung einer hochwertigen Außenhaut für das Heizkraftwerk.

Die dann mit der Realisierung ihres Entwurfs beauftragten Architekten Jochem Jourdan und Bernhard Müller besinnen sich in ihrem Entwurf erkennbar auf historische Berliner Vorbilder.

Ihr Bauwerk wirkt besonders beeindruckend, wenn man sich ihm von der Spree aus nähert. Da das Grundstück an der Straßenseite mit dem bestehenden Kraftwerksgebäude bebaut ist, nutzen Jourdan und Müller die freie Schauseite zum Fluß hin aus. Die durch die moderne Kraftwerkstechnik vorgegebene Höhenstaffelung wird durch drei zum Flußufer hinunter abgetreppte Gebäudeteile nachvollzogen. Die Höhe des niedrigsten Baukörpers orientiert sich dabei an der nur wenige Meter entfernten Wohnbebauung aus der Gründerzeit. Die Dächer werden jedoch als Tonnendächer ausgeformt. Das Kraftwerk zeigt durch die ›drei Bögen‹ eine klare Form, die dem Bauwerk ein eigenes Gesicht verleiht.

In der Verwendung von dunkelrotem Wittmunder Klinker für die Fassaden und hierzu kontrastierendem Stahl für die drei Schornsteine sowie für den Öltank gibt sich das Gebäude sofort als puristischer Industriebau zu erkennen. Mit der auch handwerklich hochwertigen Fassade und dem Grünstreifen zur Spree hin wirkt es jedoch geradezu einladend. Die runden Dächer stehen im Gegensatz zu den kubischen Bauteilen. Der Entwurf lebt von dieser Spannung, die sich auch in der städtebaulichen Einordnung fortsetzt.

Das Heizkraftwerk Mitte paßt sich in die Umgebung ein, ohne sich formal anzupassen. Es nimmt Bauhöhen und -linien auf, entwickelt diese jedoch entsprechend seines eigenen Charakters mit eigenen Materialien und eigenen Formen weiter. Es wächst aus der Umgebung heraus und überragt diese weithin sichtbar wie eine Trutzburg das Dorf oder eine Kathedrale die Stadt. Die Verwandtschaft mit Bauten von Klingenberg und Müller ist hier unverkennbar.

Ansicht von Nordwesten
View from the northwest

Auch der städtische Landschaftsraum Spree hat durch das neue Bauwerk sichtlich gewonnen. Der für alle Berliner Gewässer angestrebte Uferweg ist hier bereits realisiert. Spaziergänger können zwischen Natur und Technik flanieren.

Denn neben Strom und Wärme liefert das Kraftwerk noch ein weiteres wichtiges Produkt: Kunst. Die drei Meter hohe Backsteinmauer, die das Kraftwerksgelände vom öffentlich zugänglichen Uferweg trennt, ist ein Entwurf des Dänen Per Kirkeby (geb. 1938). Diese Mauer versperrt den Blick auf das Heizkraftwerk nicht völlig: In die Mauer sind Öffnungen eingelassen, durch die ein Blick ins Innere geworfen werden kann. Die auf den ersten Blick etwas unbequem wirkenden Stahlrohrbänke an der Spree werden in der kalten Jahreszeit vom Kraftwerk erwärmt und sind Skulpturen der Türkin Ayse Erkmen (geb. 1949), und der Glas-Stahl-Pavillon im Eingangsbereich der Anlage an der Köpenicker Straße beherbergt keine Pförtnerloge, sondern ist ein Werk des Amerikaners Dan Graham (geb. 1942).

Es ist geplant, die Bebauung des Blocks, in dem sich das Heizkraftwerk befindet, mit einer Randbebauung fortzusetzen, die auch Bewag-fremde Nutzungen aufnehmen soll.

Die Tatsache, daß ein Heizkraftwerk die Aufmerksamkeit der Architektenschaft erregt, ist eine kleine Besonderheit. Sind Kraftwerke doch technische Bauwerke, die wohl oder übel zur städtischen Infrastruktur gehören und meist auch so aussehen. Die Bewag bemüht sich schon seit ihrer Gründung darum, dieses Vorurteil zu widerlegen. Mit dem Heizkraftwerk Mitte ist es ihr mit Hilfe von Jochem Jourdan und Bernhard Müller wieder einmal gelungen.

Heike Drechshage

Öltank mit Rankgerüst zur Spree hin
Oil tank with scaffolding (for climbing plants) facing the River Spree

Erdgasverdichterstation
Condensing station for natural gas

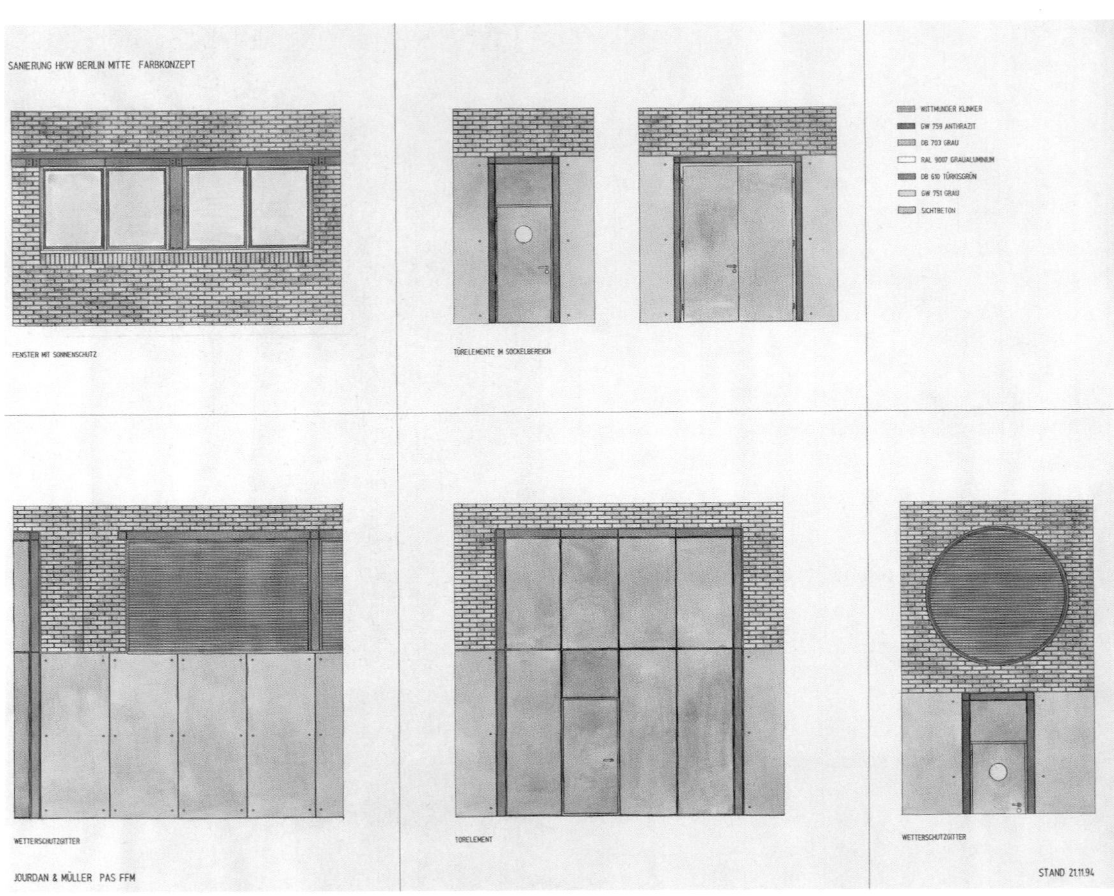

Farbkonzept
Colour concept

Stahlrohrbänke von Ayse Erkmen vor der Skulptur von Per Kirkeby
Steel-rod benches, by Ayse Erkmen, in front of a sculpture by Per Kirkeby

Skulptur von Per Kirkeby
Sculpture by Per Kirkeby

Photos: Waltraud Krase

Ansicht bei Nacht
View at night

Uwe Kiessler,
Hermann Schultz

Literaturhaus, München
Umbau der Salvatorschule

Erbaut 1887 von Friedrich Löwel

Mitarbeit Ursula Baptista, Vera Ilic, Markus Link

Fertigstellung: 1997

Literaturhaus, Munich

The conversion of historic buildings is an important and valuable task, and one that often lets expectations run high. The Salvatorschule in Munich is a neo-Renaissance building that formerly housed a covered market on the ground floor and lost its top storey in the second world war. Its conversion for use as a Literaturhaus where readings and other literature-related events are held has brought it to the attention of the public once again and has enhanced a previously neglected inner city site.

Uwe Kiessler has left the historic building more or less intact and has merely added an upper storey. It is built as an independent component using light concrete slabs and steel-skeleton walls. Visually, it approximates the former contours, yet the materials and details evoke the ephemeral aesthetics of a provisional structure. With this cross between adaptation and autonomy the new extension builds on the past as evoked by the historic architecture and the urban setting. Its lack of decisiveness permits neither a re-interpretation of the past through the present nor vice versa. Yet it is precisely such a symbiosis that is the hallmark of a successful conversion.

Umbau ist keine kleine Sache. Wenn es wahr ist, daß der hautnahe Umgang mit Bestehendem Symptomatisches zum Zeitverhältnis verrät, dann ist wohl ebenso sicher dies der Grund dafür, daß damit besondere Erwartungen geweckt werden und kleine Eingriffe große Wirkungen zeitigen können.

Ins öffentliche Bewußtsein zurückgemeldet hat sich die Münchner Salvatorschule am gleichnamigen Platz neben der gleichnamigen Kirche. Ein vermeintlicher Dutzendbau vom Stadtbaurat, Neorenaissance, 1887. Als Besonderheit vermerkt und eingetragen ist einzig die durchgängige Markthalle im Erdgeschoß, für eine Schule in der Tat ein so praktischer wie poetischer Mehrwert.

Ein Kriegsveteran mit amputiertem Dachgeschoß und mittlerweile auch seiner Funktionen verlustig gegangen, hat es das Schicksal jetzt doch noch gut mit der Salvatorschule gemeint. Ein Literaturhaus hat sie sollen werden. Was nicht nur mit Lesenlernen, sondern auch mit Markt wieder zu tun hat, stecken dahinter doch neben der Stadt noch Buchhandel und Verlage. Profit war aber auch für das Umfeld einkalkuliert und hat sich ausbezahlt im Münz' der Aufwertung einer zentralen Hinterhofsituation. Soviel Licht wirft die Literatur in diesen Hinterhof, daß man davon ein Café betreiben kann und die Literaturfreunde darin nie ihre Sonnenbrillen ablegen müssen. Dabei ist der gute Hintergedanke in Form einer Ausstellungshalle als zweiter Raumschicht immer gegenwärtig.

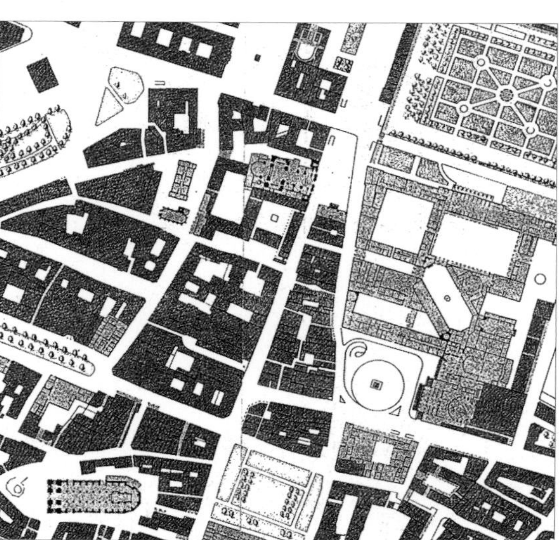

Lageplan
Site plan

Uwe Kiessler hat dem Torso keinen Glassarg übergestülpt, was in Kenntnis aktueller Beispiele alles andere als eine abwegige Vorstellung ist. Der Platz und seine Benutzer danken es ihm, In-Vitro-Sterilisation ist ja auch keine erfolgversprechende Wiederbelebungsmaßnahme. Eher schon die Vivisektion. Und so hat Kiessler der Schatulle einen neuen Deckel verpaßt. Die Schatulle ist dafür mächtig herausgeputzt worden und dick mit Farbe überstrichen, als wäre es Gold. Wenigstens glänzt es glatt.

In Wirklichkeit ist der Aufsatz selbst eine Schachtel mit eigenem Deckel: dem flach auskragenden Dach. Den Boden bildet eine Leichtbetonplatte, die Wände ein Stahlskelett, verglast oder mit Aluminiumlamellen verkleidet. Auch wenn sich diese Autonomiekundgebung konstruktiv legitimiert, haftet ihr doch etwas Sukkulentes, wenn nicht Parasitäres an. Die Grobgliederung in Eckrisalite und Mittelteil wird aufgenommen, und zusammen mit dem Dach ergibt sich hier eine in den Konturen stimmige Neuinterpretation der verlorenen Substanz. Kiessler vermeidet die offene Konfrontation. Nicht einmal die konstruktiv trennende Platte ist als optische Zäsur artikuliert.

Auf der anderen Seite fordert diese Passivität ihren Preis: Weil dem höchst differenzierten Unterbau nichts Gleichgewichtiges entgegengesetzt wird, läuft er mit der ganzen Kraft seiner Symbole ins Leere. Dabei hätte er nicht wenig an geschichtlichen und konstruktiven Inhalten zu bieten, die es lohnten, herausgearbeitet und lesbar gemacht zu werden. Genau das zeichnet doch einen gelungenen Umbau aus: daß beide Teile, der alte und der neue, von der Symbiose profitieren und der eine den anderen auf die tragfähigen Gedanken im Konzept befragt. (In München denkt man dabei leicht an Hans Döllgast oder Josef Wiedemann.) Kiessler öffnet Pandoras Büchse nicht; als solle uns die alte Schatulle fremd bleiben, eine nostalgische Black Box.

Das letzte Wort im Ausdruck behält der Charakter des Provisorischen, unterstützt durch die ephemere Materialisierung und die großzügig gehandhabte Detaillierung. Dies bestätigt sich im Innern. Auf Gestaltung im engeren Sinn der Profession wird verzichtet. Drei Säle – einer davon unverständlicherweise rund – liegen im neuen Geschoß nebeneinander, ohne daß eine Beziehung zwischen ihnen spürbar würde. Die Türen in den großen Saal sind im Prinzip symmetrisch, aber einmal mit Abstand und einmal ohne (hart an die Kante!) gesetzt. Das Foyer ist nicht mehr als die

Restfläche, die zwischen den Einbauten verblieben ist. Die metalliclackierten Röhrenstützen tauchen ohne Kommentar in die abgehängten Aluminiumdecken ein; diese ihrerseits enden abrupt und irgendwo vor den Glasfronten. Nichts soll einen jetzt noch davon abhalten, sich der Aussicht zuzuwenden. Der Blick auf die Stadt, auf das Bestehende, ist überwältigend. Fast ist man versucht, ihn der Architektur als Qualität anzurechnen.

Ulrich Maximilian Schumann

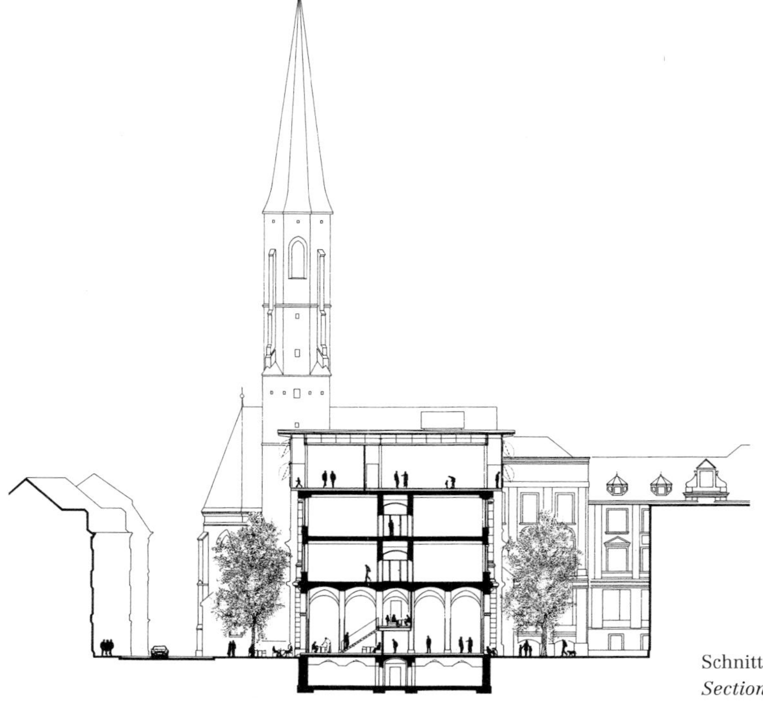

Schnitt
Section

Fassade zur Kardinal-Faulhaber-Straße
Facade on Kardinal-Faulhaber-Strasse

Grundriß 3. Obergeschoß
Third-floor plan

Grundriß 1. Obergeschoß
First-floor plan

Grundriß Erdgeschoß
Ground-floor plan

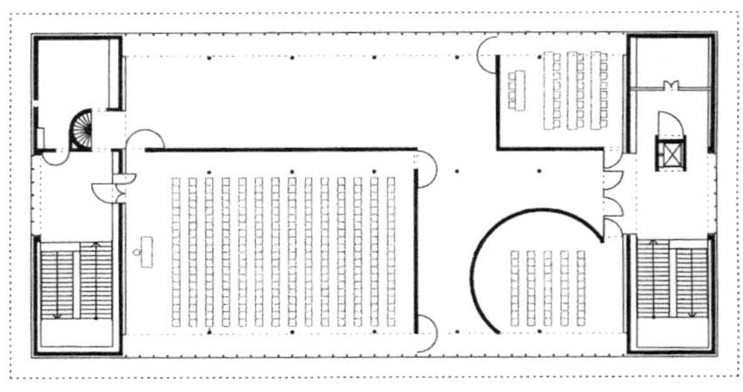

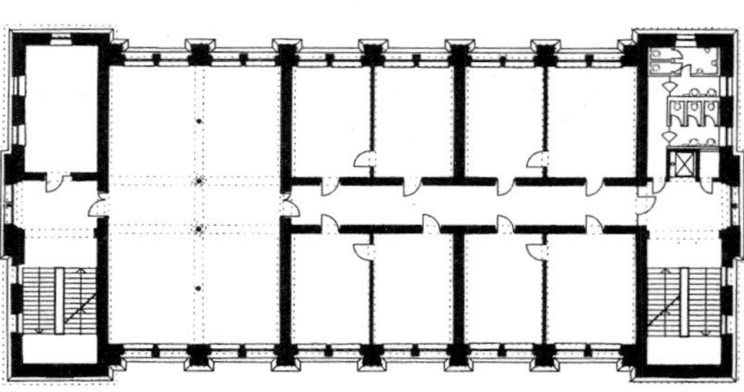

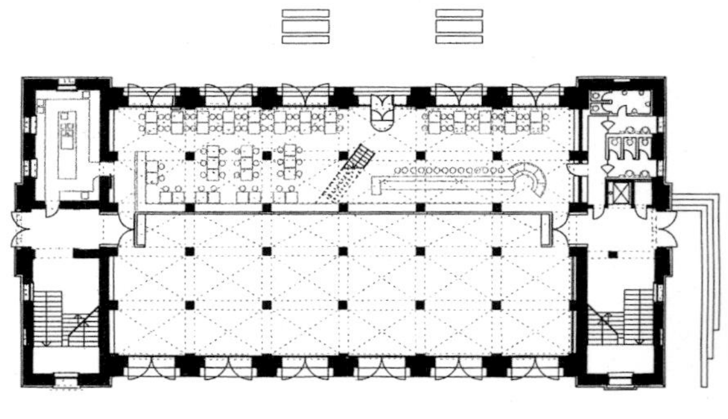

Foyer im 3. Obergeschoß
Upper-floor foyer

Ausblick aus dem 3. Obergeschoß auf die Theatinerkirche
View from third floor towards Theatinerkirche

Literaturcafé
Café
(Photo: Wesely)

Treppenhaus
Stairwell

Bibliothek
Library

Seitenansicht zur Salvatorkirche
The side of the building facing Salvatorkirche

Rückwärtige Ansicht vom Salvatorplatz
Rear view from Salvatorplatz

Photos: Stefan Müller-Naumann
(wenn nicht anders angegeben)
(unless otherwise specified)

Wilhelm Kücker

Bankgebäude, Essen
Renovierung und Neubau

Erbaut 1901 von Peter Zindel und erweitert 1908 von Wilhelm Mertens

Projektleitung: Klaus Freudenfeld (bis September 1996)

Mitarbeit: Guiseppe Battaglia, Henning Bouterwerk, Frank Feuchtenbeiner, Waltraud Heim, Nicolas Hein, Christa Landmann, Norbert Schöfer, Thomas Schulz

1993–1997

Deutsche Bank, Essen

The apparent contradiction between old shell and new content was the key theme of this architectural task.

The first thing to be considered was how to design the layout of rooms behind the historic facade. Today, the actual banking hall is still the main area where the bank publicly projects its corporate image. There are many impressive historical examples of such banking halls.

In this case, given a required floor space of some 1,500 square metres, corresponding to more or less the entire area of the original two-winged building, a suitably imposing ceiling height was needed. It therefore seemed only logical to reconstruct the original historic building that had been damaged in the war and then altered beyond recognition by "modernisation" in the 70s, when almost all the sumptuous original interior fittings were ripped out.

The high arched windows of the upper ground floor level, behind which small offices would be quite inconceivable, are appropriately dimensioned for such a hall. The bank requested a more customer-friendly solution with a street-level entrance, so the architects created a split level design with back offices on the upper level and customer service areas on the lower level.

The architects were briefed to create a large conference and functions hall on the part of the upper ground floor beyond the

Wird die Aufgabe der heutigen Architektur innerhalb der Dichte der Stadt als ein zunehmender Bestandteil eines Erhaltungsprozesses, einer Schichtung, einer partiellen Erneuerung und, in einigen Fällen, eines Abrisses verstanden, so sind Bauaufgaben wie die der Renovierung und des Neubaus der Deutschen Bank in Essen geradezu Indikatoren für die inhaltliche und gestalterische Sensibilität, mit der Bauherren und Architekten an solche Vorhaben herangehen. Das Bewußtsein, daß heute nicht alles von Grund auf neu gebaut werden muß, ja gar gebaut werden kann, bestimmt zunehmend die Haltung, eben die inhaltliche und gestalterische Sensibilität, der beim Bau verantwortlichen Beteiligten.

Wie wurde doch in den sechziger und siebziger Jahren mit der Bausubstanz umgegangen: hohe Räume aus der Jahrhundertwende wurden durch abgehängte Decken dem horizontalen Raumgeschmack angepaßt, die im Zweiten Weltkrieg gerade noch übriggebliebenen Stuckdetails dem bevorzugten Reinheitsideal der klassischen Moderne geopfert, die ehemaligen einfachen Raumwirkungen und klar strukturierten Raumfolgen durch bewußt anti-axiale Wegeführungen aufgelöst. Einige dieser Veränderungsmaßnahmen mußte auch das 1901 von Peter Zindel für die 1872 gegründete Essener Creditanstalt errichtete Eckgebäude an der Maxstraße und Lindenallee, welches 1908 von Wilhelm Mertens in Richtung der Lindenstraße erweitert wurde, in den Jahren 1971–75 erleben. Mertens, der auch der Architekt der Berliner Zentrale der Deutschen Bank war, verstand es, den ursprünglich auf einer diagonalen Achse basierenden Bau Zindels mit einem sprachlich der Eckrotunde angeglichenen Mittelrisalit als neue Einheit zu erweitern. Der fast unmittelbar nach Fertigstellung unternommene Anbau Mertens – nur knapp sieben Jahre lagen dazwischen – läßt die Bedenken der heutigen, äußerst kritischen Einstellung gegenüber einer direkten Übernahme der Architektursprache im Falle einer Erweiterung nicht zu. Die Einheit des Bauwerks war damals, wie heute, oberstes Ziel der Architekten und Bauherren.

Ebenso wie die Einheit der Fassaden von Mertens gesucht wurde, war die räumliche Durchdringung von Inhalt zur Fassade für Zindel und Mertens maßgeblich. Daß die Großzügigkeit der Palastarchitektur Zindels mit den über sechs Meter hohen Vorstandsbüros auf der Ebene des Erdgeschosses von der Straßen- bis auf die Hofseite durchgeführt wurde, dürfte schon für Mertens ein gestalterisches Problem gewesen sein. So stufte Mertens über rückseitige Treppenanlagen die Raumhöhen der repräsentativen Etagen von jeweils sechseinhalb und fünf Metern auf knapp über drei Meter ab und verdoppelte dadurch die Zahl der Geschosse im Vergleich zu Zindels straßenseitiger Ausnutzung.

1925 übernahm die Deutsche Bank das Gebäude. Von der ursprünglichen, geschickten Raumstruktur Zindels und Mertens blieb nach den Kriegsschäden und der umfangreichen Renovierung in den frühen siebziger Jahren nichts mehr übrig. Anfang der neunziger Jahre wurde die mittlerweile entstandene Ansammlung von unterschiedlich geplanten Abschnitten mit ihren jeweils eigenen Raumhöhen und den damit zusammenhängenden Niveauunterschieden den Nutzern bewußt, so daß eine grundlegende Neustrukturierung mit den mittlerweile auch wieder notwendig gewordenen, altersbedingten Instandhaltungsmaßnahmen durchgeführt werden mußte. Genaue Kostenvergleiche zwischen umfangreichen Sanierungs- und Neubaumaßnahmen unterstützen die Entscheidung zugunsten eines weitgehenden Neubaus unter Beibehaltung der noch übriggebliebenen, denkmalgeschützten Fassaden Zindels und Mertens (die Kosten einer umfangreichen Sanierung wurden bei einer bestehenden Hauptnutzfläche von 6671 Quadratmeter auf 47,6 Millionen DM geschätzt, gegenüber 76 Millionen DM für einen weitgehenden Neubau mit einer neuen Hauptnutzfläche von 8600 Quadratmetern, also einem Flächenzuwachs von knapp 30 Prozent).

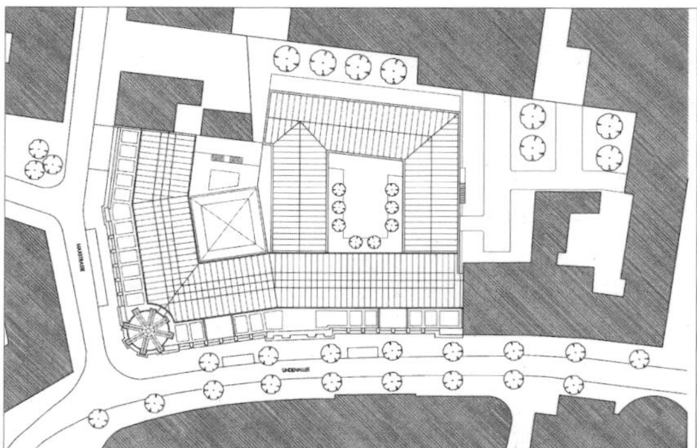

Lageplan
Site plan

In Folge der Überlegungen zur Neustrukturierung wurden viele Anläufe genommen. Beschränkte Wettbewerbe und Gutachterverfahren wurden in den frühen neunziger Jahren durchgeführt und ermöglichten einen allmählichen Prozeß der Nutzungsdefinition des zukünftigen Gebäudes. So zeigten sich der polygonale Grundstückszuschnitt wie auch die vorhandene Fassade als eigentliche Herausforderungen an die geladenen Architekten. Trotz der anscheinend langwierigen Suche nach einer in jeder Hinsicht optimalen Lösung, gelang es dem Bauherrn mit Unterstützung des Architekturbeirats, dem Thomas Herzog, Vittorio Magnago Lampugnani und der Verfasser angehörten, dem Vorschlag von Wilhelm Kücker zuzustimmen. Das Bauvorhaben wurde den Nutzern nach vierjähriger Planungs- und Bauzeit termingerecht übergeben.

Kückers Entwurf geht in der Grunddisposition von einer Lösung aus, die, im Nachhinein betrachtet, von verblüffender Einfachheit ist, die aber allesamt seinen Vorgängern verborgen geblieben zu sein scheint.

Die erste dominante Entscheidung bezieht sich auf die Idealisierung von Hofstrukturen, sei es die diagonalsymmetrische Wiederherstellung des Eckvolumens des ehemaligen Zindel-Baus oder die erstmalige logische Vervollkommnung des Merten-Blocks. Kücker scheut dabei keine grundstücksbedingten Winkel. Diese beeinträchtigen allerdings weder die innere Raumabfolge, noch die Klarheit der baukörperlichen Erscheinung. So wird die Erweiterung an der Maxstraße konsequent jenem Straßenzug angepaßt, wie auch der westliche Flügel sich der Grundstücksgrenze genau anfügt, so daß durch eine eventuelle zukünftige Verlängerung dieses Flügels in Richtung Maxstraße eine Arrondierung der Gesamtanlage entstehen könnte.

Der Entwurf Kückers hat es verstanden, die durch die Eckrotunde vorgegebene städtebauliche wie architektonische Spannung mit einer großzügigen Kassenhalle aufzulösen. Hinter dieser im heutigen Stadtbild einmaligen repräsentativen Kuppel ist tatsächlich ein Raum, der dieses Versprechen, diese Repräsentation inhaltlich und räumlich hält. Mag sein, daß die Erwartungen vieler Bürger und Nutzer dieses Bankgebäudes überhöht, vielleicht sogar ein wenig unzeitgemäß sind – welche Bank benötigt heute noch eine tatsächliche Kassenhalle, sind doch die Bargeldautomaten meist im Windfang untergebracht – aber es sind nun einmal diese Unterschiede zwischen den einzelnen Institutionen, die die einen zu einer Bewahrung gewisser Traditionen verpflichtet, und die den kulturellen Unterschied darstellen, den gewisse Kunden bewußt oder unterbewußt bevorzugen, und die die anderen zu einer rationalistischen Konsequenz anleiten, die ihrerseits eine kühle, ja manchmal auch abweisende Abstraktion ausstrahlt.

Gewiß ist die Kassenhalle, mit ihrem an Fabrikbauten der Region erinnernden Stahlportal, ein Luxus aus der Sicht der Bauherrenschaft, aber im Gesamtverhältnis zum umbauten Raum ist ihre Wirkung größer als ihre Kosten. Auch in dieser Hinsicht hat die Halle ein Vielfaches erreicht.

So gestaltet der Bestand, unter bewußter Rücksichtnahme auf die in ihn gesetzten Erwartungen, am Neubau mit. Die Rolle der Kassenhalle ist paradigmatisch für alle bis in das kleinste Detail gehenden Bezüge zwischen Alt und Neu. Ein Durchschreiten der Räume läßt diese Beziehungen zwischen den rhythmisch-räumlichen Vorgaben der denkmalgeschützten Fassade und den neuen

Fassade zur Lindenallee
Lindenallee facade

central projection, but this was later changed to a large office area with a gallery level and a smaller office space.

It proved rather more difficult to find a fitting solution for the first floor, which is legible on the facade as a piano nobile in keeping with the palatial architecture of the original building. It is divided into two levels with the windows lighting the lower level. It makes sense to leave the executive offices here. The upper level, set behind the parapet and without a view, has been skylit. This is not suitable as a permanent workplace and has been earmarked for cafeteria and

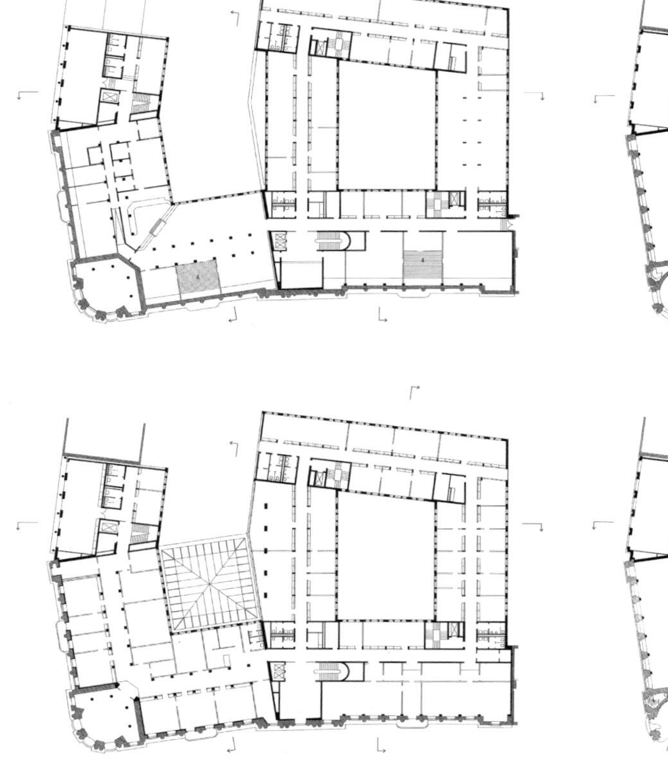

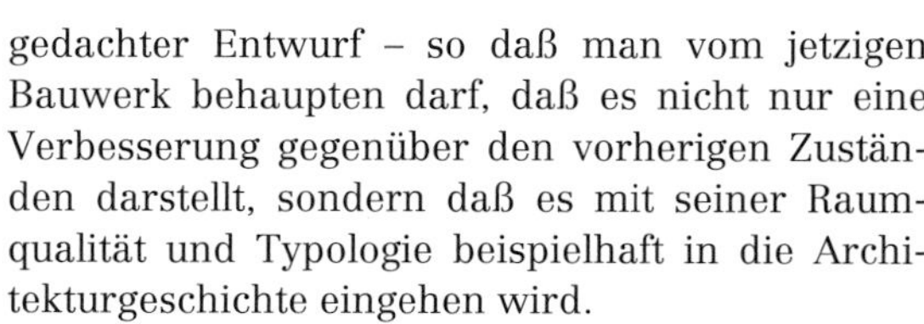

Grundriß 3. Obergeschoß
Third-floor plan

Grundriß 2. Obergeschoß
Second-floor plan

Grundriß 1. Obergeschoß
First-floor plan

Grundriß 2. Erdgeschoß
Second-floor plan

seminar rooms. Small atrium-like spaces are intended to compensate for the lack of an outside view.

Concept
The site is located in the heart of the city, where it is important to observe certain planning authority directives regarding clearance between buildings. It was decided to create two inner courtyards, the first (south courtyard) of which cannot be completed until the neighbouring building on Maxstrasse has been acquired. The entrance to the banking hall is on the corner, and the separate main entrance in the central projection. Stairs, lifts and service facilities are all situated at the point where the wings of the building meet, allowing a more versatile use of the building. The rear entrances are accessed from Maxstrasse through the courtyards where the fire escape route and emergency access is located.

In the original building, the two main floors on the side facing the street corresponded to four floors on the side facing the courtyard. This principle has been retained, resulting in a ceiling height of 3.415 m. The new building has three floors and one stepped level, two ground floors (there are different entrance levels owing to the slope of the site) and two basement floors.

Construction
This is a reinforced concrete skeleton with load-bearing pillars at intervals of 4.125 m (three office axes of 1.375 m each) and 4.5 m in depth. A 20 cm thick flat plate floor with a void space in the rooms and a double ceiling in the corridors, measuring a total of 17.5, has

Büros und Gemeinschaftseinrichtungen erfahrbar werden.

Hinter den alten Fassaden sind keine nach ihren Eigengesetzlichkeiten angeordnete Geschosse, keine respektlosen, die alten Fensteröffnungen durchschneidenden, prall mit Technik aufgeladenen Fußböden, sondern Kückers Entwurf sieht auch hier eine verblüffend einfache Lösung vor, die auf die grandiosen Raumdimensionen eingeht, um sie, mittels einer ebenso grandiosen, neuen Treppenanlage auf die neue normale Geschoßstruktur zu vereinen.

Diese ungewöhnliche Doppeltreppenanlage bildet eine durchsichtige Raumschicht zwischen den hohen straßenseitigen Räumen und den beiden der Kassenhalle zugewandten Galerien. Letztere werden dank der zurückversetzten und zum Teil verglasten Besprechungskabinen als ebenso transparente Räume verstanden. Es ist mit all diesen Elementen eine kontinuierliche Raumqualität entstanden, die die steinerne Fassade zunächst nicht vermuten läßt, aber deshalb den Betrachter umso mehr erfrischt. Die Kombination von verblüffend einfacher Raumlösung und offener Raumqualität ist im Vergleich zur heutigen Architektur wohltuend.

Ohne die respektvolle Einhaltung der Vorgaben durch den Bestand wäre diese Renovierung, Revitalisierung, Erfrischung nicht gelungen. Ein Rückblick auf die vielen Entwürfe Kückers Vorgänger bis zurück zu Zindel und Mertens machen deutlich, daß der jetzige Zustand eine Qualität erreicht hat, die zu keiner Zeit vorher existierte – weder als tatsächlicher baulicher Zustand, noch als angedachter Entwurf – so daß man vom jetzigen Bauwerk behaupten darf, daß es nicht nur eine Verbesserung gegenüber den vorherigen Zuständen darstellt, sondern daß es mit seiner Raumqualität und Typologie beispielhaft in die Architekturgeschichte eingehen wird.

Zahlreiche potentielle innenräumliche Konflikte wurden von Kücker mit einer zurückhaltenden Leichtigkeit gelöst. So zum Beispiel die Neugestaltungen der Eingangsbereiche in der Eckrotunde und im Mittelrisalit. Da die alte Eingangsebene oberhalb des Souterrains lag, diese auf verständlichen Wunsch des Bauherrn auf das Straßenniveau abgesenkt wurde, mußte die Treppe im Mittelrisalit völlig neugestaltet werden. Sowohl die erneuerten, riesigen Türen wie auch die symmetrische Treppenanlage entsprechen in Materialität, handwerklicher Anfertigung und in ihren Ausmaßen den in der alten Fassade ausgedrückten Haltung. Fein verarbeitetes Messing und Eichenholz für die Türen, selbstverständlich geschwungen behandelter Marmor für die Treppenbrüstung, angemessen großzügige Emporen geben dem Eingangs- und Erschließungsbereich eine noble Atmosphäre. Sie ist sicherlich nicht übertrieben, denn ihr ist es zu verdanken, daß ein verständlicher Übergang von außen nach innen, von großstädtischer Straßenfront bis zu zeitgenössischen Einzelbüros, erreicht werden konnte.

Auch die Geschäftsleitung kommt in den Genuß des Respekts vor dem Tradierten. Das Piano Nobile des ehemaligen zweiten Geschosses wurde auf der Straßenseite ebenso von fensterdurchschneidenden Fußböden verschont wie das untere Geschoß. Die Filialdirektoren der Bank bleiben auch nach dem Umbau auf dieser Ebene. Darüber, hinter der Attika, ordnete Kücker Gemeinschaftsräume zwischen Atrien an. Cafeteria und Schulungsräume erhalten dadurch Tageslicht und Ausblicke.

Haben sich die obigen Bemerkungen auf die Konsequenzen der denkmalgeschützten Straßenfassade beschränkt, so waren Kücker noch weitere schwierige Nutzungsvorgaben gestellt. Die neuen Büroflächen sollten flexibel genutzt werden können. Sollte der Eigenbedarf der Bank nicht die Gesamtfläche benötigen, war in der Planung eine unabhängige Erschließung vorzuschalten. Da der repräsentative Charakter der Zugänge von der Ecke Maxstraße und Lindenallee sowie vom Mittelrisalit in der Lindenallee eine Fremdnutzung eigentlich ausschloß, entwarf Kücker einen durchgehenden, hofseitigen Zugang, der auch im Notfall der Feuerwehr die Durchfahrt erlaubt. Dieser Zugang hat einen so öffentlichen Charakter, daß eine Fremdnutzung der Büroflächen kein Gefühl des Hinterhofs aufkommen läßt.

Darf man bei diesem Bauvorhaben allgemein von einer geglückten Synthese von vorhandener Substanz und anspruchsvollen, neuen Vorgaben sprechen, so kann man vielleicht die neue Fassade in der Maxstraße – in Erweiterung Zindels Südfassade – als äußeren Ausdruck dieser allgemeinen Synthese und als Lackmustest der Fähigkeit des Architekten ansehen. Und auch hier gelingt es Kücker, dem Neuen eine sowohl verbindende als auch relativ eigenständige Qualität zu geben.

Horizontal gegliedertes Mauerwerk umschließt die eingestellte Stahlrahmenkonstruktion. In ihr wird die rhythmische und räumliche Struktur des Neubaus ausgedrückt. Eine Differenzierung der Füllung innerhalb dieses Stahlrahmens deutet dann aber wiederum auf die benachbarte grobe und feine Rustika. Die im Neubau bündig vorgeblendete grobe Schichtung des Füllwerks entspricht demnach der tiefen Rustika des Erdgeschosses, die zurückversetzte Füllung des neuen dritten und vierten Obergeschosses mit der nun freistehenden Rundstütze entspricht der Säulenordnung des ersten Obergeschosses des Zindel-Baus. Auch die Rundöffnungen im Vierendeel-Balken, der die Garagen- und Feuerwehrzufahrt überbrückt, stellen ein Echo auf die Rundbögen der Nachbarfassade dar. Gleichsam löst dieser Vierendeel-Balken auch die Versprechen der modernen Architektur ein: befreiende Raumwirkung und Verdichtung der historischen Erfahrungen.

Die drei Rundfenster sind zugleich Ausgangspunkt und Schlußlicht für die Gesamtanlage. Sie

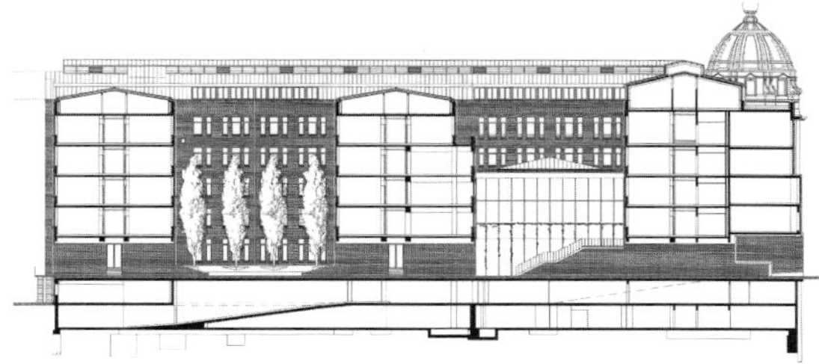

Nord-Süd-Schnitt
North-south section

sind, wie der Gesamtentwurf, eine glückliche Zusammenkunft angemessener Lösungsansätze, die funktionelle Bedürfnisse und repräsentative Erwartungen gleichwertig vereint.

Waren die Befürchtungen am Anfang der Überlegungen zur Renovierung des Bankgebäudes groß, mögen die vielen architektonischen Entwürfe in der Zwischenzeit die Bauherren eher verunsichert als in ihrer Haltung bestärkt haben, so darf man um so mehr den Bauherren für ihre Beharrlichkeit in der Suche nach dieser Lösung, den Ausführenden für ihre handwerkliche Leistungen, dem Architekten und seinem Team für die beispielhafte Lösung, gratulieren. Nicht immer wird, was lange währt, auch gut, aber in diesem Fall darf man behaupten, daß das Sprichwort seiner Bedeutung gerecht wurde.

Wilfried Wang

made it possible to retain the desired ceiling height of 3 m.

Ventilation is present in the banking hall, cafeteria and conference room and in the few interior rooms.

The stepped level is superimposed and is made of a light steel framed structure in close sequence corresponding to the office axes.

The flat-pitched roofs are covered with pre-weathered sheet zinc. The flat roofs are extensively greened.

The outer walls were designed as single-shell unfaced masonry, but for financial reasons have been executed in reinforced concrete with core insulation and brick facing.

Facade
Only on Maxstrasse does the new building show its own face. Otherwise it remains concealed behind the historic facades. The characteristic features of this street front make references to the former main facade whose key feature is a horizontal structuring with a strongly rustic basecourse, a planar first story and an almost skeletal second storey with three-quarter pillars. These features are repeated on the new facade, which is to be interpreted as a continuation of the old one and is therefore unequivocally a component part of the bank building.

The change of material from natural stone masonry to brick facing matches the red sandstone in hue, while steel also refers to the period of construction a century later, but at the same time it is also a reference to the city of Essen.

Vehicle access to the building was possible only here, owing to the historic facade. In order to create an aperture that was both wide enough and high enough, a ceiling-high load-bearing girder had to be installed to carry the weight of three of the five axes. The eye-catching circular apertures are structurally necessary and also allow daylight to enter the office spaces behind.

Fassade Maxstraße
View from the Maxstrasse

Innenhof
Inner courtyard

Eingangsrotunde
Entrance rotunda

Schulungsräume und Atrium im 3. Obergeschoß
Third floor seminar rooms and atrium

Aufzug
Lift

Blick in die Kundenhalle
Customer hall

Photos: Deimel + Wittmar

Peter Kulka

Fakultät der Wirtschaftswissenschaften der Universität, Magdeburg

Mitarbeit Jochem Kastner, Konstantin Pichler

1998

Faculty of Economics, Magdeburg

In 1995, Peter Kulka, having recently gained considerable acclaim as the architect of the new Saxon Regional Parliament building in Dresden, was commissioned to design the faculty of Economics on the campus of the Otto-von-Guericke University in Magdeburg. As the funds available were limited, the architect had to take an extremely frugal approach. The rooms required – one large auditorium, a number of seminar and tutorial rooms and several offices – were housed in two long wings bracketing a green courtyard. The eastern tract starts out parallel to a major thoroughfare, only to bend away from it and to run towards the interior of the site. All the seminar rooms in this tract face the courtyard and are further sheltered by an uninterrupted access zone that acts as a soundproofing and climate buffer. In front of the entrance area situated at the "elbow" of the building, the uniform all-glass facade gives an insight into the architectural design that seems to metamorphose from a solitary block into a conglomeration of buildings. This "second face" of the architecture is evident along the other wing that incorporates two nineteenth-century houses and re-creates something of a quiet side street. The black klinker new buildings seem like huge building bricks. At the corner of the street the cubes are angled against each other. The bright red and blue ends of the buildings act like a signal welcoming the students as they approach from the campus.

Architektur auf den zweiten Blick

Rücken an Rücken begegnen sich in Magdeburgs Innenstadt Fragmente gründerzeitlicher Blockrandbebauung, eine stalinistische Renommiermeile und hochaufragende Wohnscheiben, zwischen sich eher Leere denn Räume lassend. Den nördlichen Ausläufer dieses Durcheinanders bildet das Uni-Viertel, nach dem Krieg unter Einbeziehung versprengter Mietshäuser in derselben Manier zusammengestückelt. Die neue Wirtschaftsfakultät von Peter Kulka faßt jetzt die östliche Kante dieses Geländes, hart grenzend an eine stark befahrene Ausfallstraße. Um der Dringlichkeit des Bauvorhabens beizukommen, erging 1995 ohne vorherigen Wettbewerb ein Direktauftrag an den Architekten, der gerade durch den sächsischen Landtag von sich reden machte. Der mehr als schlanke Etat (30 Mio. brutto) gebot äußerste Sparsamkeit, so daß Kulka vom Genre der perfektionierten Unikate ins Fach der respektablen Zweckbauten wechselte.

Das Raumprogramm – Seminarräume, ein großer Hörsaal und Büros – fügte er in eine heterogene Baugruppe, die sich um einen langen, zum nördlichen Parkgelände hin offenen Hof entwickelt. Ihr Rückgrat bildet der an der Hauptstraße ansetzende Einhüfter, welcher nach kurzer Strecke abknickt, um in die Tiefe des Grundstücks vorzustoßen. Eine überraschende ›Wendung‹, die der Abschottung gegenüber dem infernalischen Straßenlärm gilt. So liegen die Arbeitsräume am ruhigen Innenhof, hinter einer als Schall- und Klimapuffer ausgebildeten Erschließungszone. Ihre

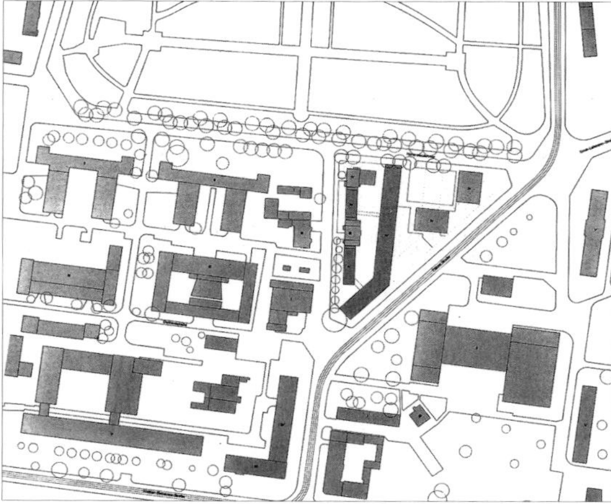

Lageplan

Site plan

Ganzglasfassade, stoisch über die volle Länge durchgehalten, bildet beiläufig einen Fond für die ›tanzenden‹ Punkthäuser auf der Spitze des Grundstücks, zwei Relikte der Plattenbau-Ära.

Vor dem beidseitig verglasten Eingangsbereich, etwa an der Knickstelle des langen Flügels, durchdringt der Blick die Architektur und erfaßt ihr ›innerstes Gesetz‹. Was eben noch als Solitär erschien, löst sich auf in eine Ansammlung von Baukörpern, die mit farblich betonten Stirnwänden Autonomie beanspruchen. Offen zu Tage treten sie entlang der ruhigen Stichstraße, wo sie großen Bauklötzen gleich die Lücken füllen und an der aufgerissenen Ecke Karambolage spielen – eine parodistische Abbreviatur des modernen Magdeburgs. Mit zwei adaptierten Gründerzeithäusern wird so ein durchgehender Trakt gebildet, wobei gläserne Übergänge die Zäsuren zwischen Alt und Neu überbrücken. Den Kontext des Ganzen bewahrt der Gleichklang der modernen Fassaden, die mit ihrem schwarzen Klinker ebenso die Hofansicht bestimmen. Dabei beharren die Formate der laibungstiefen Fenster und der ohne Verzahnung gesetzten Klinkersteine auf dem blockhaften Umriß der Neubauten. Auch ihr sockelloses Aufwachsen unterstreicht ihren monolithischen Charakter. In der Schrägansicht aber verlieren sie die schwere Plastizität und erweisen sich zusammengefügt aus der dünnen Haut einer vorgehängten Klinkerfassade und farbig-abstrakten Putzflächen. Im Kontrast zum dominierenden Schwarz erstrahlen diese um so heller, besonders das Rot und Blau der beiden frei zur Ecke gewandten Stirnseiten. Mit verschwenderischer Leuchtkraft künden sie den vom Campus sich nähernden Studenten wie den im Stau steckenden Berufspendlern von einer besseren Welt – bis der Ruß aus den Auspuffrohren das Alltagsgrau obsiegen läßt.

Schon Bruno Taut lehrte, wo die Mittel knapp sind, Farbe als gleichwertigen ›Baustoff‹ zu verwenden. Magdeburg diente ihm einst als Experimentierfeld, und dies ruft Kulka ins Bewußtsein. Doch ist es mehr an den Strategien der abstrakten Malerei geschult, wie er wenige, aber intensive Farbakzente setzt, um die manchmal bis zur Selbstverleugnung karge Architektur in Spannung zu versetzen. Auch versteht er es, durch das Hineinnehmen der als außenräumlich definierten Farbe in die Treppenhalle einen sukzessiven Übergang von außen nach innen zu gestalten. Aus demselben Grunde läßt er die Hoffassade des langen Riegels bis in das Vestibül vorstoßen. Im ansonsten unspektakulären Inneren – die Seminarräume sind spartanisch schlicht – ziehen noch die

Ansicht von Südosten
View from the southeast

beiden schnurgeraden Treppenläufe der langen Erschließungsachse den Blick auf sich, um ihn zwischen scheibenförmigen Metallgeländern magisch in die Tiefe zu zwingen.

Mit Zähigkeit focht Kulka unter schwierigen finanziellen Bedingungen und einer wenig verständigen Bauherrschaft gegen die Macht des Faktischen. Nicht alles konnte da gelingen. Der Hofbereich ist zu monoton geraten, der Pfusch der Baukolonnen zu gegenwärtig. Das Ergebnis ist nicht für den schnellen Genuß, sondern fordert ob seines doppelbödigen Kalküls etwas Gedankenarbeit ein. Eine »Architektur auf den zweiten Blick«, wie Kulka selbst es nennt. Und eine Architektur, die ihren Modus vivendi aus dem Ort und seiner Nachbarschaft bezieht, statt aus vorgefertigten Antworten. Das Stadtschicksal in seiner Komplexität zu begreifen, auf seine Brüche intelligent zu reagieren, statt im bedingten Reflex Blockränder zu schließen – nicht nur für Magdeburg wäre dies ein Weg.

Axel Drieschner

Erschließungszone des östlichen Flügels
Access zone of the east wing

Eckansicht von Südwesten
View from the southwest

Eingangsbereich nach Norden
Entrance area looking north

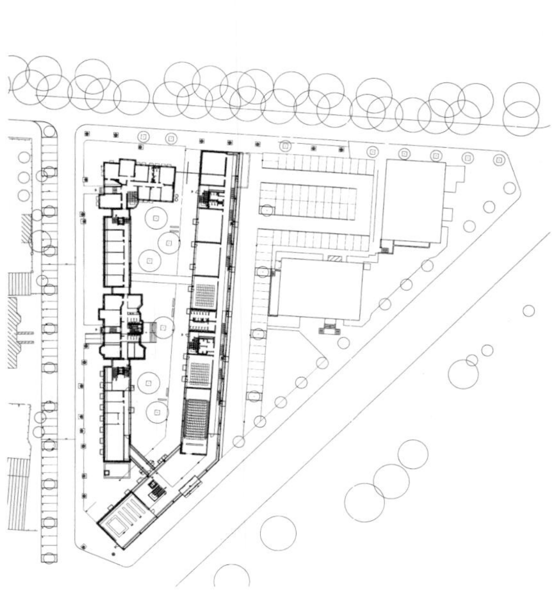

Grundriß
Floor plan

These colours, repeated in the light and airy stairwell also serve as a counterpoint within an otherwise sobre and disciplined architectural composition. By creating a heterogeneous and "double-floored" architecture that reveals itself only at second glance, Kulka reflects upon the urban fragmentation of Magdeburg, where the scattered relics of nineteenth-century buildings and evidence of widely varying approaches to reconstruction often clash quite unexpectedly.

Eingangsbereich nach Süden
Entrance area looking south

Photos: PUNCTUM/H.-Ch. Schink

Caterina und Ansgar Lamott

Bibliothek, Landau
Umbau des Schlachthofes

Mitarbeit Fabian Determann, Sonja Schmuker, Bernd Treide, Jutta Wiedemann

Wettbewerb: 1992

Fertigstellung: 1998

Municipal Library, Landau

Landau in the Palatinate was once a border town of some importance. In the seventeenth century the French architect Vauban transformed it into an impressive stronghold. Though Landau became a "free city" in 1871, in the minds of the local people it did not lose its military character until the 1980s, when the armed forces stationed there left.

Now, a new architectural approach is beginning to emerge, with the municipal library housed in the historic abbatoir of 1894. The private Karl and Edith Fix Foundation financed the DM 7.7 million project and directly commissioned architect Ansgar Lamott (b. 1958). He chose to adopt the principle of a house within a house.

First of all, the dilapidated building was completely gutted, leaving a masonry shell supported by cast iron pillars and crowned by two gables. The east and north facades of red and yellow sandstone and brick masonry, the flat-arched windows and the heavy gridded frames remained virtually unaltered. Ansgar Lamott broke through these facades, stabilising them by means of a supporting structure and by inserting a

Unser geistiges Wohlbefinden ist auf den Zufall eines vorüberziehenden Schattens, eines widerhallenden Geräuschs, einer sich öffnenden Tür angewiesen ... Für das Glück des Körpers gibt es das Haus, die Möbel, die wärmenden und die kühlenden Apparate, das künstliche Licht. Aber was hat der Mensch erfunden, was hat er gebaut, um sein geistiges Glück zu behüten und zu schützen?
Alberto Savinio in ›Omero Barchetta‹

Als der Literat Johann Gottfried Seume im Jahr 1803 das pfälzische Landau besuchte, sprach er ein vernichtendes Urteil: Es »ist weiter nichts als Festung, und alles, was in der Stadt steht, scheint bloß auf diesen einzigen Zweck Beziehung zu haben«. Der geniale Baumeister Vauban hatte dieses Bollwerk auf Geheiß Ludwig XIV. errichtet und damit das Schicksal des Ortes besiegelt: 300 Jahre lang erstickten militärische Interessen jedes noch so zarte geistige Pflänzchen im Keim. Landau lag in dumpfer Agonie. Auch die offizielle Deklaration zur ›freien Stadt‹ im Jahr 1871 und das sukzessive Schleifen der Wälle änderte wenig daran.

Erst als das Militär in den späten achtziger Jahren unseres Jahrhunderts abzog, barst der mentale Festungsring in den Köpfen der Bewohner. Plötzlich entdeckten sie ihre Stadt mit neuen Augen: Sie sahen den morbiden Prunk gründerzeitlicher Ringstraßenvillen, die bröckelnden Mauern in schattigen Altstadtgassen und die riesigen Areale verlassener Militär- und Industriegelände. Endlich begriffen sie, über welch brachliegendes Kapital sie verfügten und begannen damit zu arbeiten. Zunächst noch sehr behutsam und äußerst denkmalbeflissen, aber dann wurde es spannend.

Ansgar Lamott (Jahrgang 1958) gewann den städtebaulichen Wettbewerb zur Neukonzeption des stillgelegten Schlachthofgeländes im Zentrum Landaus. Das Quartier wurde noch nicht realisiert, wohl aber dessen Herzstück: die neue Stadtbibliothek im denkmalgeschützten Schlachthof aus dem Jahr 1894. Die private Karl und Edith Fix Stiftung übernahm die Finanzierung des Projekts und ließ dem Architekten im Rahmen des Budgets von 7,7 Millionen Mark entwerferisch freie Hand. Ein seltener Glücksfall, denn Lamott zauberte aus dem maroden Spielplatz für Rattenkinder ein elegantes Flaggschiff der ›Neuen Bescheidenheit‹. Der erste Schritt dazu war die radikale Entkernung des historischen Gebäudes. Übrig blieb eine gemauerte, von gußeisernen Säulen getragene Hülle. Im Osten und Norden blieben die Fassaden aus Sand- und Backstein mit den Segmentbogenfenstern sowie den schweren Gitterrahmen nahezu unversehrt erhalten. Doch die Schaufassade nach Westen war im Lauf der Jahre durch Um- und Anbauten zerstört worden. Nur noch die beiden Giebel mit den markanten Eckkrönchen kündeten von der einstigen Imposanz der Anlage. Ansgar Lamott erwies sich als einfühlsamer Meister der baukünstlerischen Haute Couture: Er entwarf ohne tümelnde Rücksichten ein maßgeschneidertes neues Gewand aus Stahl, Glas und Holz für den alten Korpus.

Eine Hülle, die Narben umspielt, Wunden schließt und in der harmonischen Symbiose zwischen Alt und Neu für klare Proportionen sorgt. Lamott brach die gesamte Westfassade auf, stabilisierte sie mit einer Stützenkonstruktion und schob ein neues Element aus Glas und vertikal angeordneten Holzlamellen vor dieses klaffende Loch. Die beiden gründerzeitlichen Giebel thronen nun wie mächtige Wächterfiguren über der fünfschiffigen Anlage. Die zum Ufer der Queich hin orientierte Südseite des Hauses wurde mit einer Erweiterung völlig umbaut. Die alte Natursteinwand des Schlachthofs ist deshalb nur noch im Innern der Bibliothek zu sehen. Sie fungiert dort als markantes Gelenk zwischen dem alten und dem neuen Gebäudetrakt. Der Haupteingang der Bücherei liest sich wie eine Persiflage auf alle baukünstlerischen Verrenkungen zu diesem Thema: Das Tor zur Welt der Bücher ist lediglich ein kleines quadratisches Schlupfloch mit Glastür und exponiertem Holzrahmen in der Fassade. Donald Judd was here! Verblüffend ist, daß dieses unscheinbare Element die Kraft hat, die gewaltige vertikale Sogwirkung der Brisesoleil aufzufangen.

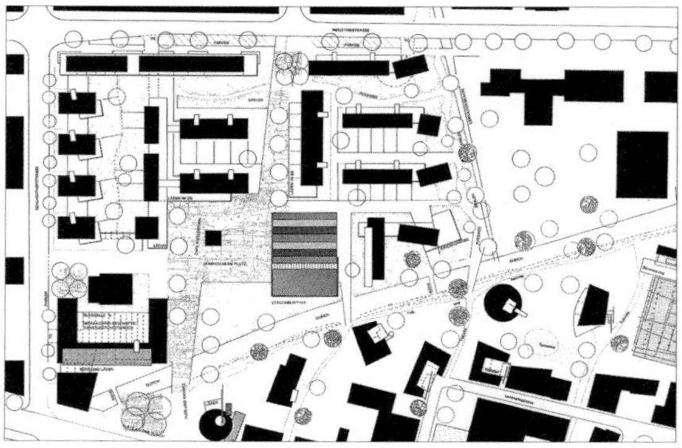

Lageplan
Site plan

Ansicht von Südwesten
View from southwest

Im Innern öffnet sich das Haus zunächst in einem weiten, hellen Raum: Hier ist der ›Markt‹, der laute Teil der Bücherei. Hier sind Entree und Ausleihe, hier kann man sitzen, reden, in Zeitschriften blättern und Kaffee trinken. Zwischen den gußeisernen Säulen des Erdgeschosses sieht man auch schon die Bücher: Ein erster Vorgeschmack auf die insgesamt 75 000 der hier versammelten ›Medieneinheiten‹. Eine breite holzbeplankte Stahlbrücke hoch oben über dem ›Markt‹ verbindet den alten mit dem neuen Gebäudeteil. Die Treppe links vom Eingang führt in die zweite, die ›stille‹ Bibliotheksebene mit weiteren Bücherregalen. Sie wurde als ›Tisch‹-Element in Stahlbeton frei in die Halle eingestellt. Die ausreichende Kopfhöhe für diese zweite Nutzungsebene erreichte Lamott mit einem kleinen Kunstgriff: Direkt unter dem ›Tisch‹-Bereich senkte er den Boden des historischen Bauwerks um drei Stufen ab.

Trotz seiner bestechend funktionalen Raumstruktur und seiner kühnen Architektursprache wirkt dieses Haus wundervoll altmodisch: Nirgends gibt es grelle Akzente, nirgends schrilles High-Tech-Geflimmer. Die Technizismen beschränken sich in diesem Bauwerk auf ein ausgeklügeltes Energiesystem, das über Strömungsschlitze in den Büroräumen und über Öffnungen in den Glasdächern mit natürlicher Querlüftung arbeitet. Stattdessen erinnert die ruhige Atmosphäre an ferne Tage, als Bibliotheken noch keine Container waren, sondern seelenvolle Orte mit unverwechselbarem Geruch. Wenn weich hereinströmendes Licht das alte Mauerwerk belebt und die subtile Farbharmonie der Materialien (Stahl, Stein, Glas und Holz) entfaltet, stellen sich wie von selbst Assoziationen zu historischen Kloster- und Universitätsbibliotheken ein. Ganz offensichtlich ließ sich Lamott auch von diesem Bild der Kontemplation und Konzentration inspirieren.

Aber hier wirkte noch ein anderes großes Vorbild: Carlo Scarpas Castelvecchio in Verona. In vielen Details, in der souveränen ›Kunst der Fuge‹ und in der mutigen Konfrontation der Materialien beweist Lamott ein ganz ähnliches Vergnügen am intelligent ausgespielten Gegensatz. Allerdings ist er klug genug, Scarpas poetische Bilder mit kühler Sachlichkeit zu interpretieren. Auch das vom Büro Lamott entworfene Mobiliar der Bücherei – die Regale und Buchständer aus geflammtem finnischen Sperrholz und hochverdichteten Intrallam – Spanplatten – sind minimalistische Kinder der Gegenwart: Kubisch, praktisch, gut! Dieses Leitmotiv der »trockenen Zurückhaltung« (Lamott) setzt neue baukünstlerische Maßstäbe in der einst »stärksten Festung der Christenheit« Landau.

Karin Leydecker

new component of glass and vertical wooden slats in front of the gaping hole. The south-facing wall of natural stone is completely surrounded by the new extension and forms a distinctive fulcrum point between old and new inside the building. The main entrance to the library is a small, square aperture in the skin of the facade.

The interior consists of two levels: the "market", which is the loud area of the library with the entrance and lending facility, and the silent area with bookshelves on the ground floor and upper level. The upper level takes the form of a free-standing component, rather like a table, set in the historic hall and accessed by stairs. This successful symbiosis of old and new creates a calm atmosphere reminiscent of historic monastery libraries or Carlo Scarpa's lyrical handling of space.

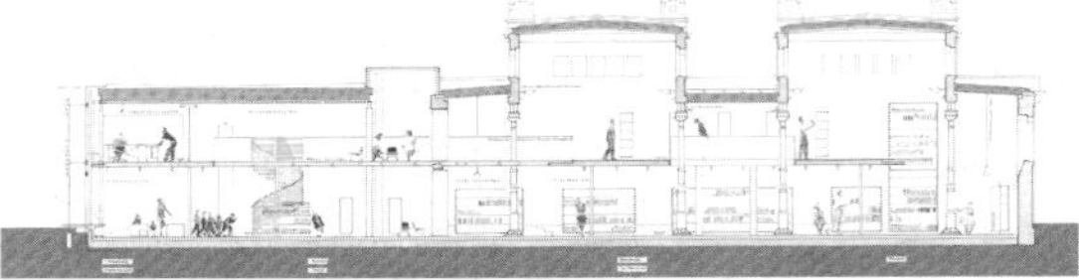

Querschnitt durch Neubau und Bestand (Süd-Nord)
South-north section of new building

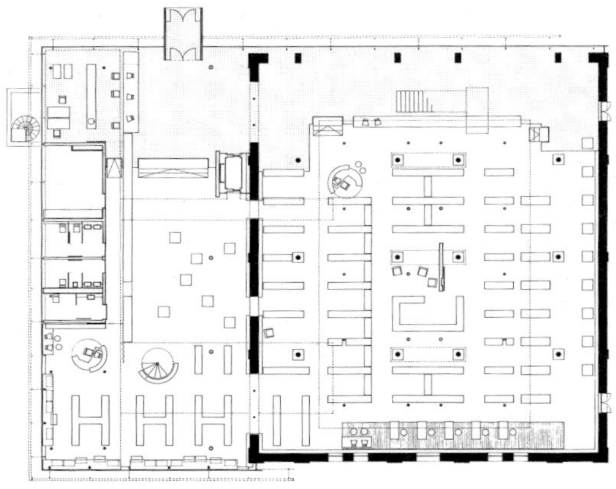

Grundriß Erdgeschoß
Ground-floor plan

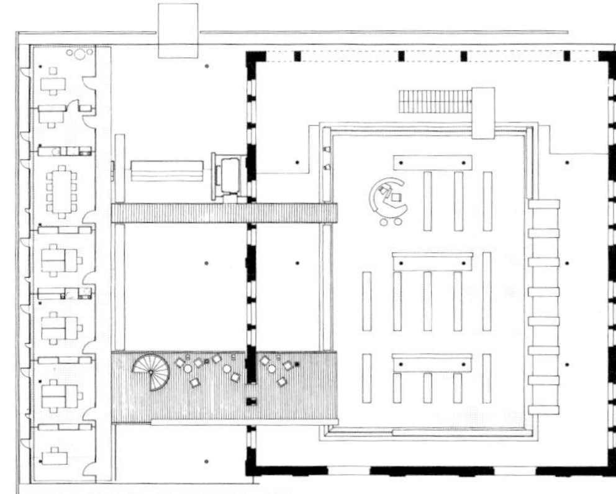

Grundriß Obergeschoß
Upper-floor plan

Ansicht von Osten
View from the east

Anschluß des Neubaus an den ehemaligen Schlachthof
Transition point between new building and former abattoir

Eingangsbereich mit Treppe zur Empore
Entrance area with steps leading to gallery

Stahlbrücke als Verbindung zwischen altem und neuem Gebäudeteil
Steel bridge joining old and new buildings

Blick auf Eingang und Ausleihe
Entrance area and lending desk

Empore. Detail
Detail of gallery

Zeitschriftenregale
Shelving system for periodicals

Photos: Werner Huthmacher/Architekton

Jewish Museum, Berlin

The Jewish architect Daniel Libeskind designed this 15,000 m² building in the form of an irregular bolt of lightning. Everything about the layout seems strange and is contrary to familiar concepts of order and systems of measurement. The zigzagging line of the building changes direction unpredictably, as if obeying some stochastic law; or perhaps one may detect a certain resemblance to a seismographic line that oscillates about an imaginary neutral axis. Associative images of a broken Star of David, of a serpent or a derailed train also come to mind. The spaces of this exhibition building are composed as part of a concept of "voids", which Libeskind adapted for his architectural theory and which the French poststructuralist Jacques Derrida has articulated in theoretical texts. The true voids – dead-end spaces and corners that have no clearly defined function – alternate with spaces designated for exhibition purposes. One of the remarkable aspects of this most spectacular and idiosyncratic new structure in Berlin is that it adhered fairly closely to the budget of about DM 120 million allotted by the Senate of that city. In its unreserved modernity, it has added a new model to the typology of the museum that is as unusual as it is exemplary.

Wettbewerb: 1989

Fertigstellung: 1998

Den Menschen wird langsam bewußt, daß Architektur zu tun hat mit Freiheit oder Gefangensein. Architektur spielt keine unschuldige Rolle.
Daniel Libeskind, 1995

1989 gewann Daniel Libeskind gegen große internationale Konkurrenz den Wettbewerb zur Erweiterung des Berlin-Museums. Der Bau wurde zwischen 1991 und 1998 realisiert. In der Ausschreibung war ursprünglich vorgesehen, thematisch das Museum nicht nur auf die jüdische, sondern auf die gesamte Berliner Geschichte zu beziehen. Im Lauf der Planung und der Realisierung autonomisierte sich jedoch der Anspruch der Jüdischen Gemeinde Berlins auf ein eigenes, gleichwohl mit der Geschichte Berlins und Deutschlands vernetztes Museumskonzept. Dieser Konflikt, der während der Bauzeit unter fünf verschiedenen Berliner Senatsregierungen ausgetragen wurde, charakterisiert den Diskussionsfokus um das Gebäude mindestens ebenso nachhaltig wie seine ungewöhnliche, ohne Vorläufer dastehende Gestalt und Architekturauffassung.

Der jüdische Architekt Daniel Libeskind – der in Israel Musik und in New York an der Cooper Union School ab 1965 Architektur studierte, eine Ausbildung, die er durch das Studium der Geschichte und Theorie der Architektur an der Universität in Essex, England, ergänzte sowie durch eine systematische Beschäftigung mit Malerei und Mathematik, danach an Universitäten in allen Erdteilen selbst unterrichtete und von 1978 bis 1985 Dekan des Fachbereichs Architektur der Cranbrook Academy of Arts in Michigan war – hat das 15 000 Quadratmeter umfassende Berliner Ensemble, seinen ersten großen eigenständigen Bau, in Form eines unregelmäßig zuckenden Blitzes entworfen. Alles an dieser Figuration wirkt fremd und widerspricht vertrauten Ordnungsvorstellungen und Maßsystemen. Wie ein zufällig nach den Regeln der Stochastik entwickelter Mäander ändert der Gebäudekörper unregelmäßig seine Richtung. Dieses Zickzackband erscheint wie eine seismographische Linie, die nach beiden Seiten einer imaginären Geraden ausschlägt. Die Assoziationen eines zerbrochenen Davidsterns, einer Schlange oder eines entgleisten Zuges haben sich im Lauf der bisherigen, ebenso durch zahlreiche Artikel in Fachzeitschriften und Magazinen wie durch Ausstellungen transportierten Rezeption, die zunächst nur auf Pläne und Modelle beschränkt war, fast zwangsläufig eingestellt, vor allem dann, wenn man die Geschichte der Juden und des Judentums im 20. Jahrhundert, besonders in Deutschland, vor Augen hat.

Diese emblematische Strategie ist in der ikonographischen Entwicklung des Architekten und seinem vorrangig an Modellen entstandenen, unendlich kombinierbaren Vokabular bereits angelegt, ob in den wie musikalische Notationen wirkenden Blättern der ›Mikromegas‹-Serie (1980), seinen ›Drei Lektionen in Architektur‹ auf der 3. internationalen Architekturbiennale in Venedig (1985) in Form einer ›Lesemaschine‹, einer ›Gedächtnismaschine‹ und einer ›Schreibmaschine‹, ob in der alle Räume durchschießenden Ausstellungsinstallation ›Line of Fire‹ im Genfer Centre d'art contemporain (1988) oder in seinen städtebaulichen Modellen für den Potsdamer Platz, den Alexanderplatz sowie dem Projekt ›Über den Linden‹ (alle frühe neunziger Jahre).

Immer beschäftigt sich Libeskind mit dem Verhältnis von Imagination und architektonischem Raum. So lautete übrigens auch der Titel seiner Diplomarbeit an der Cooper Union School.

Der Entwurf für das Jüdische Museum in Berlin aber, gewissermaßen die dreidimensionale, pragmatische und funktional auf den Prüfstand stehende Nagelprobe dieser bisher nur in Zeichnungen und Modellen umgesetzten Architekturauffassung, besticht vor allem durch die bauästhetische Konsequenz der Raumabfolgen, die der Architekt gefunden hat. Die einzelnen Geschoßgrundrisse des Gebäudes zeigen, daß über die Figur des unregelmäßigen Blitzes eben jene ›imaginäre Gerade‹ als rektanguläre Parallelstruktur gelegt ist, die in den konkreten Raumfolgen die ohnehin vorhandene Überraschungs-Dramatik ein weiteres Mal intensiviert. Libeskind selbst nannte seinen Entwurf ›Zwischen den Linien‹, »weil es sich für mich dabei um zwei Linien, zwei Strömungen von Gedanken, Organisation und Beziehungen handelt. Die eine Linie ist gerade, aber in viele Fragmente zersplittert, die andere Linie windet sich, setzt sich jedoch unendlich fort.« Damit aber decken diese beiden Linien eine Leere auf, die, so der Architekt, »in immer wieder unterbrochener Folge dieses Museum wie auch die Architektur als Ganzes durchzieht«. Darüber hinaus wirken diese beiden Linien in ihrer Kombination als Überlagerungen, gewissermaßen wie krypto-archäologische Notationen, die die verschiedenen chronologischen Phasen der jüdischen Geschichte und ihrer Artefakte als sich überschneidende, überlap-

Gesamtansicht
Full view

pende, im Sinne des Wortes dialektische Zustände imaginieren. Dieser visuelle Eindruck unterbrochener, gesprengter Stetigkeit, das abrupte Abbrechen, Wiederaufnehmen und Fortsetzen findet seine Entsprechung in den Fassadenkonfigurationen. Von außen sind die Fassaden mit Zinkblech verkleidet, welches zunächst zu magischen Spiegeleffekten führt und im Lauf der Zeit einen weichen, blaugrau-stumpfen Farbton annehmen wird wie die Fenster des anschließenden Altbaus, des existierenden Berlin-Museums. Schmale, diagonale Fensterschlitze sorgen für eine dramatische Lichtführung, die, so Libeskind, »Hoffnung in das Museum tragen«. Die rechtwinkligen Fensterunterteilungen, die an einigen Stellen auftreten, wirken hier wie die ruinösen Reste einer gewissermaßen von der Architekturgeschichte überrollten und obsolet gewordenen vulgärfunktionalistischen Bauweise.

In seinem längsten Schenkel wird der viergeschossige Bau, dessen Außenwände ursprünglich ebenso fragmentarisch wie die Grundrißdisposition schräg aus dem Lot geneigt sein sollten, durch eine überlängte, schmale Haupttreppe erschlossen. In ihrem hohen Luftraum durchstoßen schwere Betonbalken die Wände in allen Richtungen und symbolisieren damit bedrohliche Verunsicherung, die Brüche, Aggressivitäten und Zerstörungen jüdischer Historie.

Die Ausstellungsräume sind unter dem von Libeskind für die Architekturtheorie adaptiertem Begriff ›voids‹ komponiert, den der französische Poststrukturalist Jacques Derrida texttheoretisch entwickelt hat: Leerräume, tote Ecken und Winkel, die keine definierte Funktion haben, wechseln sich ab mit ausstellungsthematisch bespielten Räumen. In manche dieser ›voids‹ kann man nur hineinsehen, sie nicht betreten: Die mehrfach gebrochene Längsachse setzt sich aus einer Folge von vier schmalen, schachtartigen und sich über alle Geschosse erstreckenden Räume zusammen. Diese weder geheizten noch klimatisierten Räume stehen »symbolisch nicht nur für die Anwesenheit, sondern auch für die Abwesenheit« (Libeskind): Räume zum Meditieren, zum Nachdenken, zum auch körperlichen Erlebnis von Kühle und Härte. Und diese Leere verweist auch ganz konkret auf den Verlust an Menschen, an Gedanken und Ideen, den Berlin mit seiner ehemals weitaus größten jüdischen Gemeinde Deutschlands durch den Holocaust erlitten hat. Für Libeskind ist in seinem Entwurf der Holocaust »in Gedächtnis, Raum und Licht eingeprägt« und er ergänzt: »Der Erweiterungsbau, mit dem barocken Altbau unterirdisch verbunden, eröffnet dem Besucher im Untergeschoß verschiedene Wege. Eine Achse führt in eine Sackgasse, zum Holocaust-Turm, eine zweite Achse zum E.T.A.-Hoffmann-Garten. Dieser präsentiert das Exil, die Emigration von Berlinerinnen und Berlinern. Die dritte und längste Achse führt zu den jüdischen Sammlungen durch die Jahrhunderte bis in die Zukunft hinein." Mit diesem 22 Meter hohen Leerraum, der sich durch das gesamte Gebäude hindurchzieht, sei das repräsentiert, »was nicht mehr sichtbar ist, weil es zu Asche geworden ist«.

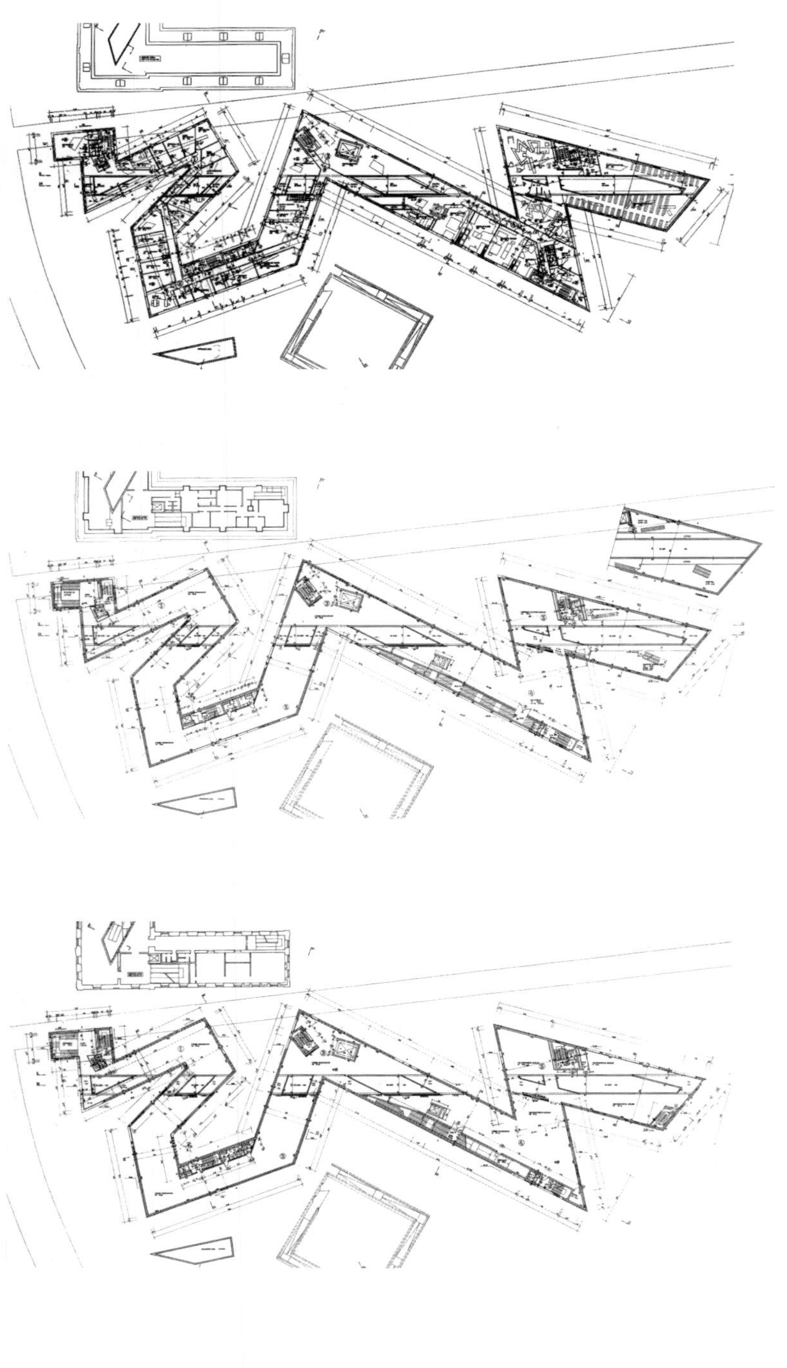

Im größten Außenwinkel der Anlage hat der Architekt eben jenen bereits erwähnten quadratischen Garten konstruiert, den er auch ›Garten des Exils‹ nennt. Er ist auf einer Schräge angelegt und vermittelt schon deshalb eine sowohl psychische wie physische Desorientierung. Dieser einzig rationale, um nicht zu sagen rationalistische Raum des Museums ist mit 48 plus einer weiteren Säule bestückt: 1948 wurde der Staat Israel gegründet, die weitere Säule stehe für das ›Neue Berlin‹. So ergibt sich ein Quadrat von sieben mal sieben Stelen, auf denen jeweils Weideneichen angepflanzt werden, die in absehbarer Zeit zu einem geschlossenen Laubdach zusammenwachsen sollen. Die Besucher können (sollen?) die Wechselausstellungen durch diesen ›Garten des Exils‹, also durch die Perspektive der Emigranten, betreten.

Aber als ein in den bildenden Künsten und der Philosophie der Gegenwart bewanderter Architekt hat Libeskind, jener »Metaphysiker unter den Architekten«, sich durchaus auch von anderen Quellen inspirieren lassen, etwa von der Oper *Moses und Aron* von Arnold Schönberg, die in Berlin begonnen, aber nicht vollendet wurde. Sie diente ihm »als grundlegende Form und Figur für den Entwurf eines Projektes, das die Architektur mit Fragen verbindet, die jetzt bedeutsam sind für das Menschliche überhaupt«. Ebenso wurde für Libeskind Walter Benjamins Buch *Einbahnstraße* wichtig, weil die Zickzackform seines Gebäudes »jede der sechzig Stationen des Sterns, die Benjamin beschreibt« als Grundlage in einem der sechzig Abschnitte des Gebäudes umsetzt. Auch die Texttheorien Jacques Derridas spielen, wie gesagt, in seinen Entwürfen eine große Rolle. Die Sprachzertrümmerung, das ›In-Between‹, das Verdichten in Abwechslung mit offenen Zonen, die rhythmischen Setzungen, die Derrida in sei-

Grundrisse 3. Obergeschoß bis Kellergeschoß
Third-floor plan to basement-floor plan

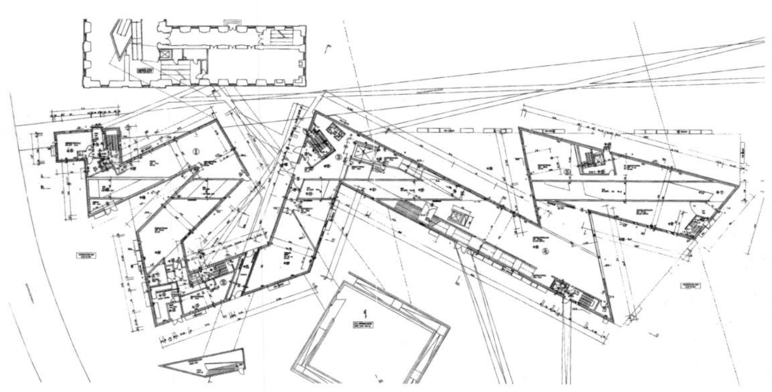

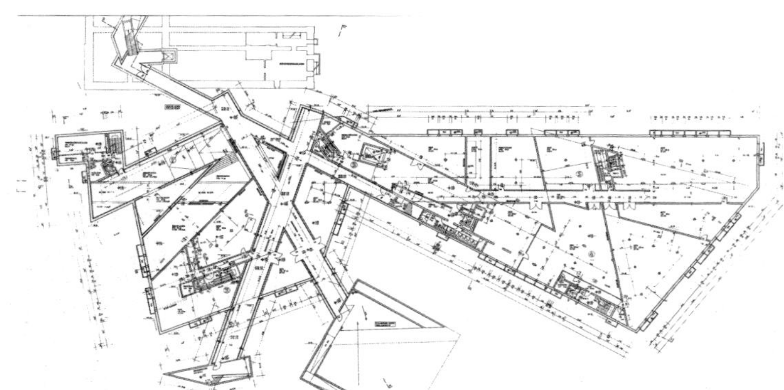

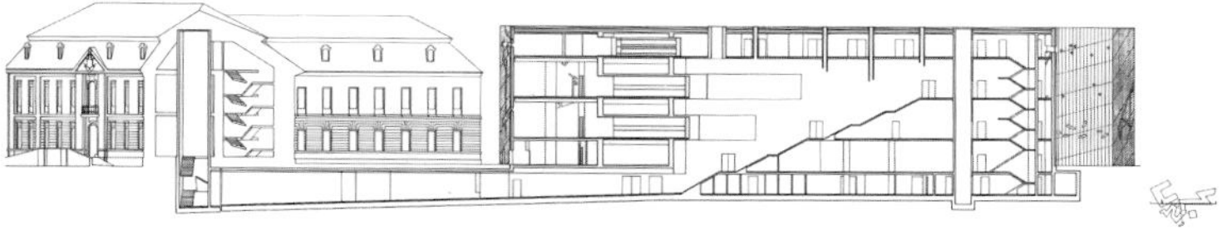

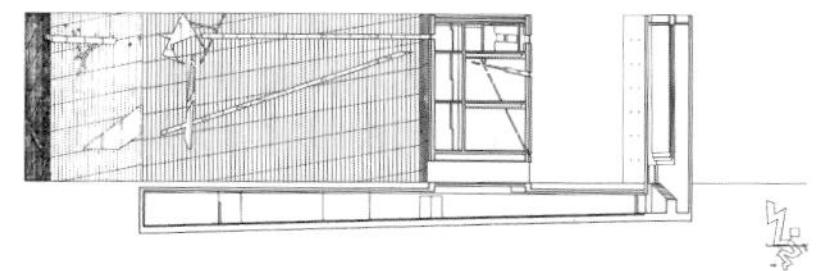

Längsschnitt
Longitudinal section

Querschnitt
Section

nen Textanalysen beschreibt, versucht Libeskind kongenial in Architektur umzusetzen. Und in Anlehnung an Piranesi hat Libeskind einmal formuliert, daß »die Architektur nicht als Mittel zu einem ihr äußerlichen Zwecke zu begreifen sei, sondern ihre Wahrheit darin bestehe, daß sie weit mehr mit der Stimme des Geistes« verwandt ist, als daß sie Mittel der Lust und der Nützlichkeit wäre.

Dieser spektakulärste und eigenwilligste Neubau Berlins, der – durchaus eher ungewöhnlich - ziemlich genau mit dem vorgegebenen Budget des Berliner Senats, etwa 120 Millionen DM, auskam, hat der Baugattung Museum insgesamt in seiner unbedingten Zeitgenossenschaft ein ebenso ungewöhnliches wie vorbildliches Beispiel hinzugefügt, welches ihn in eine Reihe mit Frank Lloyd Wrights Guggenheim Museum in New York, Frank O. Gehrys Guggenheim Museum in Bilbao und Richard Meiers Getty Akropolis in Los Angeles stellt. In seiner sowohl präzisen wie schwebenden Symbolik ist er darüber hinaus eine ideale Thematisierung der in ihm auszustellenden Inhalte, auch wenn die vor kurzem erhobene Forderung, diesen Bau, weil man sich aufgrund immer noch divergierender Meinungsbildungen zum geplanten Holocaust-Denkmal in Berlin nicht geeinigt hat, schlicht selbst zu diesem Denkmal zu erklären, das Gebäude dann wohl doch überfordern würde. Dafür ist es weder geplant noch geeignet. Man kann nur wünschen, daß der intellektuelle Anspruch, für den der Bau selbst steht, auch in den Ausstellungen durchgehalten wird. Das bisherige politische Gerangel um dieses Gebäude, die kleingeistigen Kompetenz-Zuweisungen, -Abschreibungen und -Infragestellungen der verschiedenen Interessengruppen, die mit diesem Museum beschäftigt sind, entsprechen jedenfalls in keiner Weise dem architektonischen Geniestreich, den der Bau zweifelsohne verkörpert. Aber dies mag der Preis dafür sein, wenn aus den (architektur-)theoretischen Labyrinthen des Denkens die pragmatischen Labyrinthe konkreter Kulturpolitik werden.

Volker Fischer

Neubau und Altbau
New and old buildings

E.T.A.-Hoffmann-Garten, ›Garten des Exils‹
E.T.A. Hoffmann Garden

Paul-Celan-Hof
Paul Celan courtyard

Nordostfassade
Northeast facade

Leerraum, ›voids‹
Void space

Haupttreppe
Main stairway

Photos: Bitter Bredt Fotografie

Brücke, Berlin-Spandau

1997

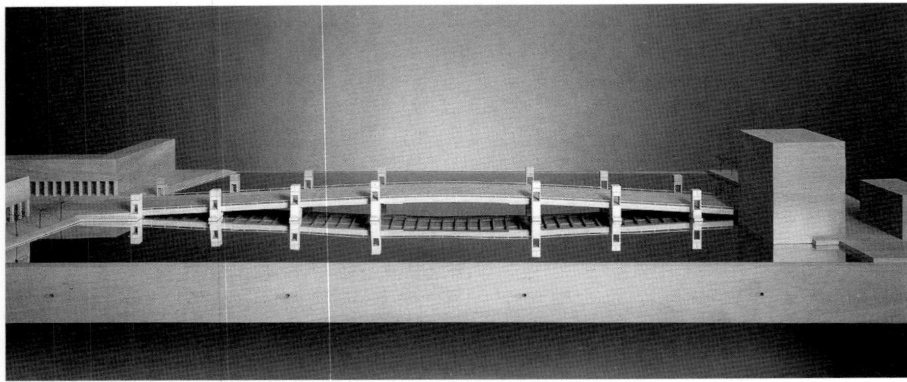

Modell
Model

Havel Bridge, Berlin-Spandau

The bridge over the Havel by Walter Arno Noebel was the winning design in a competition held by the Berlin Senate for the construction of a city bridge. Its distinctive structure clearly formulates its place and function. A series of tower-like piers rise above the bridge, lending it the air of a closed wall when seen from the street, and reiterating the dimensions of the nearby street arcades. From the bridge itself, on the other hand, there is a sense of space, and of opening out towards the riverscape.

The piers bundle most of the functions of the bridge. They support the roadway, integrate the crash barriers, incorporate outlook areas in the pedestrian walkway and also house the lighting facilities. The main function of the bridge is provided by a steel structure of two hollow beams with radial girders placed like an abstract band between the pillars. Its curve is not a structural feature, but a functional requirement for shipping. As the steel beam load varies

Daß Brücken durchaus zu den Aufgaben eines Architekten im 20. Jahrhundert zählen, dafür stehen allein schon Otto Wagners Ferdinandsbrücke in Wien (1905) und Hendrik Petrus Berlages Amstelbrücke in Amsterdam-Süd (1926). Für eine Havelbrücke in der neuen Wasserstadt Spandau schrieb der Berliner Senat 1993 einen Wettbewerb aus, dessen Gewinner Walter Arno Noebel seinen Entwurf nun ohne einschneidende Änderungen zur Ausführung bringen konnte. Wie schon bei den erwähnten Bauten ging es auch hier um eine Brücke in einem Stadterweiterungsgebiet. Um dafür einen urbanen Charakter zu erzielen, richtete Noebel sein Augenmerk auf die räumliche Formulierung des Bauwerks: Die von turmartigen Pfeilern flankierte Fahrbahn bildet einen spezifischen Brückenraum, der nichts geringeres darstellt als die Fortsetzung des anliegenden Straßenraums mit anderen Mitteln.

Was lag auch näher, als das einst prägende Thema künstlerischen Brückenbaus in Berlin aufzunehmen: den gefaßten Brückenraum, wie er auf den Brücken mit den Spittelkolonnaden (1776) und den Königskolonnaden (1777) von Karl von Gontard sowie den Mohrenkolonnaden (1787) von Carl Gotthard Langhans ausgebildet worden war. War mit diesen Bauten im 18. Jahrhundert die Stadt mit einem geschlossenen Brückenraum gegen den Fluß abgeriegelt worden, so kehrten sich im 19. Jahrhundert die Bestrebungen um: Die Stadt öffnete sich mit ihren Brücken zum Flußraum, am schönsten wohl bei Karl Friedrich Schinkels Schloßbrücke (1819) mit ihren Figurenpostamenten, die den nun offenen Brückenraum begleiten.

Diese beiden Gestaltungsweisen – Historiker würden sagen: Traditionen – nimmt Noebels Entwurf auf und verbindet sie wirkungsvoll. Aus der Flucht der Straße gesehen, bilden seine Pfeiler nahezu massive Wände, welche die Dimensionen der Straßenarkaden fortführen; auf der Brücke angelangt, öffnet sich der Raum jedoch in rhythmischen Abständen zur weitläufigen, spröden Havellandschaft, ja selbst die Pfeiler werden zu luftigen Pavillons, die man ihrerseits wieder durchschreiten kann, um zu kleinen Aussichtsterrassen außerhalb des eigentlichen Brückenraums zu gelangen.

In diesen Pfeilern bündeln sich nahezu alle Funktionen der Brücke: Sie sind die tragenden Elemente, sie integrieren in Stärke und Form den Aufprallschutz gegen kollidierende Kähne, sie sind Terrassen, begrenzen den Brückenraum und werden zuletzt noch Beleuchtungskörper: Filigrane Stahlaufsätze formen Glaskörper, aus denen das Licht mit Hilfe gerichteter Spiegel auf die Brücke gelenkt wird, die so des Nachts als Lichtraum erstrahlt.

Nahezu alle Funktionen übernehmen die Pfeiler, bis auf die wesentliche: die Verbindung der Ufer. Diese wird durch eine Stahlkonstruktion aus zwei Kastenelementen mit Querträgern erfüllt, die sich wie ein abstraktes Band zwischen die Pylone legt. Ihre Form ist gänzlich unabhängig von der Stützfunktion der Pfeiler, ihre Wölbung wird allein von der notwendigen Durchfahrtshöhe für die Havelkähne bestimmt. So bilden die Pylone auch keine statisch notwendigen Gegengewichte zum Bogen wie so eindrücklich beim Pont Alexandre III in Paris (1900) von Louis-Jean Résal, sondern sind klassische Stützpfeiler wie beispielsweise beim eleganten Pont de la Loire bei Blois (1716) von Jacques V. Gabriel oder der wohlproportionierten Richmond Bridge bei London (1777) von James Paine.

Freilich mit dem Unterschied, daß sie keine Bögen stützen und trotz ihrer gleichen Erscheinung keine gleichartige Tragfunktion übernehmen: Das

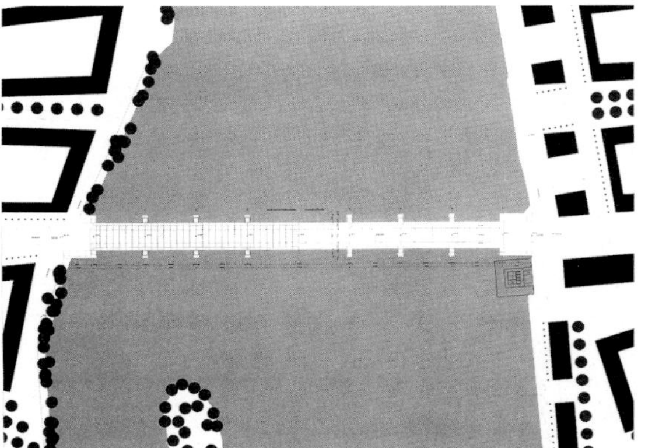

Lageplan
Site plan

Gesamtansicht
Full view

gebogene Stahlband lastet wegen der doppelt so großen Mittelöffnung in unterschiedlicher Weise auf den Pfeilern, was durch riesige Stützfedern ausgeglichen wird. Der gleichmäßigen Erscheinung der Brücke, die scheinbar so einleuchtend die Wirkungen der Schwerkraft durch massive Pfeiler und eine schwebende Fahrbahn verbildlicht, entspricht die Konstruktion somit durchaus nicht.

Neben der räumlichen Wirkung hat der Architekt seine Sorge vor allem auf die qualitätvollen Materialien und deren entsprechende Verwendung gerichtet. Ein Mauerwerk aus rauhem Oldenburger Torfbrandklinker mit belassenen Fehlbränden verkleidet die Betonpfeiler, deren horizontale Flächen mit gestockten massiven Granitplatten im Mörtelbett abgedeckt sind. Das Ganze ist nicht nur in seinen Abmessungen exakt konzipiert und Lage für Lage vorgezeichnet, sondern auch sauber ausgeführt. Es verbindet sich so zu einem soliden Verband, der mit seiner ungeglätteten Oberfläche wie selbstverständlich zum herben Charakter der Landschaft paßt. Die Stahlteile sind im bewährten Kölner Brückengrün gestrichen, das ihnen das übermäßig Lastende nimmt, ohne ihr Eigengewicht zu verleugnen. Auf den Gehwegen liegen exakt vermessene Granitplatten, die auf Berliner Bürgersteigen keine Unbekannten sind. Und am stählernen Geländer schmeichelt ein warmer Lauf aus robustem Tropenholz der Hand.

Diese sorgsame Ausführung in Verbindung mit einem klaren Entwurf zeichnet auch Noebels Bürogebäude der Ausländerbehörde beim Berliner Nordhafen aus, das in seiner verständlichen Kubatur mit der Gelassenheit eines ruhenden Tieres dazuliegen scheint, und bei dem die massiv gemauerte Steinfassade einem das Vertrauen in die Erscheinungsweise von Architektur zurückgibt; ein Vertrauen, das nicht zuletzt durch all die Fassadenvorhangsspielchen des bisweilen hybriden und geschmacklosen Architekturspektakels der Berliner Innenstadt durchaus angeschlagen ist. So bleibt nur zu hoffen, daß der Senat seine einst klare Linie einer Politik des einfachen und soliden Bauens fortsetzen wird, und daß wiederum eine ihrer ersten Früchte, Noebels Spandauer Brücke, mit ihren Qualitäten auch auf die umliegenden Bauten der geplanten Wasserstadt eine Wirkung haben wird.

Für die Werke Noebels aber, deren Materialität und Körperlichkeit noch allzu stark von Abstraktion und geometrisch reiner Kubik konterkariert werden, würden wir uns gerne etwas Geschmeidigkeit wünschen: Um nach der Wiedergewinnung von Massivität und Geschlossenheit als architektonischen Werten noch einen Schritt weiter zu gehen auf dem Wege von einer konzeptionellen und abstrakten zu einer, nennen wir sie einmal so: realistischen und konkreten Architektur.

Wolfgang Sonne

from pier to pier, this has to be compensated by an invisible elastic support structure. What looks like a combination of heavy-duty piers and light roadway is actually deceptive and does not necessarily reflect the true load distribution.

The carefully chosen materials, brick and solid granite, the painstaking craftsmanship and the precision of the design make this bridge a benchmark of architectural quality in Spandau and indeed in the whole of Berlin. Nevertheless, this massive structure has a solid and closed look that might benefit from a more smooth and fluid touch.

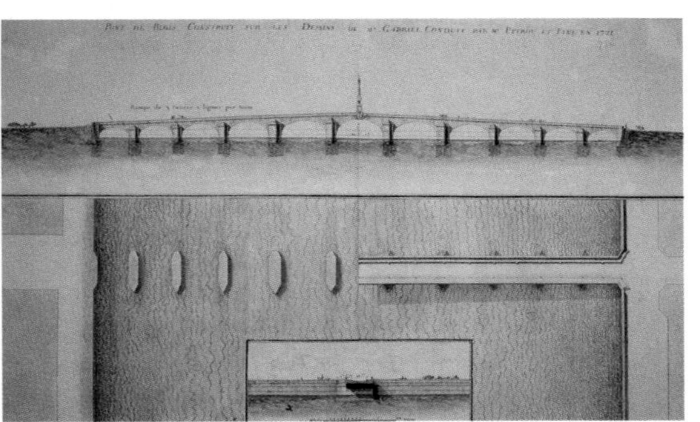

Jacques V. Gabriel, Pont de la Loire bei Blois (1716)
Jacques V. Gabriel, Pont de la Loire near Blois (1716)

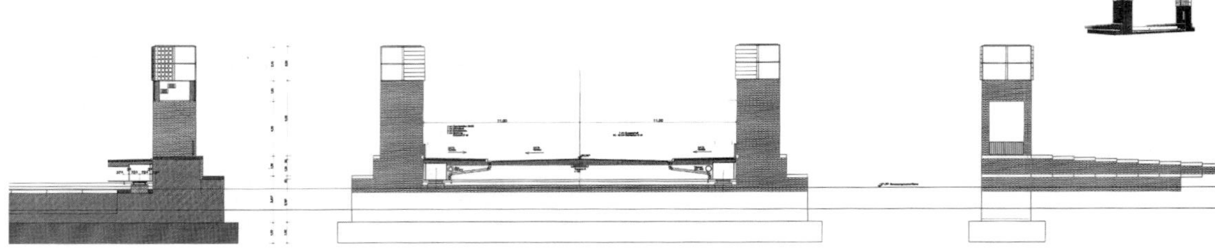

Die Brücke bei unterschiedlichen Lichtsituationen
Bridge seen in different light conditions

Pfeiler 1
Schnitt in Pfeiler-Achse, Querschnitt, Ansicht vom Wasser
Pier 1
Section through pier axis; cross-section; outer elevation seen from water

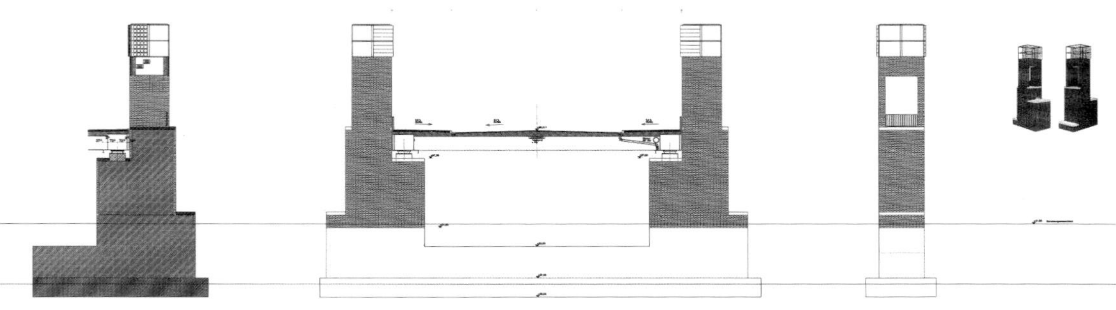

Pfeiler 4
Schnitt in Pfeiler-Achse, Querschnitt, Ansicht vom Wasser
Pier 4
Section through pier axis; cross-section; outer elevation seen from water

Pfeiler beim Bau
Pier under construction

Brückenauffahrt
Bridge approach

Pfeiler. Detail. Mauerwerk aus Torfbrandklinker und Abdeckung mit Granitplatten
Detail of pier showing peat klinker brick masonry and granite slab cladding

Pfeiler
Pier

Photos: Stefan Müller

Laurids Ortner,
Manfred Ortner

Landeszentralbank, Potsdam

Projektleitung Olaf Laustroer (bis September 1993), Martin Starmanns

Mitarbeit Martin Albers, Astrid Becker, Jutta Bühler, Thomas Emmrich, Benno Gärtner, Carlos M. Gonzales, Christina Gresser, Christian Kaldewei, Anna Koch, Roberto Martinez, Kalle Ohler, Sybille Reuter, Beatrix Schulze, Rolf Thebrath, Stephanie von Deuster

Fertigstellung: 1997

Landeszentralbank, Potsdam

A justified interest in conserving traces of the past can easily degenerate into a misguided sense of respect, as evidenced in many parts of Potsdam, where town houses, from the decorative whimsicality of late postmodernism to the forbidding stringency of Prussian sobriety, came to be regarded as an architectonic panacea capable of healing all the wounds in the urban fabric. Yet it is possible to make a confident architectural statement without recourse to historicising camouflage, as Manfred and Laurids Ortner have clearly shown in their new Landeszentralbank building for this Berlin suburb. Admittedly, in terms of scale and dimension, their sprawling block does break the mould of the surrounding neoclassicist and turn-of-the-century villas, yet it is set back from the quiet Helmholtzstrasse, remains aloof from the neighbouring buildings and develops into the further recesses of its own site.

There is very little passing custom here, for the building is primarily a treasury for funds and securities. A three-storey treasury, almost cubic, giving no indication of its interior floor plan, forms the core of the building. Around it, on different levels, various administrative and service areas are grouped. The clearly cuboid form is deter-

Et in Arcadia ego
Geldschrein in der Vorstadt – die Landeszentralbank in Potsdam

Von Zerstörungen im Zweiten Weltkrieg ist Potsdam ebensowenig verschont geblieben wie von Flächenabrissen zu DDR-Zeiten. Dennoch ist das Bild der brandenburgischen Landeshauptstadt auch heute noch zu weiten Teilen von der Bausubstanz des 18. und 19. Jahrhunderts bestimmt. Daß der unaufhaltsame Verfall gestoppt werden konnte und Sanierungen begonnen haben, ist sicher ein Erfolg der Nachwendeära; noch immer aber flankieren zu Ruinen verkommene Barockgebäude manche Straßen der Innenstadt.

Wie in anderen Städten der neuen Bundesländer hat man nach den Erfahrungen mit zwei totalitären Systemen die – lange Zeit ausgeblendete oder selektiv rezipierte – Vergangenheit wiederentdeckt. Das ist legitim und ökonomisch sinnvoll – denn die Stadt der Parks und Gärten lebt von den Touristen, die zum Leidwesen der ortsansässigen Hotellerie allerdings meist nur für einen Tag aus Berlin anreisen.

Problematisch indes wird es, wenn das berechtigte Interesse am Bewahren des Vergangenen in eine falsche Ehrfurcht umschlägt. Die Last der Tradition erdrückt in Potsdam die Gegenwart, und unter Kritikern macht das Wort vom »Preußen-Disneyland« die Runde. Dabei soll keineswegs dem ›Potsdam-Center‹ das Wort geredet werden, jenem um den neu entstehenden Hauptbahnhof gruppierten, maßstabsprengenden Shopping-Komplex, der beinahe zur Streichung der Potsdamer Parkanlagen aus der UNESCO-Liste des Weltkulturerbes geführt hätte und nun aufgrund einer absprachewidrigen Geschäftsflächenvergrößerung die Einzelhändler der Innenstadt erneut das Fürchten lehrt; vielmehr geht es um einen Bautypus, der mit der vorhandenen Substanz als vorgeblich verträglich erachtet wird und bei den Verantwortlichen offenkundig auf größte Akzeptanz stößt: die Stadtvilla. Als verspätete Abkömmlinge der Postmoderne, mal verspielt-dekorativ, dann wieder preußisch-karg, avancierten Stadtvillen in den letzten Jahren zum architektonischen Universalheilmittel, wenn es in Potsdam galt, Verwundungen des Stadtorganismusses zu heilen oder Brachen zu bebauen. Besonders durchsetzen konnte sich dieser Typus in der nordöstlich des Zentrums gelegenen Berliner Vorstadt, der durch die Havel im Osten, den Heiligen See im Westen und den Jungfernsee im Norden beinahe inselartigen Charakter erhält. Derweil die als historische Vorbilder reklamierten Turmvillen von Persius nahe dem Ufer des Jungfernsees verfallen, haben verschiedene Investorengruppen jenseits der Berliner Straße die Halbinsel Glienicker Horn mit einer Massierung luxuriöser Stadtvillen bebaut und damit die durch Blickachsen vernetzte Potsdamer Parklandschaft um einen wichtigen Fixpunkt beraubt. Ein repräsentativer, ›Arkadien‹ titulierter Wohnpark von Charles Moore erhebt sich nun dort, wo einst eine dünnbesiedelte, wahrhaft arkadische Auenlandschaft ein optisches Pendant zum Park Babelsberg vis-à-vis bildete.

Daß es auch möglich ist, ohne historisierende Camouflage in der Berliner Vorstadt selbstbewußt architektonisch Stellung zu beziehen, haben Manfred und Laurids Ortner mit dem Neubau der Landeszentralbank bewiesen. Gewiß, der erratische Block mag die Maßstäblichkeit der vornehmlich durch klassizistische und gründerzeitliche Villen bestimmten Umgebung sprengen, doch ist er von der ruhigen Helmholtzstraße zurückgesetzt, wahrt Abstand zu den umliegenden Bauten und entwickelt sich überdies in die Tiefe des Grundstücks.

Eine Bank erwartet man in diesem gediegenen parkartigen Ambiente, das trotz jahrzehntelanger Vernachlässigung noch von einstiger Noblesse zeugt, eigentlich kaum; es ist aber nicht nur der Tod, der – wie auf den Gemälden Poussins – sein

Lageplan
Site plan

Recht einklagt; auch Geld und Gold haben in Arkadien Einzug gehalten.

Publikumsverkehr findet in einer Landeszentralbank nur in bescheidenem Umfang statt. Ab und an rollt ein Geldtransporter heran, verschwindet in einem rückwärtigen Tor des geheimnisvollen Baus und verläßt das Areal nach geraumer Zeit ebenso schnell, wie er gekommen ist. Was genau sich im Inneren abspielt, weiß man nicht, denn der eigentliche Kern des Gebäudes ist unzugänglich.

Laut Pressemitteilung sind »die Bargeldversorgung, die Abwicklung des bargeldlosen Zahlungsverkehrs, das Wechseldiskontgeschäft, der Verkauf von Bundeswertpapieren sowie diverse Aufgaben im Bereich der Bankenaufsicht« die hauptsächlichen Funktionen von Landeszentralbanken, den Länderfilialen der Frankfurter Bundesbank. Mit den Aufgaben einer Publikumsbank hat das alles nichts zu tun – eher handelt es sich um einen großen Geld- und Wertpapierspeicher, ein Schatzhaus. Ein dreigeschossiger, nahezu würfelförmiger Tresor, über dessen Innenleben Grundriß und Schnitte keinerlei Auskunft gegeben wird, bildet den Kern des Baukörpers. Um ihn herum sind auf mehreren Ebenen diverse Bearbeitungs-, Verwaltungs- und Servicebereiche angeordnet: Die ›Großkundenhalle‹ für den Geldverkehr der Geschäftsbanken und die ›Eigengeldhalle‹ für bundesbankinterne Transaktionen im Erdgeschoß, Großkundenbereiche sowie Geldprüfungs- und Sortieranlagen im ersten Obergeschoß, Direktionsräume, Büros und ein Beratungsbereich im zweiten Obergeschoß. Den oberen Abschluß bildet eine pavillonähnliche, von einem Dachgarten umgebene Cafeteria oberhalb des Tresors.

Die klare Kubatur des Gebäudes ist durch das präzise stereometrische Volumen des Tresors in seiner Mitte bestimmt – die Hülle verweist auf den Kern. Rötlicher Granit, der die Fronten seitlich und rückwärtig verkleidet, sucht die Blockhaftigkeit noch zu steigern. Teils geflammt, teils poliert lassen die in zwei unterschiedlichen Formaten zugeschnittenen Platten die Fassaden wie ein Tarnanzug erscheinen, der sogar die durch Fensterbänder unverkennbare Stockwerkseinteilung tendenziell überspielt. Je nach Lichtsituation wirken die Wände mit ihrem unregelmäßigen Muster mal flirrend und dynamisch, mal lastend und statisch – wer will, mag sich an gestapelte Barren erinnert fühlen.

Der zur Helmholtzstraße hin orientierte gläserne Vorbau setzt als vorgelagerte Raumschicht die hermetische Kubatur des Volumens fort; an Stelle der aleatorisch gereihten und geschichteten Granitplatten tritt ein strenges Raster aus Glastafeln im Querformat. Die Stärke der Verglasung wirkt einer Transparenz entgegen und läßt den Eindruck kristalliner Kälte entstehen, der lediglich durch die ironisierte Pathosformel des grellroten Vestibüls relativiert wird. Leere empfängt den Besucher, wenn er in die Halle tritt und vor der steinplattenverkleideten eigentlichen Front des Gebäudes steht. Wie surreale Kulissen auf einer verlassenen Bühne stehen die Elemente der vertikalen Erschließung im Raum: die stumme Stele eines holzverkleideten Aufzugsschachts, der sich von der Halle aus als unzugänglich erweist; eine mehrfach geknickte Treppe, die durch eine käfigartige goldene Gitterstruktur zu den oberen Geschossen hinaufführt; schließlich der schmale Turm eines Besucherlifts. Die theatralische Inszenierung barock-wienerischer Provenienz setzt sich in den Servicebereichen im ersten und zweiten Obergeschoß fort. Über Abschnitten von Ellipsen sind die Grundrisse der rot gestrichenen Beratungszonen konstruiert, als handele es sich um aus dem Block herausgeschnittene Höhlungen. Derartige blasenähnliche Raumbildungen sind von den Architekten favorisierte Motive und wirken wie Reminiszenzen an die gemeinsame Zeit von Haus-Rucker-Co.

Bedauerlich ist, daß die dem Tresorblock vorgelagerte, von Ortner & Ortner als ›Vitrine‹ verstandene Eingangshalle nur des nachts unter Scheinwerferlicht ihr Inneres preisgibt, wenn die rätselhaften Einbauten magisch zu leuchten beginnen.

Die Zeiten, da der Direktor der Landeszentralbank eine Wohnung über dem Tresor auf dem Dach beziehen mußte, sind vorbei. Aber auch heute noch gehört die Unterbringung von Chef und leitenden Mitarbeitern zum festen Bauprogramm. Dem Straßenverlauf folgend, haben die

Luftbild
Aerial view

mined by the precise stereometric volume of the treasury at the centre – the shell refers to the core. Reddish granite facing clads the side and rear facades, further emphasising the block-like character of the building. The granite panels, some flame-treated, others polished, seem like a camouflage that even undermines the otherwise obvious floor structure marked by ribbon windows.

The glass fore-building facing Helmoholtzstrasse acts as a continuation of the hermetically cubic volume. Instead of the aleatory sequence of the granite slabs, it has a stringent grid of horizontal glass panels. The thickness of the glass counters its transparency, creating an impression of crystalline coolness that is tempered only by the tongue-in-cheek pathos of the lurid red vestibule. The visitor entering the foyer and standing in front of the stone-clad facade of the building is greeted by a sense of emptiness. The vertical lines of the access facilities seem like the surreal backdrop of a deserted stage: the silent stela of a wood-clad elevator shaft that cannot be entered from the foyer, a stairway that wends its way through a cage-like golden grid to the upper floors and finally the slender tower of the visitors' lift. There is something baroquely Viennese about this theatrical mise-en-scène that continues in the service areas on the first and second floors.

Unfortunately, the entrance hall fronting the treasury and designed by Ortner & Ortner as a "glass showcase" only gives a glimpse of the interior at night when the enigmatic inner structures are magically lit.

Architekten drei Wohngebäude errichtet, die durch einen gemeinsamen Terrassensockel verbunden sind und aus jeweils zwei gegeneinander verschobenen Bauteilen bestehen. Dreigeschossige, rötlich verputzte Lochfassaden wenden sich zur Straße, die gelblich gefaßte Gartenseite mit ihren gerüsthaft ausgebildeten Balkonen hingegen ist großzügig verglast. Hinzu tritt weißes Stabwerk, das an minimalistische Plastiken erinnert und mal als Eingangsbaldachin, mal als Abbreviatur einer Pergola und schließlich auf dem Dach als bekrönendes Belvedere fungiert. Eine Anspielung auf Persius' Turmvillen? Gewiß, aber keinesfalls plump, eher ein wenig ironisch. So geht es eben auch.

Hubertus Adam

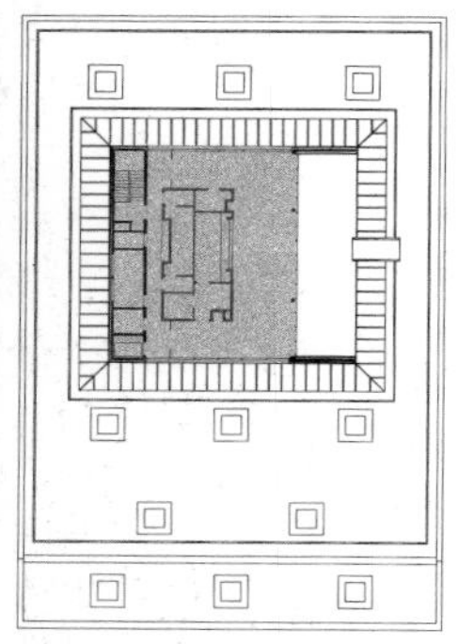

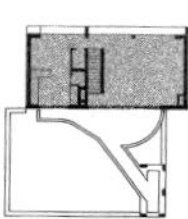
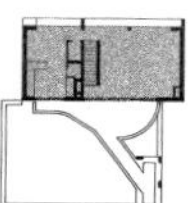

Grundriß Dachgeschoß
Attic-floor plan

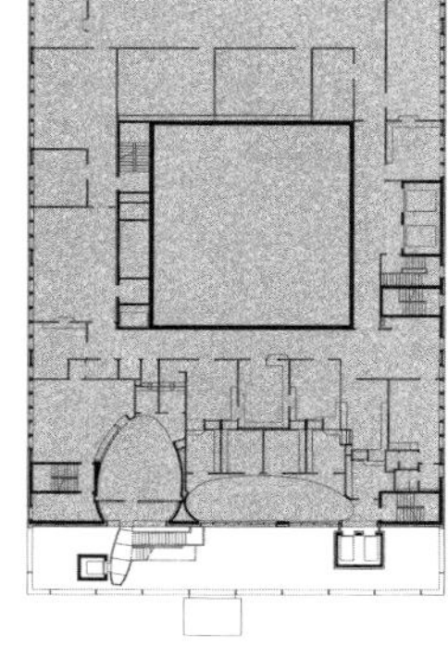

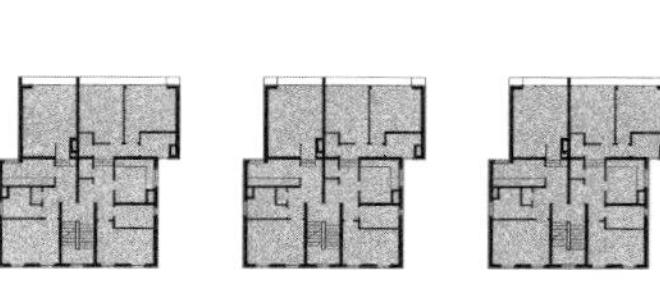

Grundriß 1. Obergeschoß
First-floor plan

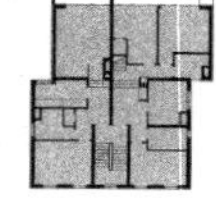
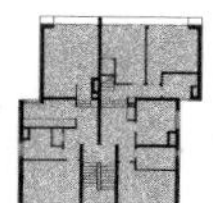
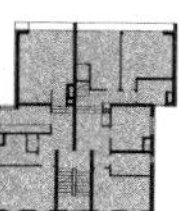

Grundriß 2. Obergeschoß
Second-floor plan

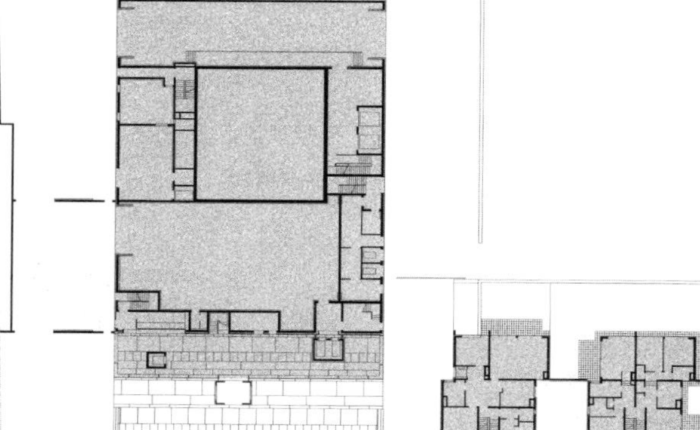

Grundriß Erdgeschoß
Ground-floor plan

Ansicht Hof
Courtyard

Gesamtanlage von der Helmholtzstraße
View from Helmholtzstrasse

Photos: Reinhard Gömer
(wenn nicht anders angegeben)
(unless otherwise specified)

Girobereich
Banking hall
(Photo: Stefan Müller)

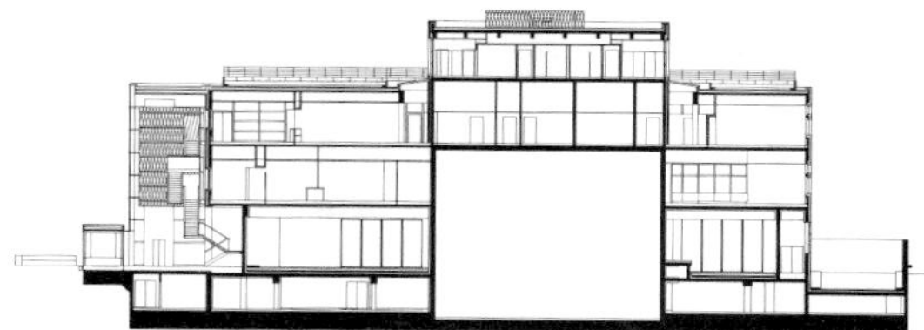

Längsschnitt
Longitudinal section

Bankgebäude von der Helmholtzstraße
Bank building seen from Helmholtzstrasse
(Photo: Stefan Müller)

Burkhard Pahl und
Monika Weber-Pahl

Haus der Leichtathletik, Darmstadt

Mitarbeit Mathias Bühler, Björn Eisenlohr, Stefan Seuß, Dirk Siebel

1995–1996

Athletics Federation Building, Darmstadt

With its light and functional overall structure and elegant proportions, the administrative building of the German Athletics Federation is a superb expression of character. In a park-like setting between scattered athletics facilities, this two-storey steel-skeleton building with its square floor plan has a certain compact autonomy. At the same time, it fits unpretentiously into the gently rolling landscape. A facade made up of various layers of material permits variable sunscreening and adds a sense of lightness and transparency to the building.

The entrance is marked by a simple glass cube. Letterboxes and doorbells are integrated into a stainless steel stela that enhances the entrance area. Inside the building, the offices are arranged around an open foyer that receives daylight from a superimposed pitched roof. The room sizes can be varied by partition walls.

In the foyer, a precariously balanced mobile of a hammer and steel rods reminiscent of hammer-throwing and high-jump events further emphasises the equilibrium and discipline of the architecture.

Mit leichtem, funktionsgerechtem ›Körperbau‹ und eleganten Proportionen bringt der erste eigene Verwaltungsbau des Deutschen Leichtathletik-Verbandes dessen Charakter treffend zum Ausdruck. In einem öffentlichen städtischen Grünraum, umgeben von weiträumig angeordneten großen Sportbauten, ließ die Situation Klarheit und Struktur vermissen. Die Architekten reagierten mit einer präzisen, kompakten Form auf quadratischem Grundriß, die auch als bescheideneres Volumen genügend Ausstrahlungskraft besitzt, um ihr Umfeld zu ordnen. Vom etwas erhöht gelegenen Parkplatz aus ist das über dem Mittelbereich angehobene Pultdach sichtbar, sonst erscheint das Gebäude als flacher Quader. Offen und flexibel konzipiert, wird der zweigeschossige Stahlskelettbau zum selbstverständlichen Teil seiner Umgebung. Sitzstufen, eine Terrasse und das benachbarte Karree aus alten Platanen verankern ihn in der sanft modellierten Landschaft. Die ›Verzahnung‹ der Architektur mit dem Gelände ist an mehreren Stellen zusätzlich durch Steinplatten oder Betonstreifen symbolisiert.

Die Fassade setzt sich aus mehreren Schichten verschiedener Materialien und Oberflächen zusammen, die ein lebendiges Relief erzeugen. Auch hier wird auf die Bestimmung des Gebäudes Bezug genommen: Der Struktur des Leichtathletik-Verbandes entsprechend ordnen sich die Elemente, so die Architekten, »spielerisch, gleich Individuen, in ein regelndes Gefüge«. Die Fassade wird durch schmale Aluminiumprofile in rechteckige Felder gegliedert. Stahlroste, die als Traufabschluß und auf der Südseite als Balkon ausgebildet sind, betonen die Horizontale und stellen die erste Komponente eines Sonnenschutz-Systems dar. Teils verschiebbare, teils feststehende Paneele aus unbehandeltem, silbrig verwittertem Lärchenholz formen die äußerste Schicht. Durch die Linienführung ihrer Lamellen unterstreichen auch sie die ruhige liegende Proportion der Fassaden und verleihen dem Gebäude Leichtigkeit und Transparenz. Sie wechseln ab mit Sonnensegeln aus grauem Stoff. Dahinter umschließt eine Glashaut das gesamte Gebäude. Schiebetüren und Fenster in schwarz eloxierten Aluminiumrahmen sind in die Festverglasung integriert. Im Innern bieten vor den Fenstern waagerecht verschiebbare textile ›screens‹ einen zusätzlichen flexiblen Sonnenfilter. Die mit sicherem Gespür ausgewählten Materialien wirken für sich genommen pur und schlicht; aus ihrer Kombination ergibt sich ein subtiles Zusammenspiel von Farben und Texturen.

Ein Glaskubus an der Westseite markiert den Eingang. Er wird flankiert von drei Fahnenmasten und einer eleganten Stele aus geschliffenem und poliertem Edelstahl, die als Skulptur die Signalwirkung des Zugangsbereiches erhöht und zugleich die Gegensprechanlage, Klingelknöpfe und Briefkästen enthält. Im Innern des Windfangs weisen seitlich im Boden verlegte Leuchtstoffröhren unter begehbaren Glasplatten den Weg ins Gebäude.

Klar und transparent wie die äußere Erscheinung stellt sich auch das Innenleben dar. Über ein Stützenraster von 6,30 Metern spannen sich Stahlbeton-Flachdecken. Die Büros an allen vier Seiten des Gebäudes sind um ein zweigeschossiges Atrium organisiert, auf dem ein über einem umlaufenden Fensterband leicht angehobenes Pultdach sitzt. Die Decke wird von hochkant angebrachten Holzlatten gebildet, die auch unter den Oberlichtern in der Dachfläche durchlaufen, wodurch ein angenehm streifiges Licht in den Raum gefiltert wird – ein Motiv, das an die Holzlamellen der Fassade erinnert. Im Erdgeschoß setzt sich ein Geländesprung durch Stufen ins Innere des Gebäudes fort, so daß die Südseite, wo sich der Versammlungsraum befindet, eine größere Raum-

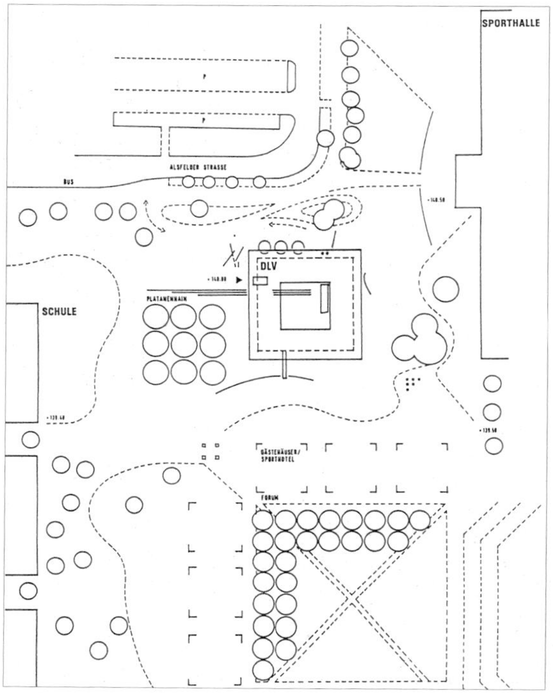

Lageplan
Site plan

höhe erhält. Bei geöffneten Verbindungstüren kann das Atrium bis zur Südfassade hin vergrößert werden, was ein zusätzliches Moment der Durchlässigkeit von innen und außen schafft. Aufzug, Kopier- und Sanitärräume sind in einem gemauerten Quader untergebracht, der mit Ahornholz verkleidet ist und wie ein überdimensionales Möbel im offenen Innenraum steht. Eine Freitreppe davor führt auf eine Galerie, zu der sich der umlaufende Flur auf einer Seite erweitert. Sie fungiert als kommunikatives Zentrum des Gebäudes und als Wartebereich für Besucher. Organisch um die Betonstützen geschwungene Tischchen bieten sich zur gemeinschaftlichen Benutzung an.

Die Büros geben sich unprätentios und sachlich. Ihre Größe kann im Rahmen des Fassadenrasters beliebig verändert werden. Für die ›intelligenten‹ Zwischenwände wurde ein variables Möbelbausystem entwickelt, das die ein- oder doppelseitige Nutzung als Schrank oder Regal erlaubt. Die Trennwände entlang der Flure bestehen im Wechsel aus Glas und geschlossenen Elementen und nehmen das Spiel mit Transparenz und Kompaktheit auf, das sich als Thema durch das gesamte Gebäude zieht. Neben den Türen befinden sich ›Energiesäulen‹: zwischen Boden und Decke eingespannte Elemente aus Stahlblech, die die Installationsführung für die einzelnen Räume enthalten.

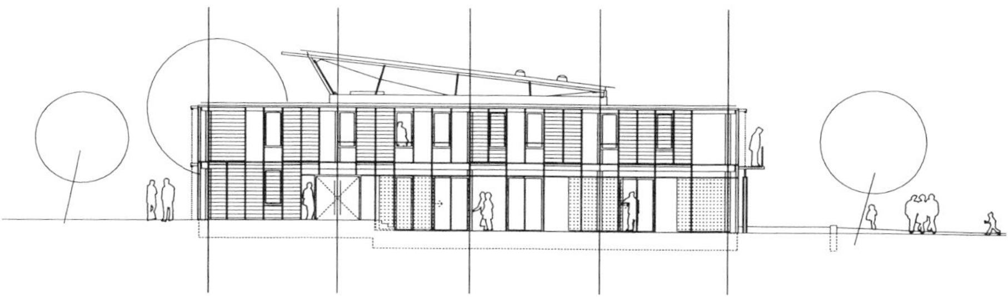

Ansicht von Westen
View from the west

Mobiliar und Trennwände wurden in Zusammenarbeit mit Spezialfirmen entwickelt. Dabei entstanden funktionale und zugleich gestalterisch anspruchsvolle Lösungen – für Büromöbel eine fast schon ungewöhnliche Kombination.

Im Foyer wird über dem futuristisch angehauchten Empfangsoval ein Leuchtkörper durch ein Mobile im Gleichgewicht gehalten, das aus einem Weitwurfhammer und an Hochsprungstangen erinnernde Stahlrohren besteht. Die leicht beunruhigende Konstruktion führt dem Betrachter die Ausgewogenheit und Disziplin, die dieser Architektur eigen sind, um so deutlicher vor Augen.

Das Haus der Leichtathletik wurde 1998 mit der alle vier Jahre vom BDA verliehenen ›Olbrich-Plakette‹ für vorbildliches Bauen im Darmstädter Raum ausgezeichnet.

Sunna Gailhofer

Ansicht von Südosten
View from the southeast

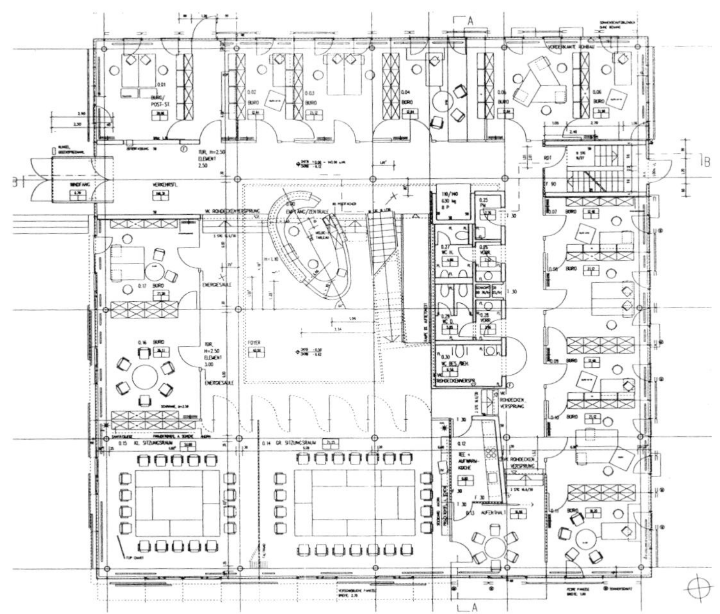

Grundriß Erdgeschoß
Ground-floor plan

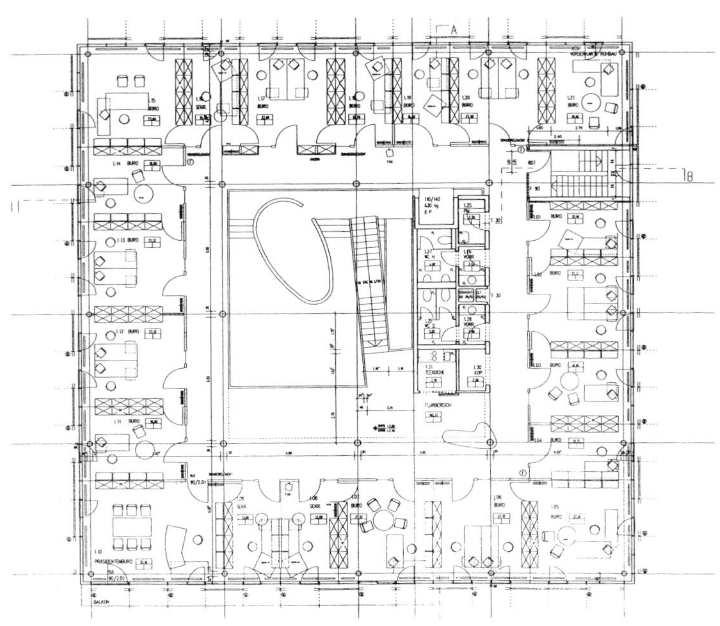

Grundriß Obergeschoß
Upper-floor plan

Flur
Corridor

Fassade. Ausschnitt
Detail of facade
(Photo: Christian Blümel)

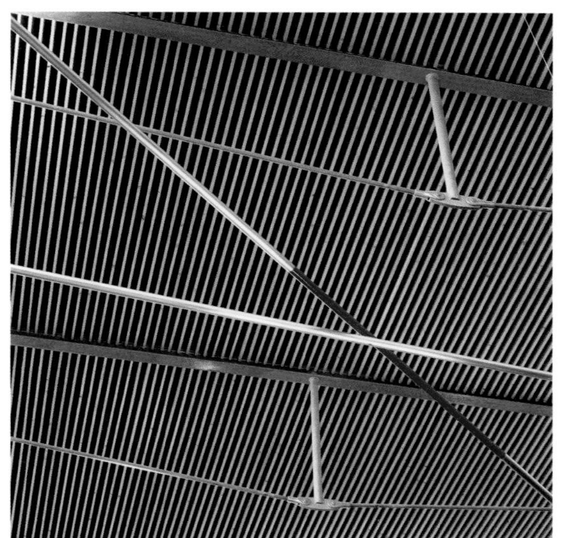

Dachuntersicht im Foyer mit 2 Stahlstangen eines Mobiles. Ausschnitt
Detail of foyer ceiling with two steel bars of a mobile

Eingang
Entrance

Büro
Office

Photos: Eicken fotografie
(wenn nicht anders angegeben)
(unless otherwise specified)

José Paulo dos Santos
und Bärbel Hoidn

Kindertagesstätte, Berlin-Karow

Mitarbeit Oliver Ulmer

Im Auftrag der Senatsverwaltung für Bauen, Wohnen und Verkehr

1998

Day-care centre in Karow, Berlin

This new day-care centre for children, designed by the Portuguese architect José Paulo dos Santos, is located on the outskirts of Berlin. The centre has two completely different aspects: an open, inviting face overlooking the garden, and a relatively closed, almost workshop-like front facing the street. The main entrance from the east leads into a tall hall. This space is situated at the intersection of two axes: the primary circulation axis and, at right angles to it, a visual axis that extends across the width of the building. Internally, the circulation route continues in a dual form: it flows into a corridor that affords access on one side to the group rooms; and it leads through the group rooms themselves in the manner of an enfilade. In dos Santos's interpretation of the brief, the day-care building is not a "house" with a special centre or heart. Nor does the architect resort to other common metaphors, such as ships or castles. Instead, he links spaces and parts of the building in an elemental manner that is, nevertheless, not abstract. This approach attracts the eye to the surface materials and the spaces they enclose. The quality of concentration is further heightened by the restrained detailing, with the result that the rooms radiate a calm, relaxed atmosphere. The visual aesthetic consists of white walls and ceilings, with a sparing use of coloured surfaces in the halls – dark-green linoleum to the floors, pale timber doors and fittings, and glass: these are

Zwischen mehr oder weniger gelungenen Beispielen zeitgenössischer Geschoßwohnungs- und Reihenhausbauten liegt eine von mehreren neuen Kindertagesstätten in Berlin-Karow. Das Gebäude des portugiesischen Architekten José Paolo dos Santos bietet zwei ganz unterschiedliche Ansichten: eine offene, einladende zum Garten, dem Ort also, der der Einrichtung den traditionellen Namen ›Kindergarten‹ gab, und eine relativ verschlossene, fast werkstattartig wirkende zur Straße. Diesen Charakter zeigt vor allem der Ostflügel, in dem sich neben der überhöhten Eingangshalle die Küche und weitere Nebenräume befinden, die ebenerdig angeordnet werden mußten, da das Gebäude nicht unterkellert ist. Die Assoziation ›Werkstatt‹ ist also gar nicht so falsch. Dieser Teil schirmt den Hauptflügel und den Garten mit einer deutlichen Geste von der Straße ab, oder genauer, er sollte dies tun, denn die ursprünglich geplante Fortführung einer größeren Straße an dieser Stelle wird wahrscheinlich nicht mehr erfolgen. Ebenso verschlossen wirkt die straßenzugewandte Nordseite des Hauptflügels, der auf dieser Seite verschiedene Nebenräume aufnimmt. Nur der nach Süden orientierte Teil öffnet sich großzügig verglast zum Garten und wird mit diesem durch zwei Treppen, die eine schmale Veranda vor dem Obergeschoß erschließen, verklammert.

Der Haupteingang erfolgt von der Ostseite und mündet über einen eingeschobenen Windfang in eine hohe Eingangshalle. Diese Halle entsteht

Lageplan
Site plan

durch die Überlagerung des Ostfügels mit einer schmaleren, eingeschossigen Fortsetzung des Hauptflügels und wird durch seitliche Glaswände belichtet, die den Anschluß zum Haupttrakt bilden. Diese räumliche Verschränkung wird durch unterschiedliche Deckenhöhen besonders erfahrbar. Die Halle ist innenräumlich zugleich Kreuzungspunkt zwischen der Haupterschließungsachse, die vom Eingang nach Westen führt, und einer quer dazu stehenden Sichtachse, die das Gebäude durchdringt und deutlich in zwei Teile teilt. Die Zäsur aber tritt durch eine Art Einschnürung von der äußeren Umrißlinie zurück.

Im Innern setzt sich die vom Eingang eröffnete Erschließungsachse doppelt fort: sie mündet zum einen in einen Flur, der die sechs Gruppenräume einbündig erschließt, und zum anderen in eine Art Enfilade, die die Gruppenräume ebenfalls miteinander verbindet. Die Doppeltüren für beide Wege sind vollkommen gleich, so daß eine Offenheit der Wegeführung ermöglicht wird. Ob diese ambivalente Lösung auch in der täglichen Benutzung angenommen wird, muß sich zeigen. Zwischen den drei kleineren Gruppenräumen und dem Flur befinden sich jeweils noch die Garderobe und ein Abstellraum; die Sanitärräume liegen auf der anderen Seite des Hauptflures. Eine Disposition, die sich im Obergeschoß (gegenwärtig für den Hort vorgesehen) wiederholt. Das Treppenhaus ist aus der Hauptachse gerückt und auch über einen zweiten Eingang zu erreichen.

Dos Santos interpretiert die Bauaufgabe ›Kindertagesstätte‹ in seiner Lösung damit nicht als Haus – die Bezeichnungen Kindergarten, Krippe und Hort enthalten ja auch keinen expliziten Verweis auf das Haus. Dazu fehlt unter anderem die ›Mitte‹, die die Halle nicht ist. Auch andere Typologien oder Metaphern (etwa ›Schiff‹ oder ›Burg‹) werden nicht assoziativ bemüht. Vielmehr verbindet der Architekt Räume und Bauteile in einer elementaren, aber nicht abstrakten Weise miteinander. Diese ›typologische‹ Zurückhaltung lenkt den Blick auf die verwendeten Materialien und den entstehenden Raum dazwischen. Dabei wird deutlich, wie wichtig das Licht für die Qualität dieser Wahrnehmung ist. Oft trifft es im Innern seitlich oder von oben auf die begrenzenden Flächen, etwa dort, wo die zum Teil raumhohen Fenster bündig an die Querwände anschließen. Dadurch verschwinden Wände und Materialien nicht im Halbdunkel, sondern werden durch das Licht hervorgehoben. Ebenso wird der lange Flur im Obergeschoß durch von oben einfallendes Licht rhythmisiert. Diese Konzentration wird verstärkt durch eine Zurücknahme der Details. Das Zusammen-

treffen von Wand und Decke oder Fenster und Wand wird nicht durch Fugen oder verbindende Materialien inszeniert.

Notwendige Einbauten, etwa in den Sanitärräumen und zum Teil in den Büros, sind vom Architekten selbst entworfen worden und verbinden sich mit den begrenzenden Flächen. Dadurch entsteht ein einheitlicher, aber nirgendwo rigider, sondern ruhiger und gelassener Charakter der Räume. So besteht die Gartenseite der Gruppenräume aus drei Flächen mit jeweils einer definierten Funktion: einer Glastür, einer raumhohen, sprossenlosen und auch nicht zu öffnenden Glasfläche sowie einem separaten in Holz ausgeführten Lüftungsflügel. Alle drei Funktionen hätten auch in einen komplexen Bauteil verbunden werden können, doch dos Santos stellt sie bewußt klar voneinander getrennt dar. Weiße Wände und Decken – mit sparsam eingesetzten Farbflächen in den Fluren –, dunkelgrüne Linoleum-Fußböden, helle Holztüren und -einbauten sowie Glas sind im Innern die einzigen Materialien, zu denen außen der alles umhüllende Klinker tritt. Dazu sollte eigentlich auch noch Sichtbeton für die wichtigen Gartentreppen kommen, doch die mangelhafte Ausführungsqualität mußte mit einem weißen Anstrich überdeckt werden.

Der Klinker, der nach einer Vorgabe der Senatsverwaltung für das Berliner Kolorit sorgen soll und im übrigen alle Kindertagesstätten in Karow verbindet, wirkt bei dos Santos alles andere als ›preußisch‹. Zum einen, weil die Klinkerwände als Schale zu erkennen sind, also nicht Massivität suggerieren. Deutlich wird das an den dünnen Stahlblechen, die oberhalb der Fenster die Wand nur abschließen, wo diese einst vom Sturz getragen werden mußte, oder an der Südseite des Ostflügels, wo die vorgeblendete Wand frei hervortritt. Zum zweiten, weil der Klinker nicht über den Stein-Verband hinaus als Ausgangspunkt für die Generierung eines ›rationalen‹ Rasters dient. So folgen die Fenster in den geschlossenen Straßenfronten keiner Symmetrie oder seriellen Struktur. Aber, und dies macht die Qualität aus, diese Abwesenheit von starren Ordnungen schlägt nirgendwo um ins Beliebige oder Verspielte, scheinbar kindgerechte. Damit entsteht eine Lesbarkeit, die allen Teilen des Entwurfs innewohnt. Eine Lesbarkeit, die dieses Gebäude neben ihrer unprätentiösen, ruhigen Haltung für Kinder (und nicht nur für diese) vielleicht besonders geeignet macht.

Jörg Brauns

Ansicht von Südosten
View from the southeast

Ansicht von Südwesten, Ausschnitt
Part of southwest facade

virtually the only materials used internally. They are complemented externally by the all-embracing skin of brickwork, the appearance of which is anything but Prussian, however. Apart from the stone bond it obeys, it is not used to generate a "rational" grid. On the other hand, the absence of any rigid order does not mean that the building is arbitrary or capricious. The quality of legibility informs all aspects of the design. This, together with the unpretentious, measured manner of the architecture, is perhaps what makes the centre so attractive to children – and not only to them.

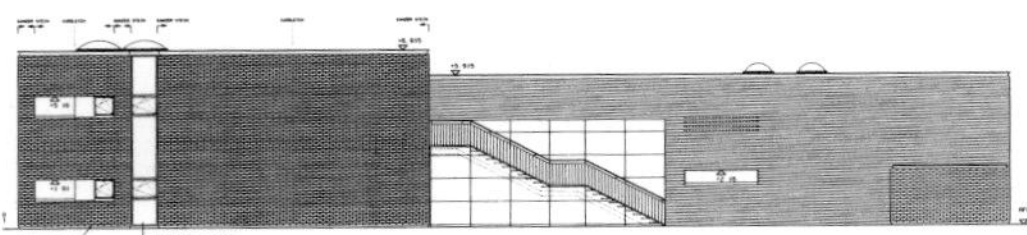

Ansicht von Nordwesten
Northwest elevation

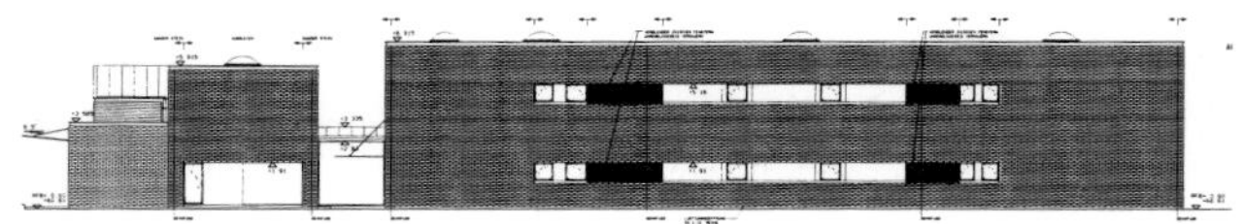

Ansicht von Nordosten
Northeast elevation

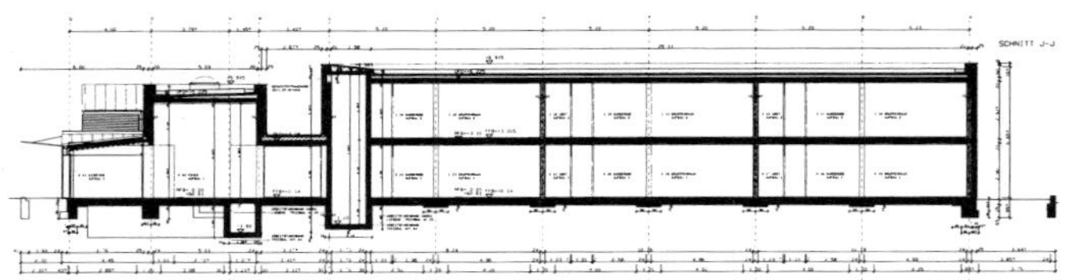

Schnitt
Section

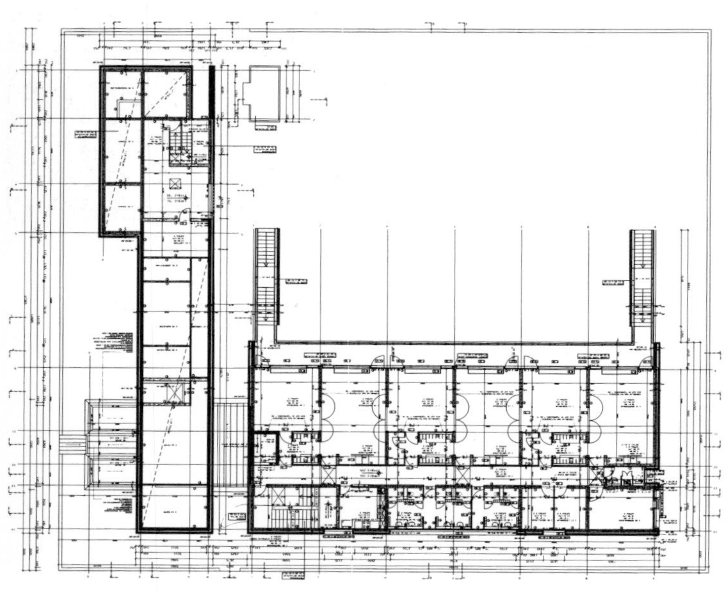

Grundriß Obergeschoß
Upper-floor plan

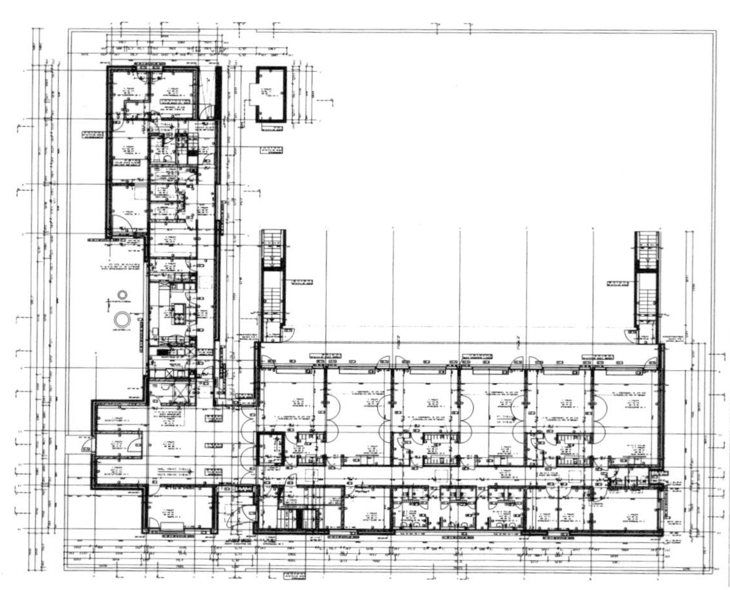

Grundriß Erdgeschoß
Ground-floor plan

Ansicht von Südwesten
View from the southwest

Flur
Corridor

Gruppenräume im Obergeschoß
Group rooms on upper floor

Waschraum
Washroom

Foyer
Foyer

Photos: Christian Richters

Till Schneider und
Michael Schumacher

Verwaltungsgebäude, Leipzig

Projektleitung	Kristin Dirschl, Susanne Widmer
Mitarbeit	Peter Begon, Nicola Hartmann, Jobst Jung, Lone Nitschke-Töpfer, Petra Pfeiffer, Christian Simons, Richard Voss, Thomas Zürcher
Tragwerksplanung	Bollinger+Grohmann
Haustechnik	GET
	1996–1998

Administrative office building, Leipzig

The new KPMG administrative office building by Frankfurt-based architects Schneider & Schumacher is located in the south of Leipzig, where it contrasts with the surrounding urban landscape. A fully glazed corner building, it occupies an angular site amid turn-of-the-century buildings. The planners sought to integrate the building into the existing fabric of five convergent streets. Stepped levels, recesses and vertical structuring respond to the adjacent buildings. The building's appeal owes much to the way it mirrors its surroundings and to the transparency of the inner structure. The architects consciously avoided locating the main entrance at the tip of the building, which juts out like the bow of a ship. Instead, it is on the street that runs along the south side. Visitors enter the building through a smooth glass front into a triangular entrance area that opens out onto an interior atrium. This provides daylight for the offices and ensures a pleasant climate. Although the municipal authorities were initially sceptical, Schneider & Schumacher were able to push through their clear-cut decision for an architectural approach in keeping with the spirit of the times.

Im südlichen Teil Leipzigs ist das Verwaltungsgebäude für die Deutsche Treuhand-Gesellschaft (KPMG) der Frankfurter Architekten Till Schneider und Michael Schumacher fertiggestellt worden. Das spitzwinklige Grundstück stößt auf einen Platz, in den fünf Straßen münden, die mit ihrer Bebauung der Gründerzeit verhaftet sind. Schneider + Schumacher haben ihrer modernen Architekturauffassung entsprechend einen Kontrapunkt zu dieser Umgebung gesetzt. Dennoch ist eine städtebauliche Einbindung des Gebäudes in die vorhandene Bebauung angestrebt worden. Auf der Südseite nimmt die dem Altbau folgende Edelstahllamellenverkleidung die Höhe und Breite desselben auf und lehnt sich der etwas rauheren Struktur an. Erst nach dieser Überleitung folgt der glatte Glaskörper, der eine Stahlkonstruktion verbirgt. Hier liegt der Haupteingang des Gebäudes, Zentrum der Erschließung als Verbindung zwischen dem Platz und den im Innern liegenden Büros. Bewußt wurde der Zugang von Schneider + Schumacher hierher und nicht in die Spitze des Baus gelegt. Er erweitert sich zu einem dreieckig in das Gebäude eindringenden Atrium, das den räumlich tiefen Arbeitsbereichen Tageslicht zuführt und für ein ausgeglichenes Klima sorgt. Zurückspringend faßt ein mit Siebdruckmuster versehenes Fassadenband den Glasvorbau ein und erweitert sich zu der wie ein Schiffsbug in den Platz vorstoßenden Spitze des Baus. Die körperhafte Milchigkeit dieses Bereichs, die aus wärmetechnischen Gründen nötig war, kontrastiert zur glänzenden, spiegelnden Nordfassade, die sich mit Höhensprüngen und vertikalen Strukturen dem benachbarten Altbau angliedert.

Der Reiz des Gebäudes besteht auch in dem Widerspruch städtebaulich konventioneller Einfügung in den Block und der Materialität des Baus: spiegelnde bzw. transparente Glasflächen, die Solidität der massiven ›Ecke‹ konterkarierend.

In der Architekturtheorie hat die Diskussion über transparente Eck-Körper seit den zwanziger Jahren dieses Jahrhunderts (Walter Gropius und Adolf Meyer, Faguswerke, Bürogebäude der Kölner Musterfabrik; Walter Gropius, Dessauer Bauhaus) ihren festen Platz gefunden. In Leipzig reagierte die Stadtverwaltung 80 Jahre später zunächst irritiert – wie es auch Vitruv getan hätte, der sich wohl eher mit dem Flatiron Building in New York hätte anfreunden können. Er, der dem Bauherrn die Wahl zugesteht »ob er mit gebrannten Steinen, mit Bruchsteinen oder mit Werkstücken will bauen lassen« oder »dem zierlichen und dauerhaften Putze« hätte zumindest im Innern des Gebäudes eine seiner Forderungen beachtet gefunden: »Itzt will ich vom Purpur handeln, welcher von allen Farben die kostbarste, aber auch dem Auge die allerangenehmste ist.« Im KPMG-Bau ist dies der warme Farbton des Bodenbelags der den Dialog zwischen dem von außen bei Tageslicht kühl und abweisend wirkenden Körper und den im Innern liegenden Bürotrakten aufnimmt. Erst bei näherem Hinsehen, beim Begehen des Gebäudes erschließt sich dessen Komplexität, der Dialog zwischen Atrium und davorliegendem Platz, die Beziehung zwischen mit tiefrotem Teppichboden versehenen schwebenden Plattformen, Treppen sowie Stegen und den Büros, den gläsernen Aufzugsschächten. Die Einfachheit der zunächst nicht transparenten Fassade in Ambivalenz zur Vielschichtigkeit und kristallinen Tiefe des Innern macht den Reiz dieser Architektur aus, die mit Licht spielt.

Am Tag spiegelt sich teilweise die historische Architektur der Umgebung in der zweidimensional wirkenden Fassadenfläche, andere Teile wirken körperhaft opak. Dem Satz von Walter Gropius: »...denn der Gegenstand, den wir im Wechsel des lebendigen Tageslichts sehen, bietet zu jedem Zeitpunkt einen anderen Eindruck« wäre der Gedanke hinzuzufügen, welchen Einfluß das

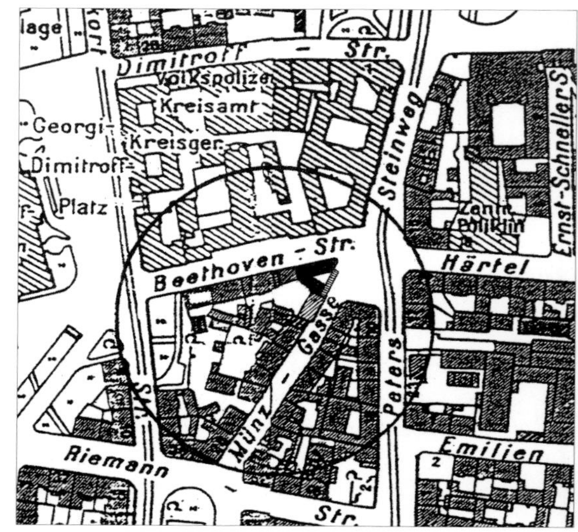

Historischer Lageplan
Site plan

Südseite bei wechselnden Lichtverhältnissen
South side in different light conditions

Kunstlicht auf gläserne Gebäude hat. Denn erst bei Eintritt der Dämmerung und dem Einsetzen von Kunstlicht vollzieht sich ein Wandel zum dreidimensionalen Sehen des Gebäudes: Der Körper entwickelt Tiefe, die zunächst schimmernde, dann kristallene Transparenz zerlegt das Gebäude, zeigt Raster, Schichten, überlagerte Ebenen. Zunächst unbemerkte strukturelle Eigenschaften des Baus werden erkennbar; die Transparenz impliziert eine umfassendere räumliche Ordnung.

Gleichzeitig erweist sich dies für Kritiker als städtebauliches Problem. Bei Dunkelheit, von Kunstlicht erhellt, zeigt der skelettierte Körper bis ins Detail alle sichtbaren Einzelteile. Die wundervolle, brillante Eleganz der modernen Architektur steht im Gegensatz zur bestehenden historischen. Der Körper hebt sich hervor, er beginnt gleichsam vor der kleinunterteilten verminderten Helligkeit der Umgebung zu schweben; wird zum eigenständigen Körper, dessen Existenz er am Tag durch die sich in ihm spiegelnden Altbaufassaden zu entgehen versucht. Die bei Sonne massiv schimmernde, flächige Spitze zerlegt sich in Schichten von verschiedener Farbigkeit, durchbrochen von horizontalen Gliederungen.

Leichter hat es ein junges Berliner Büro, das unweit der Messe im Nordosten Leipzigs die neue Hauptverwaltung der Verbundnetz AG plante. Bei dem freistehenden Gebäude konnten die Architekten unter großem Aufwand sehr bewußt die vom Künstler James Turrell entwickelte Lichtinszenierung wechselnder Farben, die den ebenfalls sechsgeschossigen Bau mal rot, grün oder blau erleuchten läßt, in Szene setzen, ohne auf benachbarte Bebauung Rücksicht nehmen zu müssen.

Die Diskussion, ob Architektur unserer Zeit sich historischer Architektur anpassen sollte oder nicht, wird nicht verebben. Till Schneider und Michael Schumacher sind auch in Leipzig bei ihrer klaren Entscheidung für eine zeitgemäße Architektur geblieben.

Marietta Andreas

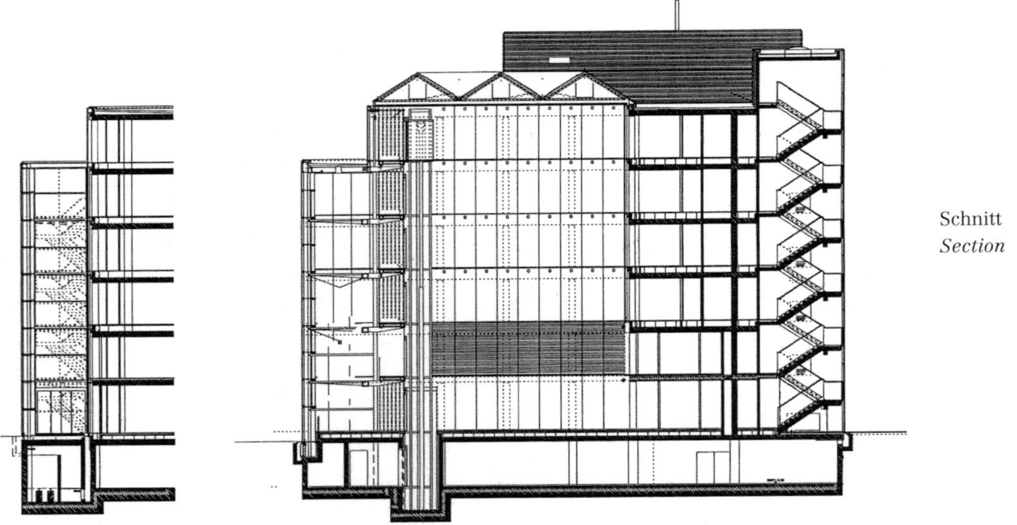

Schnitt
Section

Grundriß 5. Obergeschoß
Fifth-floor plan

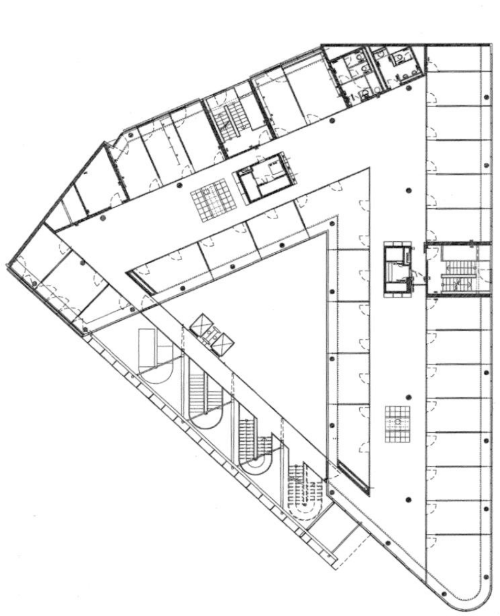

Grundriß 3.Obergeschoß
Third-floor plan

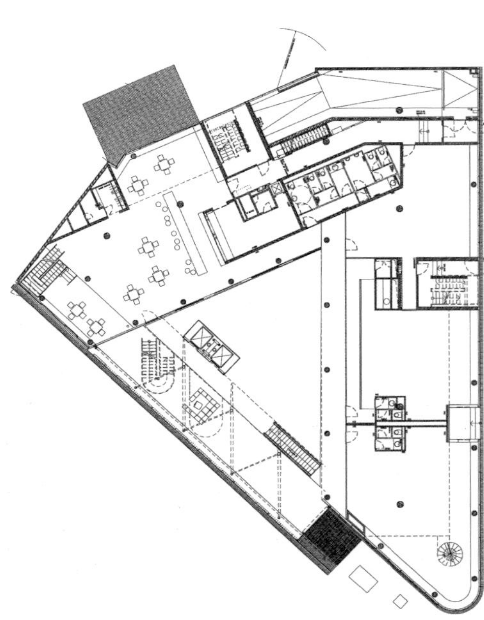

Grundriß Erdgeschoß
Ground-floor plan

Gesamtansicht
Total view

Nordfassade
North facade

Blick in das Atrium
Atrium

Fassadenausschnitt aus dem Glaskörper
Detail of south facade

Photos: Jörg Hempel

Ernst Spycher **Gymnasium, Freiburg/Breisgau**

Mitarbeit Roland Fischer, Magnus Furrer, Ulrike Schröer
Bauleitung Holger Hessle + Partner
Tragwerksplanung Kienzler + Kunzelmann mit Scherberger Hofmann Brett

1993–1997

Secondary school, Freiburg/Breisgau

In the southern German university town of Freiburg / Breisgau a new urban district is being created for between twelve and fifteen thousand people on a 78 hectare site. The Basle-based architect Ernst Spycher has built a secondary school there measuring 87.5 x 34 x 15.6 m and a sports hall measuring 46.5 x 50.5 x 12 m. The facade consists of

Ludwig Mies van der Rohe schrieb im Jahr 1924: »Baukunst ist immer raumgefasster Zeitwille, nichts anderes.«[1] Als der Schweizer Architekt Ernst Spycher 1993 den Wettbewerb für ein neues Gymnasium und eine Sporthalle im südbadischen Freiburg gewann, hatte er sich das apodiktische Votum des Meisterkollegen zu Herzen genommen. Zwar war sein Projekt bei der Jury des trinational ausgelobten Wettbewerbs (Deutschland, Frankreich, Schweiz) unbestritten, nicht jedoch beim demokratischen Souverän. Die öffentliche Kritik gipfelte in einem in der ›Basler Zeitung‹ veröffentlichten Leserbrief eines Architekten aus Freiburg, der das neue Kepler Gymnasium mit staatstragender Architektur in Deutschland während des Dritten Reiches verglich.

Nun ist der Futterneid unter Architekten so alt wie die Baukunst selbst, aber Ernst Spychers Bauten stehen im neuen Stadtteil Freiburg-Rieselfeld, der derzeit auf 78 Hektar Land für 12 000 bis 15 000 Menschen entsteht, mit der Grazie, Demut, Materialschönheit und Ruhe einer hochbetagten, eleganten Jungfrau, die ihren Freiern zeitlebens die kalte Schulter zeigte. Mit klar geschnittenen Kuben und einer Fassadensprache, die so klar wie ein Sprichwort – also allgemeinverständlich – ist, sorgt das neue Gebäude im Südwesten Deutschlands für eine visuelle, sensuelle und ästhetische Wohltat.

Ein weiterer Schulneubau, der direkt neben Spychers liegt, macht dessen Divergenz zur übrigen Architektur des neuen Stadtteils deutlich, und sie erklärt auch die aggressive Reaktion der Gegner. Diese zweite Schule ist auf Erlebnisarchitektur für Jung und Alt durch viel organisches Formenvokabular hin angelegt. Auch trifft man überall auf eine Pseudostimmigkeit der Materialkombinationen, die immer auf Ablenkung, nie auf Konzentration hin ausgerichtet sind und schließlich stammen die Farbkonzepte von einer Palette ab, die der Maler (oder die Malerin) unter freiem Himmel vergaß, und auf der unzählige Sommergewitter einen totalen Farbenbrei hinterließen.

Ernst Spycher arbeitet hingegen mit Sichtbeton (an den Wänden), Werkstein und Linoleum (auf den Böden) sowie edlem Eichenholz (für Fenster, Türen und Einbauten). Im neuen Kepler Gymnasium fügen sich die formschön und farblich harmonierenden Materialien zu einem Einklang der mit der linearen Organisation der Schule korrespondiert. Dem Fremden ist eine Orientierung leicht möglich und diese erfolgt nicht in einem Wirrwarr der Piktogramme.

In Freiburg geht es bei 70 000 Kubikmetern umbautem Raum für Schule und Sporthalle um das Thema ›Einfachheit‹. Die Maße der Schule (87,6 x 34,0 x 15,6 m) und der Sporthalle (46,25 x 50,5 x 12,0 m) sind euklidisch in rechten Winkeln geordnet, was eine großzügige und ruhige Ausstrahlung auf die gebaute Umgebung zur Folge hat. Die Mitte der neuen Gebäude ist ein zentraler Raum mit Oberlicht. Das Atrium nimmt ein quadratisches Treppenhaus über vier Geschosse auf,

Zentrale Halle
Central hall

dessen Stufen an einer luftigen Metallkonstruktion hängen, die geschickt an den Rändern verläuft, so daß von der Hallenmitte ein ungehinderter Blick zur gläsernen Decke möglich ist. Man hat den Eindruck, als sähe man eine Phantasiearchitektur von Giovanni Battista Piranesi, aber über die Stiegenläufe mit den eleganten, feingliedrigen Handläufen aus Eiche kann man bequem die Stockwerkshöhen überwinden.

Zwei Elemente sind in Freiburg visuell prägend: außen eine Klinkerfassade in dunklem Grün, die im Licht des Tages in die Farben stumpfes Grau und Nachtblau bis zu Goldgelb mutieren kann; im Innern dominiert ein – leider nicht immer – sorgfältig gegossener Sichtbeton. Für die Böden in den Erschließungsbereichen wurde ein dunkelgrüner Betonwerkstein mit schwarzen Farbspuren verwendet. Im Mai dieses Jahres (1998) wurde der Platanenhain zwischen Schule und Sporthalle erstmals grün. Er schafft eine subtile Verbindung zwischen der vom Menschen geschaffenen Architektur und der ständig wachsenden und sich verändernden Architektur: der Natur.

Inmitten einer Kultur des banalen Überflusses an Waren und Bildern ist in der traditionsreichen Universitätsstadt Freiburg ein Ort der Ruhe und Konzentration entstanden: »Baukunst ist immer raumgefasster Zeitwille, nichts anderes.«

Lutz Windhöfel

Anmerkung

1 Ludwig Mies van der Rohe, *Die neue Zeit ist eine Tatsache*, architextbook Nr. 9, Berlin 1986, S. 40

Gesamtansicht
Full view

oak-framed windows, large expanses of steel and glass and dark green klinker brick. Depending on the light conditions, the stone changes to dull grey, deep blue or golden yellow. The interior fittings are made of oak, the floors of ashlar stone and linoleum, while the walls are of exposed concrete. The school's main access zone is a central atrium with stairways and lifts.

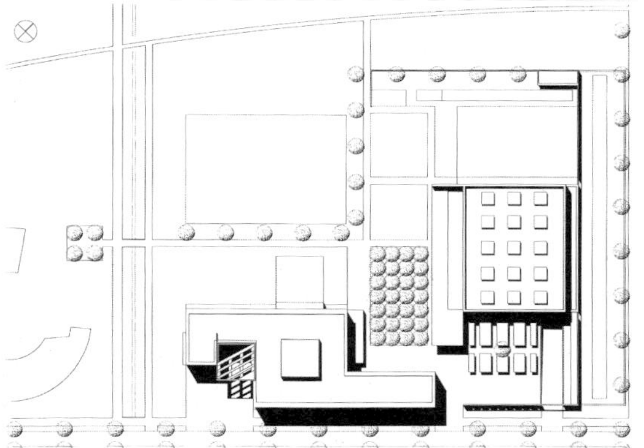

Lageplan
Site plan

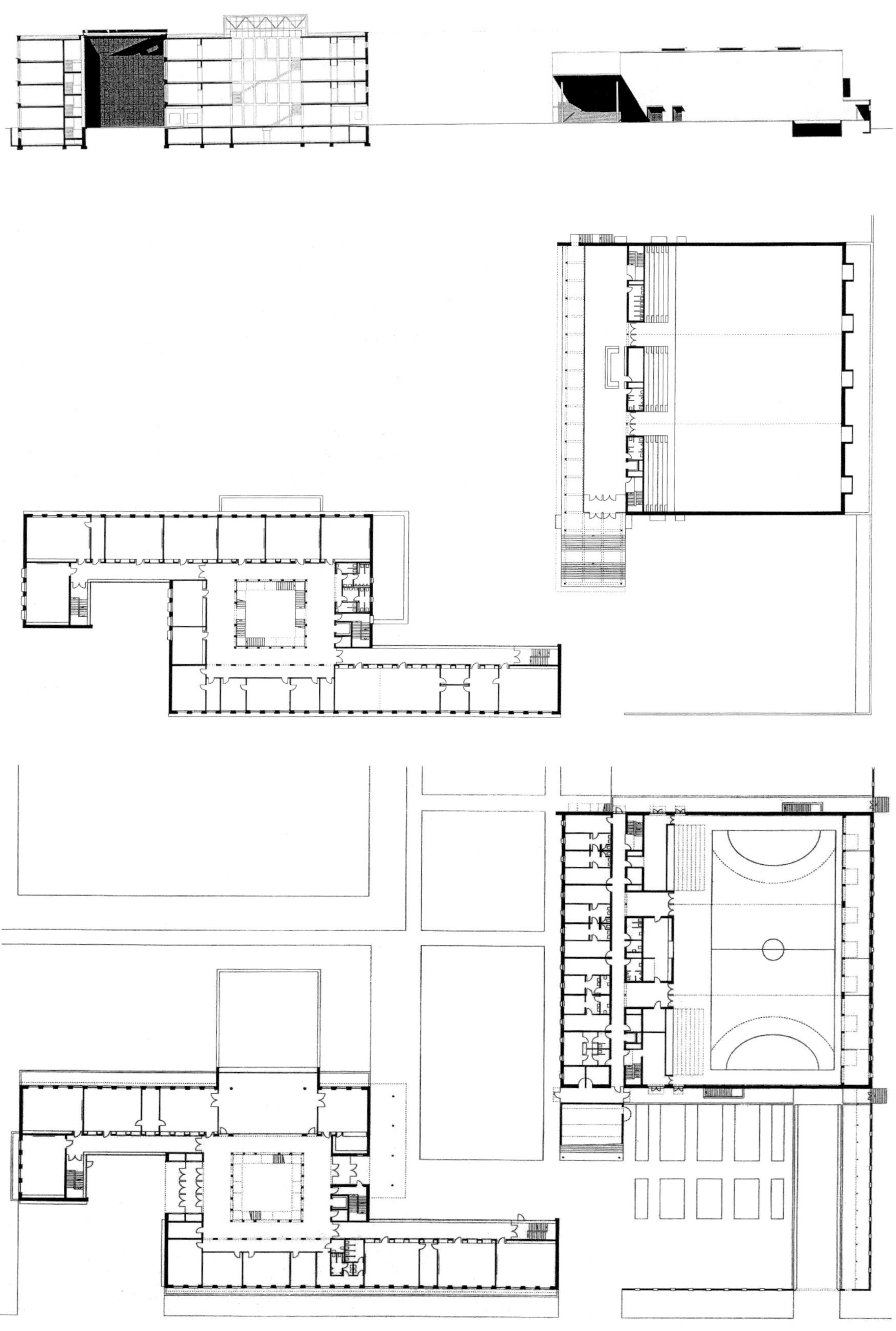

Schnitt
Section

Grundriß 1. Obergeschoß
First-floor plan

Grundriß Erdgeschoß
Ground-floor plan

Galerie in der zentralen Halle
Gallery in central hall

Eingang zu den Klassenzimmern
Entrance to classrooms

Klassenzimmer
Classroom

Sporthalle
Sports hall

Rückseite der Sporthalle
Back of sports hall

Offener Laubengang im Obergeschoß der Sporthalle
Glazed terrace on upper floor of sports hall

Projekte
Projects

Frank O. Gehry

Wiederaufbau des Neuen Museums, Berlin

Beschränkter Realisierungswettbewerb 1994, 4. Preis

Überarbeitung: 1997

Museum Island, Berlin

More than four difficult years lie behind us – difficult in terms of the planning for the archaeological collections to be housed on the Museum Island in Berlin. In March 1994, a jury recommended that the Milan architect Giorgio Grassi should be commissioned to plan the reconstruction of the Neues Museum and to create links between four of the five existing buildings. Following this recommendation, various attempts were made to find a compromise that would allow the functional needs of the museums to be reconciled with the architectural concept. Unfortunately, this proved impossible. In the process, the underlying idea of the competition was also adulterated and indeed negated; for the brief was reduced to the reconstruction of the Neues Museum and finally to purely conservational issues.

In order not to waste the ensuing years by just waiting, it was agreed that the planning for four of the buildings, in the context of a general rehabilitation, could go ahead. H. G. Merz is responsible for the Alte Nationalgalerie, which is due to reopen in 2001. Heinz Tesar is doing the planning for the Bode Museum. David Chipperfield is responsible for the Neues Museum; and Heinz Hilmer and Christoph Sattler have taken on the refurbishment of the Altes Museum. Since June 1998, we have at last returned to the position in which we found ourselves in 1994: we may again consider the Museum Island as a

Mehr als vier schwierige Jahre liegen hinter uns, schwierig in bezug auf die Planung für die archäologischen Sammlungen auf der Museumsinsel in Berlin. 1994 hatte eine Jury empfohlen, den Mailänder Architekten Giorgio Grassi mit der Planung des Wiederaufbaus des Neuen Museums und der Verknüpfung von vier der fünf existierenden Bauten zu beauftragen. Diesem Votum folgend wurde in verschiedenen Anläufen versucht, die funktionalen Bedürfnissen der Museen mit dem architektonischen Konzept zur Deckung zu bringen, was sich leider als unmöglich erwies. Damit war in der Folge auch die übergreifende Idee des Wettbewerbs verfälscht und negiert, denn die Aufgabenstellung wurde auf den Wiederaufbau des Neuen Museums und schließlich auf denkmalpflegerische Probleme reduziert. Ein taktisches Spiel, das schließlich dazu führte, daß David Chipperfield beauftragt wurde.

Um aber Jahre nicht ungenutzt verstreichen zu lassen, konnte erreicht werden, daß vier der Bauten im Hinblick auf eine Generalsanierung beplant werden durften und dürfen.

H. G. Merz ist für die Alte Nationalgalerie zuständig, die 2001 wieder eröffnet werden soll. Heinz Tesar plant im Bodemuseum, David Chipperfield ist – wie gesagt – für das Neue Museum verantwortlich, Heinz Hilmer und Christoph Sattler haben die Sanierung des Alten Museums übernommen. Seit Juni 1998 sind wir endlich in den Stand von 1994 zurückversetzt: wir dürfen wieder die ganze Museumsinsel in den Blick nehmen. Um nicht erneut kostbare Zeit zu verlieren, wurden die Herren Chipperfield, Sattler und Tesar beauftragt, eine Arbeitsgemeinschaft zu bilden und bis zum Frühjahr 1999 einen Masterplan zu erarbeiten. Wir fangen damit natürlich nicht bei null an, sondern bringen als Grundlage das Konzept von Frank O. Gehry ein, das entweder weiterentwickelt werden kann oder zu dem eine bessere Alternative gefunden werden muß. Denn das sei ganz deutlich gesagt: wir dürfen zwar mit Gehry auf der Museumsinsel nicht planen und bauen, was mich – insbesondere nach Bilbao – immer schmerzen wird, wir werden aber nicht aufgeben, was wir aus Gehrys Konzept gelernt haben, was für die letzten Stufen des Wettbewerbs bereits unsere Vorgaben waren und was auch von David Chipperfield bisher akzeptiert worden ist.

Wir, die wir auf und mit der Museumsinsel arbeiten, wissen, daß sich der Ensemble-Gedanke bestenfalls auf drei Bauten beziehen läßt: auf das Alte Museum, das Neue Museum und die Alte Nationalgalerie. Schon der Architekt des Bodemuseums nutzte den Eisenbahnviadukt, um den Bau ganz isoliert stellen zu können, auch Messel und Hofmann wollten mit dem Insel- und Ensemblegedanken gar nichts zu tun haben. Durch die maßstabslose Monumentalität des Pergamonmuseums zerstörten sie sogar das vorhandene Ensemble, orientierten sich von der Insel weg über den Kupfergraben und forderten den Durchbruch einer neuen Straße, der die Ausrichtung des Gebäudes motivieren sollte. Diese wie gleichgültig nebeneinander stehenden Bauten müssen nunmehr miteinander und auf die Insel bezogen, sinnvoll ver-

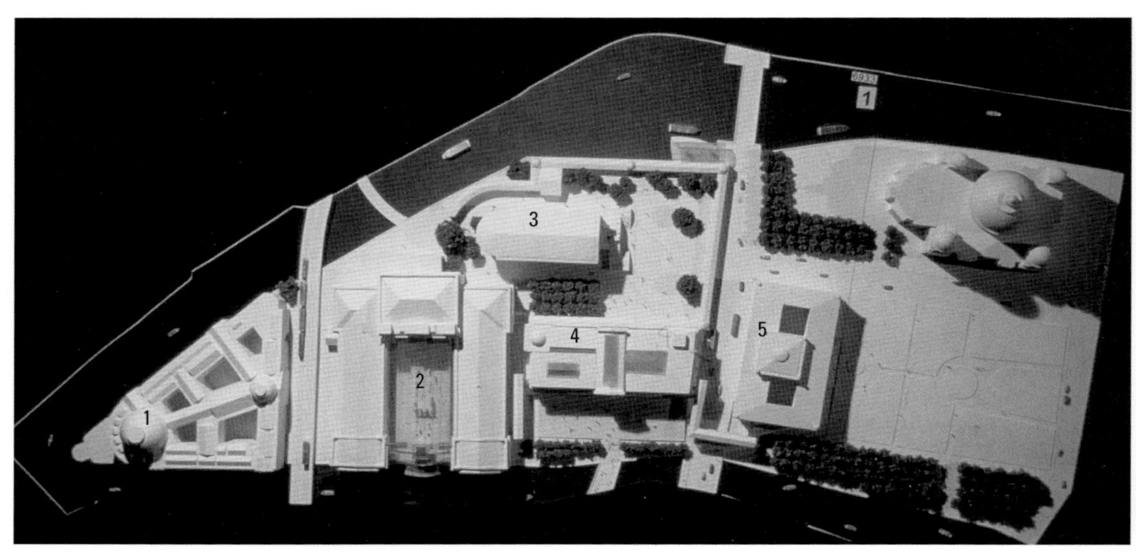

Modell der Museumsinsel von oben
Model of Museum Island: view from above
1 – Bodemuseum
2 – Pergamonmuseum
3 – Alte Nationalgalerie
4 – Neues Museum
5 – Altes Museum

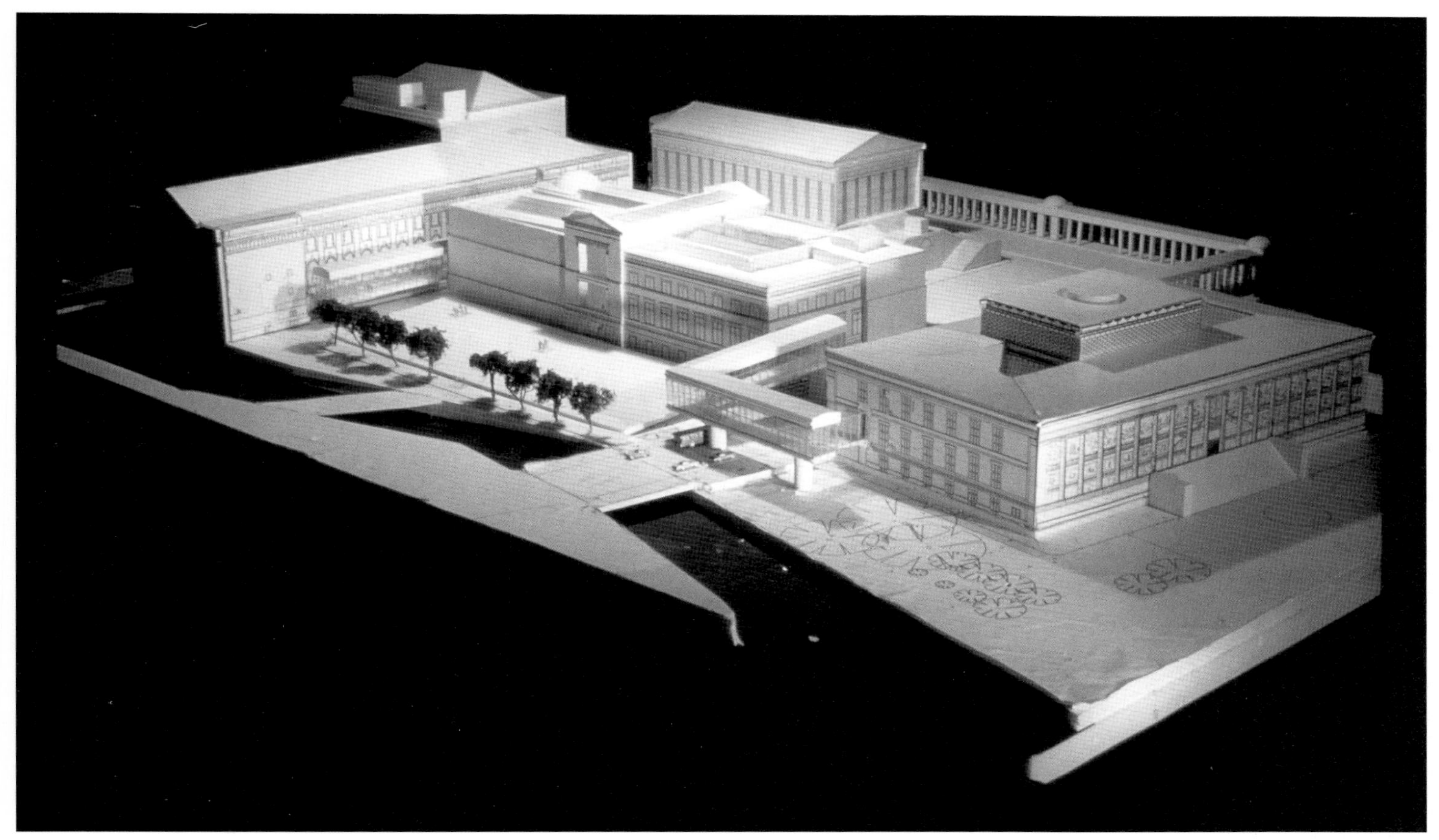

Model der Museumsinsel. Ansicht von Südwesten

Model of Museum Island: view from the southwest

knüpft werden, weil nur so ein modernes Museumskonzept zu verwirklichen ist. Überdies ist ein zentraler Eingangsbereich zu schaffen, der all jene Funktionen bereithält, die an den Nebeneingängen nicht angeboten werden können. Und schließlich ist zusätzliche Ausstellungsfläche zu gewinnen, sowohl für antike Großskulptur wie für antike Architektur, Wechselausstellungen nicht zu vergessen. Alle diese Forderungen hat bisher nur Gehrys Konzept überzeugend erfüllen können. Von ihm haben wir gelernt, daß das Neue Museum selbst zum zentralen Eingang werden kann, mit einem Vorplatz, der direkt an die Stadt angebunden ist. Er hat uns gezeigt, daß Verbindungen nicht wie Fluggaststeige sondern wie Räume gestaltet werden können. Er hat darauf hingewiesen, wie das Ensemble von Altem Museum, Neuem Museum und Alter Nationalgalerie durch Freistellen von Schinkels Rückfassade zu akzentuieren ist, und wie durch das Verdecken der häßlichen Ecke des Pergamonmuseums zwischen Neuem Museum und Alter Nationalgalerie eine große Aufenthaltsqualität sowie eine Verbindung zum Monbijoupark erreicht wird. Gehry hat darauf aufmerksam gemacht, daß die Seitenansicht des Pergamonmuseums in ihrer ganzen Länge verdeckt werden muß. Er hat uns gezeigt, wie durch die zweigeschossige Nutzung des überdachten Pergamonhofes soviel zusätzliche Fläche gewonnen werden kann, daß die historischen Räume im Neuen Museum von Nutzungen entlastet werden können. Aus Gehrys Konzept haben wir auch gelernt, daß wir größere Verkehrsflächen als ursprünglich gedacht im Pergamonmuseum benötigen. Daraus resultierte beispielsweise, daß das Museum für Spätantike und Byzantinische Kunst in das Bodemuseum verlagert werden mußte, die Archäologie also nach dort ausgreift. Die architektonische Konsequenz: die Verbindung zwischen Pergamon- und Bodemuseum muß ausgeprägter sein als ursprünglich angenommen. Diese Beispiele mögen genügen, um zu zeigen, wie stark Frank Gehrys konzeptionelle Vorstellungen in unser Denken und unsere Planungen eingegangen sind. Wir danken ihm dafür, daß er sich gegen seine Gewohnheit an dem Wettbewerb Museumsinsel beteiligt hat und trotz mancher Zumutungen dem Projekt über Jahre treugeblieben ist.

Wolf-Dieter Dube

whole. In order not to lose any more valuable time, Chipperfield, Sattler and Tesar have been instructed to form a working group and to draw up a master plan by the spring of 1999.

Those of us who are working on the Museum Island project know that the ensemble concept can, at best, be applied to three buildings: the Altes Museum, the Neues Museum and the Alte Nationalgalerie. These structures, standing indifferently next to each other, have to be linked together and related in a meaningful form to the island as a whole. Only in this way can a modern museum concept be realised. A central entrance area also has to be created; it would contain all those facilities that cannot be provided at the secondary points of access. Finally, additional exhibition space is required, both for large-scale sculptures from antiquity and for the architecture of the ancient world – not forgetting non-permanent exhibitions. To date, only Gehry's concept has convincingly addressed all these requirements.

He has taught us that the Neues Museum itself can form the central entrance, with a forecourt directly linked to the city. He has shown us that links do not have to be designed like aircraft boarding bridges, but can be pleasant spaces in their own right. He has also indicated how an ensemble, consisting of the Altes Museum, the Neues Museum and Alte Nationalgalerie, can be accentuated by separating it from the rear face of the Schinkel building and how, by concealing the ugly corner of the Pergamon Museum between the Neues Museum and the Alte Nationalgalerie, a high degree of recreational quality can be achieved and a link created to the Monbijou Park. Gehry has drawn attention to the fact that the entire side face of the Pergamon Museum has to be concealed. He has shown us how, through a two-level use of the covered Pergamon courtyard, the necessary space may be gained to reduce the load on the historical rooms in the Neues Museum. From Gehry's concept, we have also learned that we need larger circulation areas than originally envisaged in the Pergamon Museum. One outcome of this has been that the Museum for Late Classical and Byzantine Art has had to be moved into the Bode Museum. In other words, archaeology has extended as far as this, too. The architectural upshot of all this is that the link between the Pergamon and Bode Museums will have to be more distinct than was originally assumed. These brief examples should suffice to show how deeply Frank Gehry's concept has influenced our thinking and our planning.

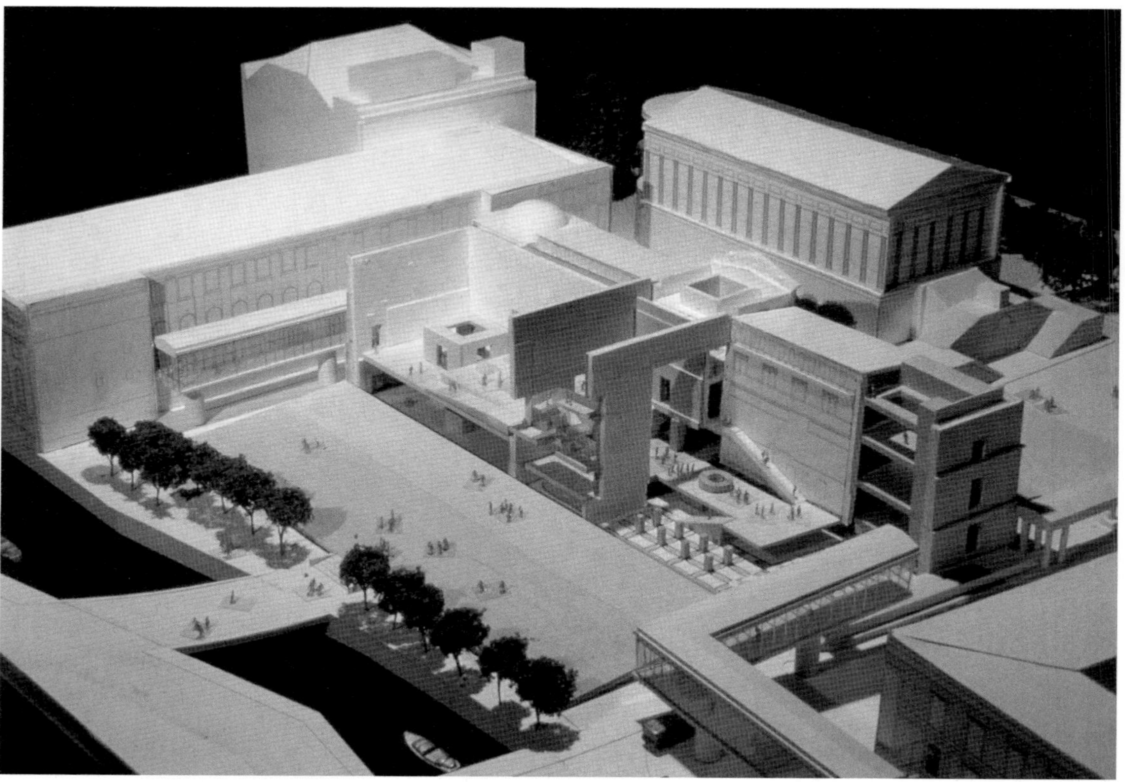

Modell. Neues Museum
Model of the Neues Museum

Das zentrale Treppenhaus im Neuen Museum
Central staircase in the Neues Museum

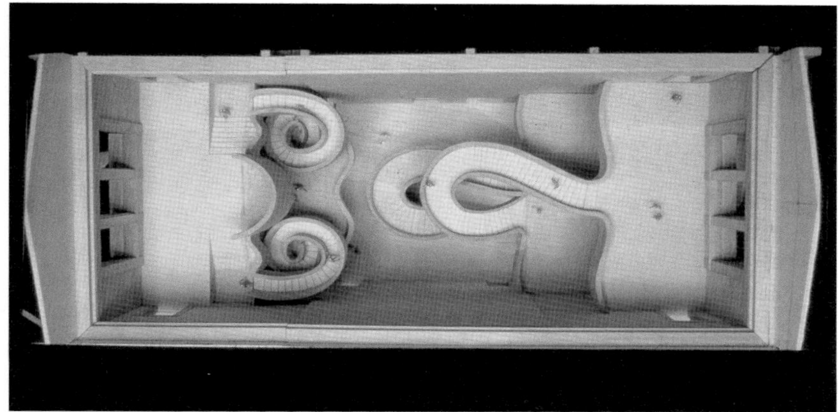

Nikolaus Hirsch,
Andreas Hoefer,
Wolfgang Lorch,
Andrea Wandel

Neubau der Synagoge in Dresden

Wettbewerb 1997

Synagogue, Dresden

Dresden's reconstruction programme includes the building of a new synagogue. The magnificent panorama of the old city used to be rounded off in the east by the synagogue opposite the Brühlsche Terrassen above the former gondola riverport. Built in 1840 to plans by Gottfried Semper, it was completely destroyed in the November pogroms of 1938. On its original site, where nothing remains today of the former building, a new synagogue and a Jewish community centre are to be erected to a design by architects Wandel, Hoefer, Lorch & Hirsch. Set on a massive socle, the new synagogue will soar like a tower of stone by the banks of the Elbe. Inside, it will have a woven metal textile hanging like a tent around the actual place of worship. The planned community centre will be built opposite the synagogue on the southern part of the site. The two buildings bracket a small copse and an open space on which the nineteenth-century synagogue stood. Its outline is to be traced on the paving of the courtyard. No new building is to be erected on this site, for its history cannot be repaired. The contextual and symbolic references incorporated in this design set it apart distinctly from the other prize-winning entries. The architects have found a conceptual solution and an architectural syntax that may well be destined to become a benchmark for modern synagogue design.

Neun Jahre nach der deutschen Wiedervereinigung erstrahlt Dresden immer mehr in seinem alten Glanze, denn auch die letzten Trümmergrundstücke verwandeln sich in betriebsame Baustellen. Blickt man wie einst Canaletto vom Neustädter Ufer zur Altstadt hinüber, so entfaltet sich vor einem das Panorama der filigranen Barockstadt und das der selbstbewußten Akademiestadt des 19. Jahrhunderts. Zwischen der Semperoper im Westen und der Königin-Carola-Brücke im Osten vermißt heute niemand ein Bauwerk, zumal wenn bald wieder die mächtige Kuppel der Frauenkirche das Stadtbild dominieren wird. Und doch fehlt in dieser historischen Silhouette ein architekturgeschichtlich wichtiges Gebäude, ein Zeugnis deutscher Geschichte, ein Ort des Schreckens, der Erinnerung und auch der Hoffnung.

Oberhalb des 1820 an der Ostseite der Brühlschen Terrassen angelegten Gondelhafens stand auf einer Geländewelle der aufgelassenen Festungsanlage die Dresdner Synagoge. Sie wurde zwischen 1838 und 1840 nach Plänen von Gottfried Semper errichtet, der 1834 zum Professor für Architektur und zum Leiter der Bauschule in Dresden berufen worden war. Semper gestaltete einen geschlossenen kubischen Block im romanischen Stil, dessen hoher achteckiger Tambour mit einem Zeltdach einen Akzent in die Uferbebauung setzte, während die niedrigere Zweiturmfassade zum Gondelhafen und den Brühlschen Terrassen wies. Bei seiner Einweihung am 8. Mai 1840 erregte der Neubau großes Aufsehen, nicht nur, weil die Synagoge zu dieser Zeit der größte jüdische Kultbau in Deutschland war, sondern vor allem, weil es Semper gelungen war, eine architektonische Gestalt zu finden, die Ausdruck der beginnenden Emanzipation der Juden in Deutschland war und ganz besonders der israelitischen Gemeinden in Sachsen, die bis zur Revolution von 1848 entrechtet blieben. Während des Novemberpogroms 1938 brannte die Synagoge völlig aus, noch im Verlauf des gleichen Monats wurden die Ruinen gesprengt und die Trümmer restlos beseitigt. Nichts erinnert heute mehr an die einstige Synagoge von Dresden. Das Denkmal des steinernen, sechsarmigen Leuchters in der Nähe der ehemaligen Hofgärtnerei gemahnt zwar an das Gebäude und die sechs Millionen ermordeter Juden, aber am falschen Ort, hinter Büschen verborgen, fristet es ein unscheinbares Dasein.

Durch die Zerstörung Dresdens im Februar 1945 ist die topographische Situation um den einstigen jüdischen Kultbau bis zur Unkenntlichkeit entstellt. Die Auffahrt zur Königin-Carola-Brücke und die parallel dazu verlaufende kleine Straße names Hasenberg flankierten einst die Ostseite der Synagoge. Die Brücke wurde zwischen 1968 und 1971 als moderner, mehrspuriger Verkehrsweg wiederaufgebaut. Dabei verbreiterte man die gesamte Zufahrt und beschnitt somit einen Teil des ehemaligen Synagogengrundstücks. Jenseits der Brücke, in östlicher Richtung, erstreckte sich die Pirnaische Vorstadt, von deren prächtiger Gründerzeitbebauung heute nichts mehr vorhanden ist. Soweit das Auge reicht, blickt man auf Plattenbauten. Die Südseite der Synagoge, an der auch der Haupteingang lag, war einst eng umstellt von viergeschossigen Wohnhäusern, in denen unter anderem die Wohnung des Rabbiners und das Gemeindeamt der Israelitischen Religionsgemeinde gelegen haben. Diese Häuser sind nicht mehr vorhanden, an ihrer Stelle befindet sich eine Straßenkreuzung, die den Verkehr in die Altstadt leitet. Optisch wird die Südseite des Grundstückes jetzt durch einen Bau aus der Nazizeit begrenzt, in dem die Landeszentralbank untergebracht ist.

Städtebaulicher Kontext: Lageplan der Altstadt und Elbansicht
Urban context: site plan of historic centre and riverview

Die westliche Grundstücksgrenze verläuft auch heute noch entlang der Geländewelle, die steil zum ehemaligen Gondelhafen abfällt, und an der jetzt die kleine Straße namens Hasenberg liegt. Das Wasserbassin wurde bereits 1853 zugeschüttet und ist seitdem eine baumbestandene Rasenfläche östlich der Brühlschen Terrassen. Nur der Blick zur Elbe ist – wie zu Sempers Zeiten – unverbaut.

Auf dieser schmalen, langgestreckten Geländewelle wird nun wieder eine Synagoge entstehen für eine heute etwa 300 Mitglieder zählende Gemeinde. Der Neubau soll der jüdischen Religion wieder einen würdigen und sichtbaren Platz in der Stadt einräumen. Schon 1838 war die Gemeinde viel zu klein für einen großen Synagogenbau gewesen, aber auch damals wollte man vor allem ein Zeichen setzen für die Integration und die Freiheit der Juden.

1997 schrieben die Stadt Dresden und das Land Sachsen einen internationalen Wettbewerb aus, bei dem zwei erste Preise an Heinz Tesar und Livio Vacchini gingen und ein dritter an die Architektengemeinschaft Wandel Hoefer Lorch & Hirsch. Nach langen Diskussionen gelangt nun der drittplazierte Entwurf zur Ausführung, und das ist gut so! Wie schon Gottfried Semper standen die Architekten vor der schwierigen Aufgabe, eine angemessene architektonische Form für einen Kultbau zu finden, der auf keine kontinuierliche Bautradition zurückblicken kann. Hinzu kam das schwierige Problem, die leidvolle Geschichte der Juden in Deutschland und besonders die Apokalypse des Holocaust nicht stillschweigend zu übergehen. Deshalb ist – im Gegensatz zum Wiederaufbau der Frauenkirche – hier auch jegliche Diskussion um eine Rekonstruktion des historischen Baus unangebracht.

Das Gefälle auf dem Grundstück soll durch einen massiven Sockel ausgeglichen werden. Dieser bildet das Fundament für vier unterschiedliche ›Orte‹. Zum Ufer der Elbe hin wird die Synagoge als steinerner Turm emporragen und wieder deutlich den Abschlußakkord im Altstadtpanorama zwischen Semperoper und Königin-Carola-Brücke bilden. Die zur Altstadt gelegene Südseite des Grundstücks wird das Gemeindezentrum einnehmen, das als kubischer Block gestaltet werden soll. Synagoge und Gemeindezentrum umklammern schützend zwei offene Räume. Nächst der Synagoge wird ein Hain angelegt, in dessen Mitte noch im Wettbewerbsentwurf eine Mikwe vorgesehen war. Aus Kostengründen soll das rituelle Bad jetzt in den Sockelbereich unter dem Synagogenraum verlegt werden. Zwischen dem kleinen Wäldchen und dem Gemeindezentrum liegt eine Freifläche. Dort stand einst die Synagoge des 19. Jahrhunderts. Ihre Umrisse werden im Bodenbelag des Hofes andeutungsweise nachgezeichnet werden. Den Platz der alten Synagoge soll und

Modell
Model
(Photo: Norbert Miguletz)

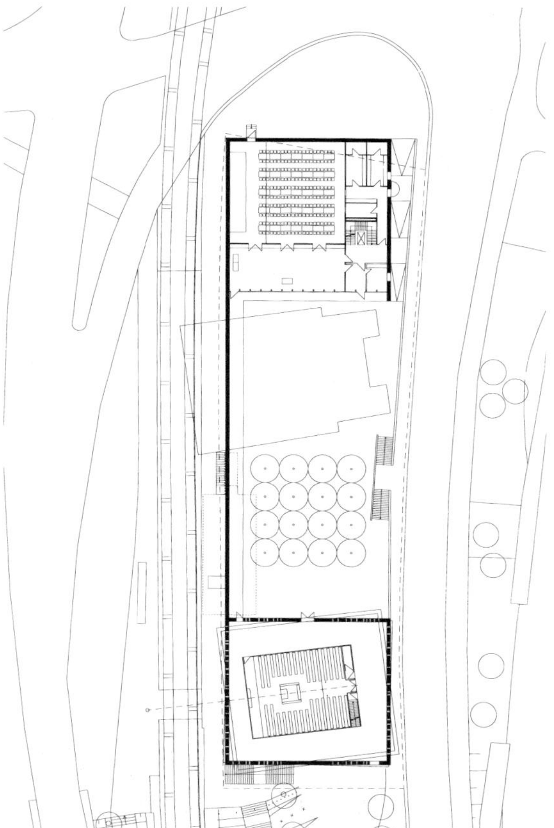

Grundriß Erdgeschoß
Ground-floor plan

Ansicht von den Brühlschen Terrassen
View from the Brühlsche Terrassen

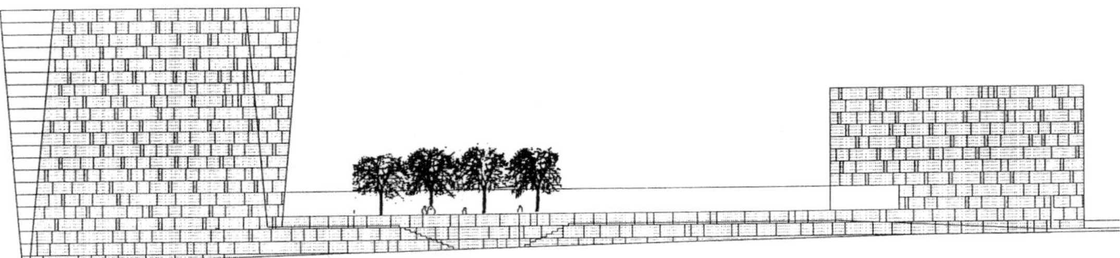

kann kein anderes Gebäude einnehmen – Geschichte ist nicht reparabel. Ein Gedanke, der sich nicht nur angesichts der schrecklichen Leiden der Juden einstellt, sondern der auch auf ganz besondere Weise mit der Stadt Dresden verbunden bleiben muß. Die Faszination der historischen Bauten und der neu erstrahlte Glanz der Stadt können die Verbrechen der Geschichte nicht ungeschehen machen.

Die Synagoge und das Gemeindezentrum sowie der Sockel, der die Geländewellen ausgleicht, sollen aus Elbsandstein errichtet werden. Mit diesem Stein greifen die Architekten auf das in der Alt- und Neustadt seit altersher verwendete Baumaterial zurück. Gleichzeitig verklammert die Wahl desselben Materials die einzelnen Komplexe des Entwurfs und läßt die Synagoge mit dem Sockel zu einer Einheit verschmelzen.

Die Synagoge wird als ein an allen vier Seiten geschlossener turmartiger Kubus gestaltet. Die einzelnen Lagen aus Elbsandsteinquadern werden nach oben hin langsam aus der Grundachse herausgedreht, wobei jede Ebene in sich orthogonal bleibt. Die Drehung erfolgt solange, bis die oberste Quaderlage eine absolute Ausrichtung nach Osten erreicht hat. Diese langsame Drehung des Gebäudes wird an der Außenhaut nicht verschliffen, sondern die einzelnen Lagen schieben sich mit ihren Kanten langsam hervor. So wird sich an den Fassaden ein intensives Licht- und Schattenspiel abzeichnen, das noch durch die unregelmäßig gesetzten vertikalen Fugen, die als Lichtschlitze für den Innenraum dienen, intensiviert wird. Auf der obersten Ebene der Elbsandsteinquader soll ein Trägerrost aus Beton aufliegen, an dessen Unterseite ins Innere der Synagoge ein Metalltextil herabhängen wird. Dieses umfängt – gleich einem Zelt – den eigentlichen Kultraum. Der Raum ist genau nach Osten – gegen Jerusalem hin – ausgerichtet, wie es für eine Synagoge vorgeschrieben ist. So wird im Innern zwischen der steinernen Außenhaut und der abgehängten Zeltkonstruktion, die von einem drei Meter hohen hölzernen Sockel aufgefangen wird, ein Umgang entstehen. Das Zelt im Zentrum der Anlage wird die beiden wichtigsten kultischen Bereiche der Synagoge umschließen: an der Ostwand den Aron Hakodesch, die heilige Lade, in der die Thorarollen aufbewahrt werden, und in der Mitte des Raumes den von Sitzreihen umgebenen Almemor oder die Bima, ein erhöhtes Podium, von dem aus die heiligen Schriften verlesen werden. Zwischen dem Aron, der immer an der Ostwand aufgestellt werden muß, und der Bima, die einen möglichst zentralen Punkt im Raum einnehmen sollte, entfaltet sich seit alters her die dialektische Spannung des synagogalen Raumes, der somit entweder als Zentralraum gestaltet ist oder stärker die Längsachse betont. Die Architekten entschieden sich in Dresden für eine Lösung, die die Spannung zwischen den beiden Polen aufrechterhält. Der Almemor ist zwar ins Raumzentrum gerückt, aber doch näher zum Aron Hakodesch hin orientiert. Ebenso werden die Sitzbänke nach Osten ausgerichtet, so daß der Raum insgesamt stärker längsbetont bleibt. Gottfried Semper hatte sich bei seinem Vorgängerbau für eine Lösung entschieden, die stärker dem christlichen Kultbau angeglichen war und damit auch den Bestrebungen des emanzipierten Judentums entgegengekommen war, sich in die christliche Umgebung einzufügen. Er verlegte die Bima unmittelbar vor den Aron an die Ostwand.

Die Struktur des Metallgewebes, aus dem das innere Zelt gebildet werden soll, basiert auf der Geometrie des Davidsterns. Da die jüdische Religion gänzlich auf gegenständliche Darstellungen verzichtet, kommt dem Ornament in der Synagoge eine besondere Bedeutung zu. Es ist hier nicht applizierter Zusatz, sondern ergibt sich aus der Struktur des Gewebes. In dem drei Meter hohen Sockel, auf den die Zeltwand aufstößt, sollen das Mobiliar verankert werden ebenso wie der Abgang in die Mikwe und der Aufgang auf die Frauenempore im westlichen Zeltbereich. Alle Einrichtungsgegenstände einschließlich des Sockels werden aus Zedernholz gearbeitet.

Das meiste Licht wird in die Synagoge durch die vertikalen Fugen in der Außenhaut fallen. Da das Gewebe des Zeltes einen golden schimmernden

Zeltkonstruktion. Axonometrie
Axonometric drawing of tent-like structure

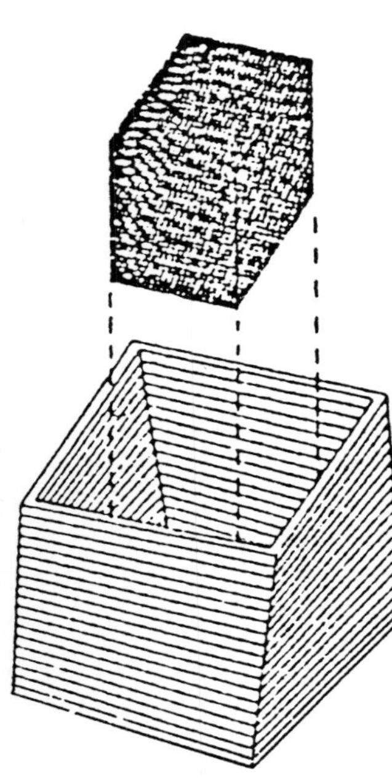

Metallglanz aufweist und das Licht sich in den engen Maschen der Davidsterne bricht, wird sowohl im Umgang wie im Zeltinnern ein diffuses, auratisches Licht herrschen. Dem gegenüber soll der Almemor mittels einer zentralen Oberlichtöffnung, durch die gebündeltes Zenitlicht fällt, hell erleuchtet werden und so auch dem Longitudinalraum eine stärkere zentralräumliche Wirkung verleihen.

Das der Synagoge gegenüberliegende Gemeindezentrum ist als einfacher dreigeschossiger Quaderbau geplant, der zu den Straßenräumen hin vollkommen geschlossen wird, sich aber in einer verglasten Front zum Hof öffnen soll. Das Zentrum des Gebäudes nimmt ein Mehrzweckraum ein, der sich über zwei Geschosse erstrecken wird, und um den sich die anderen Nutzräume gruppieren. Im dritten Geschoß bildet der Zentralraum die Plattform für eine Dachterrasse.

Der Entwurf zeichnet sich durch strenge und klare Bauformen aus, die einen neuen stadträumlichen Akzent setzten werden, zum einen im Elbpanorama, zum anderen als neue südliche Begrenzung der Altstadt und insbesondere auch als Schutz gegen den tosenden Verkehr auf die Königin-Carola-Brücke. Dazu wird vor allem die hohe Mauer beitragen, die zwischen der Synagoge und dem Gemeindezentrum die Ostseite des Grundstückes schützend umfangen und gleichzeitig auch eine optische Grenze zu der sich jenseits der Brücke ausdehnenden Plattenbauweise ziehen wird. Der Sockel des neuen Kultbereiches öffnet sich zum ehemaligen Gondelhafen über zwei große Freitreppen. Hier klingt noch einmal das Thema der Terrassenarchitektur an, das sich auf die nahegelegene Brühlsche Anlage bezieht. Mit ihrem Entwurf für die Synagoge haben die Architekten eine Lösung gefunden, die sehr stark inhaltlich und symbolisch geprägt ist und sich damit besonders vor den beiden erstplazierten Wettbewerbsentwürfen auszeichnet. Die massive steinerne Außenhülle der Synagoge verweist auf den Wunsch nach Beständigkeit und Geborgenheit, das bewegliche Zelt im Innern verweist auf die unstete Geschichte der Juden in der Diaspora. Es symbolisiertt zugleich das mosaische Stiftszelt, in dem die Juden auf ihrer vierzigjährigen Wanderschaft durch die Wüste die heilige Lade aufbewahrt haben. Die Steinquader an der Außenhaut assoziieren den Tempel in Jerusalem, den heiligen Ort für die Juden, an dem die Priester ihren Dienst verrichten, während die Synagoge im eigentlichen Sinne nur ein Versammlungsort ist. Wandel Hoefer Lorch & Hirsch ist es gelungen, eine konzeptionelle Lösung und eine Architektursprache zu finden, die für den neuzeitlichen Synagogenbau richtungsweisend sein könnte.

Ursula Kleefisch-Jobst

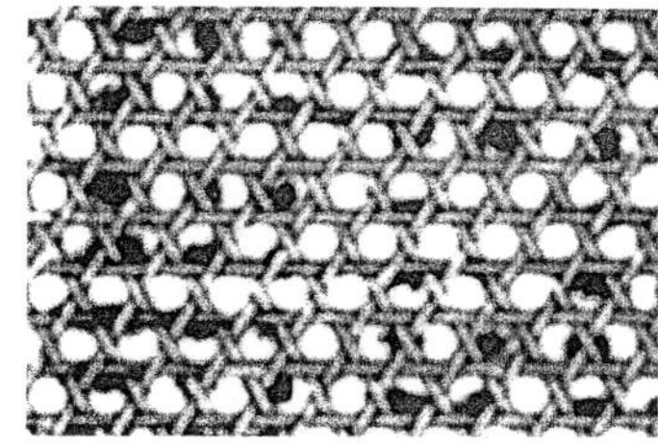

Zeltkonstruktion. Detail
Detail of tent-like structure

Zeltkonstruktion. Perspektive Zeltinnenraum
Perspectival drawing of tent interior

Karl Hufnagel,
Peter Pütz,
Michael Rafaelian

Museum der Bildenden Künste, Leipzig

Mitarbeit Kirsch, Lienemeyer, Müller, Schemel, Schlosser, Schreiber

Zweistufiger Wettbewerb 1997

Museum of Fine Arts, Leipzig

The original museum building was destroyed in the Second World War. In 1997, the museum had to vacate its temporary premises in the building that had once housed the Reichsgericht (court of justice). Today, the Neues Gewandhaus stands on the original museum site. A new location was chosen on Sachsenplatz, a city square that had been unsatisfactorily developed in 1969 in the course of postwar reconstruction.

The architects have created a high, free-standing glass block in the middle of the site, surrounded by four lower L-shaped rows of mixed-function buildings that

Stadtreparatur mit einer Stadtkrone

Bis zum Zweiten Weltkrieg war das Museum der Bildenden Künste in einem Bau von 1858 am Augustusplatz untergebracht, der im Krieg ausbrannte und in den folgenden Jahren abgetragen wurde; an seiner Stelle steht heute das Neue Gewandhaus. Von 1953 bis 1997 kamen die Sammlungen – mit prächtigem Entree, aber schlecht beleuchtet – im Gebäude des ehemaligen Reichsgerichts unter, das gerade zum Sitz des Bundesverwaltungsgerichts umgebaut wird. Die derzeitige Unterbringung im Handelshof, einem ehemaligen Messehaus, ist nur provisorisch. Als Standort des Museumsneubaus wurde unter mehreren Alternativen der Sachsenplatz ausgewählt.

Der Sachsenplatz ist anstelle eines kriegszerstörten, ehemals dicht bebauten Quartiers der nördlichen Innenstadt 1969 eher als Verlegenheitslösung entstanden. Seine unregelmäßige Fläche blieb übrig zwischen den Resten historischer Bebauung und unmaßstäblichen Neubauten, die bewußt die alten Fluchtlinien verließen, und wurde mit dem Gebäude für die Leipzig-Information, drei Pavillons, Brunnen und einer Grünfläche nur unbefriedigend gegliedert. Die Platzflanken sind heterogen: an der Westseite barocke Bürgerhäuser und spätere Ergänzungen ähnlichen Maßstabs, an der Südseite ein städtebaulich falsch dimensionierter, gestalterisch aber gelungener Wohnblock von 1962/64, an der Ostseite ein dominanter siebengeschossiger Wohnriegel mit anschließendem elfgeschossigem Bürohochhaus, im Norden zwei Schmalseiten der drei zehngeschossigen Wohnhäuser in Kammstellung am Brühl. Anders als die Grünfläche zwischen Markt und Thomaskirche ist dieser Freiraum kein gestalterischer Gewinn für die Stadt, sondern eine nur schlecht vernarbte Wunde des Krieges. Ihre Heilung mit dem Bau des neuen Museums zu verbinden, ist eine richtige Entscheidung. Sie gibt dem Wettbewerb eine doppelte Dimension: städtebauliche Akzentuierung und funktionale Lösung für das Museum. Von 532 Arbeiten der ersten Wettbewerbsstufe waren 41 zur Weiterbearbeitung ausgewählt worden; vier der fünf Preise sowie die vier Ankäufe gingen an Berliner Büros.

Der Entwurf von Hufnagel Pütz Rafaelian erfüllt die städtebaulichen Anforderungen in überzeugender Weise. Mitten in das Planungsareal setzt er den Museumsbau. Als gläserner Kubus soll er mit 34 Metern die Höhe der Kammbebauung nördlich des Brühl erreichen. Ihn umgibt ein Kranz niedrigerer Bebauung, die den Maßstab der von barocken Bürgerhäusern akzentuierten Westseite der Katharinenstraße aufnimmt. Der Kranz besteht aus vier L-förmigen Winkelbauten; ihre Lücken antworten auf die Eingänge und Höfe des Museums. Diese Winkelbauten sehen die Architekten als Bauten auf kleiner Parzellierung im Maßstab der früheren Bebauung.

Das Museum präsentiert sich als glasverkleideter Block, der bei näherem Hinsehen seine innere Aufteilung zu erkennen gibt: Zwischen den geschlossenen Betonwänden hinter mattiertem und profiliertem Glas sind sowohl im Erdgeschoß wie

Stadtzentrum Leipzig
Vorkriegszustand
1990
Wettbewerbsplanung
Leipzig city centre:
pre-war state
1990
Planning competition

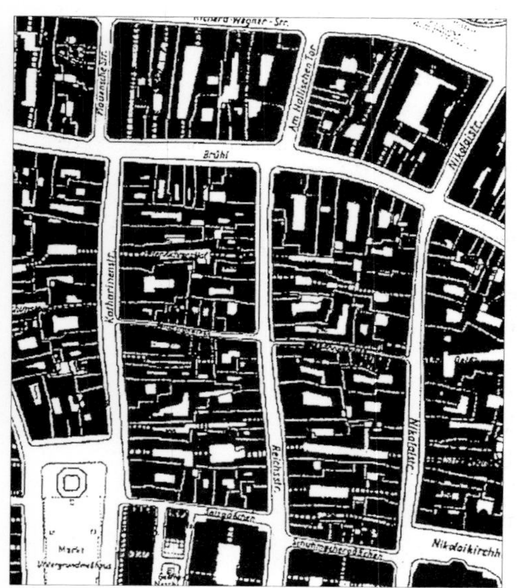

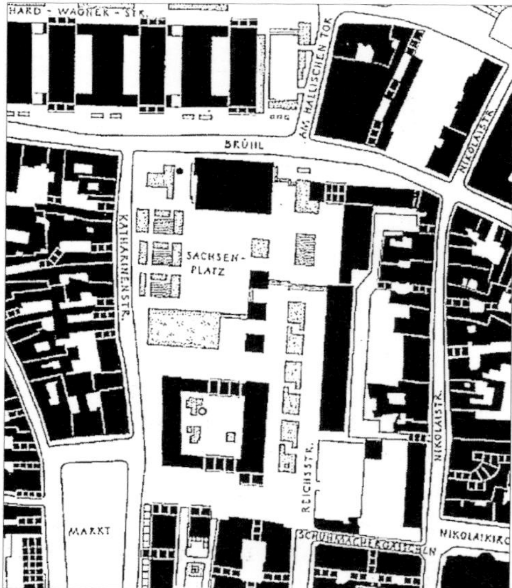

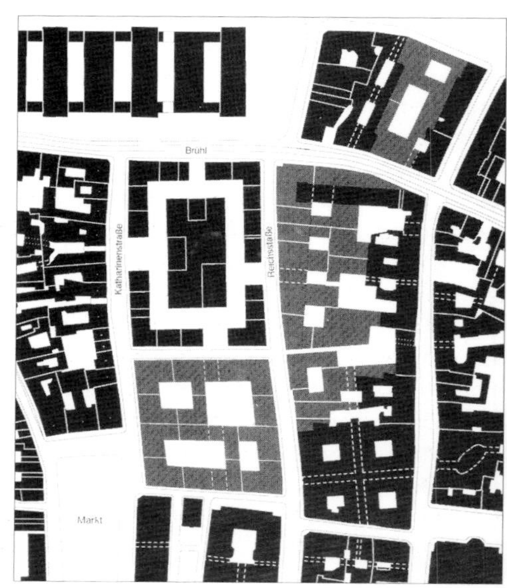

in höheren Ebenen aus dem Kubus Hof- und Terrassenflächen ausgeschnitten, in die durch Klarglas der Einblick möglich ist. Daneben zeichnen sich auch die Fenster der Verwaltungsräume im Zwischengeschoß über dem Erdgeschoß, die Fenster der Seitenlichtkabinette im zweiten Museumsgeschoß sowie die Zonen in der Fassade ab, in denen auf Höhe der Verwaltungsräume Seitenlicht einfällt, das dann als Oberlicht für die Sonderausstellungsräume umgelenkt werden soll.

Der Haupteingang liegt hinter einem Eingangshof in der Westfassade zur Katharinenstraße, dessen Breite auch als Hausabstand in der vorgelagerten Häuserzeile wiederkehrt. Der größere Hof in der Südostecke ist dem Museumscafé als Terrasse zugeordnet. In den drei übrigen Gebäudeecken finden sich Räume für Sonderausstellungen. Zwei Geschosse für die ständige Sammlung gruppieren sich um eine innere Halle und werden mit Kunst- und Seitenlicht belichtet. Darüber ragen die Oberlichtsäle über die Dächer der umgebenden Bebauung hinaus. Die ausgesparten Höfe verbinden diese Ebene mit der der Seitenlichtkabinette darunter, die ihrerseits durch die innere Halle mit dem Geschoß darunter verklammert ist. In den Bereichen, die nicht unmittelbar der Präsentation der Sammlung dienen, sollen Betonwände und -decken den Besucher von der Betriebsamkeit der Stadt zur Kontemplation der Bilder leiten, für die mit Eichenparkett, farbig gefaßten Gipswänden und Rasterdecke aus geätztem Glas eine behaglichere Atmosphäre geschaffen werden soll.

Die besondere Stärke des Entwurfs ist die Bereicherung des Leipziger Stadtbildes um eine neue und überzeugende Struktur. Die Einfassung eines markanten Gebäudes mit einer allseitigen niedrigeren Randbebauung erscheint in Nachbarschaft klassischer Blockrandbebauung sowie der Kammbebauung in der Nachfolge des Zeilenbaus der zwanziger Jahre wie eine Synthese dieser beiden städtebaulichen Figuren. Sie kann damit über die Heilung der Kriegsnarbe hinaus auch eine Versöhnung seiner heterogenen Nachbarn bewirken. Das Understatement des Rückzugs in den Blockinnenbereich wiederholt sich im Verzicht auf eine aufdringliche Fassadengliederung und damit einer klaren Absage an Effekthascherei. Im Inneren sind die durch die ausgeschnittenen Lichthöfe abwechslungsreichen Grundrisse bemerkenswert, während die Unterbringung der Verwaltung in einem Zwischengeschoß ein Rückgriff auf Rudolf Schwarz' Kölner Museum ist.

So verführerisch der Entwurf auch bei ausführlicher Betrachtung ist, ist doch zu fragen, was davon im Kontakt mit der Wirklichkeit im Rahmen der Ausführungsplanung übrigbleibt. Daß der Museumsbau die Höhe der Kammbebauung am Brühl erreicht, ist zwar wünschenswert, um seine Wirkung zu sichern; doch auch bedenklich, weil zur Reparatur des historischen Stadtgefüges auch die weitgehende Einhaltung der historischen Höhendimensionen gehört.

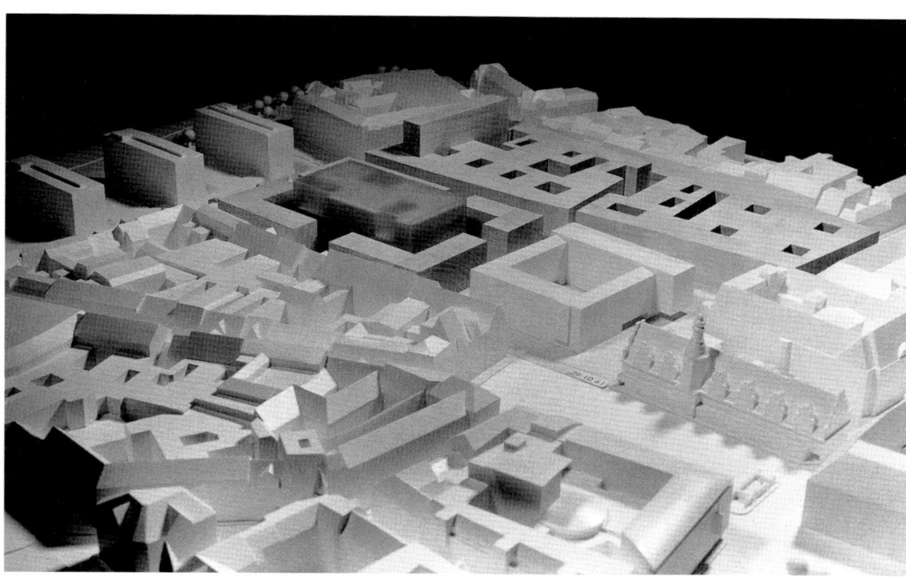

Modell
Model

Zu Recht hat das Preisgericht die nicht in allen Teilen gelungene Innenaufteilung – insbesondere bei den Oberlichtsälen und Seitenlichtkabinetten – bemängelt. Sie eignen sich im derzeitigen Entwurfsstadium weder für eine klassische Führungslinie wie in Museen des 19. Jahrhunderts, noch für eine offene Hängung wie z. B. in Mönchengladbach. Auch sind die Treppen zu schmal geraten, und die Fläche für Sonderausstellungen wäre als teilbares Ganzes flexibler nutzbar. Es erscheint auch fraglich, ob die teilweise geplante Beleuchtung durch begehbare Glassteindecken oder umgelenktes Seitenlicht das erforderliche natürliche Licht einfallen läßt. Die große Zahl von Räumen mit Seitenlicht sind wohl eher einer mangelhaften Programmstellung als den Architekten anzulasten. Hier lassen sich im Zuge der Ausführungsplanung noch wesentliche Verbesserungen erzielen, ohne daß die kristalline Grundstruktur darunter leiden muß.

Der Blockrandbebauung ist der Ausgleich zwischen dem stereometrisch reinen Block und den unregelmäßigen Straßenverläufen zugewiesen. Sie wird zwei bzw. drei Schauseiten haben müssen, da der Raum zwischen ihr und dem Museum öffentlich sein und das Museum immer wieder Ausblicke in seine Umgebung gestatten soll. Es

border the street. In this way, they have succeeded in reconciling the historic street-block form with the linear forms of the 20s that still survive in a comb-shaped development to the north of the site. The understatement of the building's introverted retreat into the interior of the block is reiterated in its lack of eye-catching facade structures, making what is to all intents and purposes a clear statement against any form of cheap showiness. The interior possesses a striking sequence of atrium-type spaces of varying sizes, some of which might benefit from a slight reworking of certain details. The ground floor houses the cash desk, café and museum shop together with three temporary exhibition spaces. Of the three upper floors reserved for the permanent collection, the topmost floor is naturally skylit.

wird nicht einfach sein, die planerischen Vorgaben so zu gestalten, daß Uniformität und geschmackliche Entgleisungen gleichermaßen vermieden werden. Und die Wirkung des Museums wird langfristig wesentlich von dieser Einfriedung abhängen. Für sie ist mit dem Museumsentwurf die Latte sehr hoch gelegt.

Nicht restlos befriedigend ist auch der Übergang der Neuplanung zu dem südlich anschließenden Wohnblock von 1962/64, der nach soeben beendeter Sanierung zu den Konstanten des Bauplatzes zu rechnen ist. Modell und Entwürfe ersetzen ihn – wie auch den städtebaulich ungünstigeren Wohnblock entlang der Reichsstraße – durch eine Bebauung analog den historischen Fluchtlinien.

Das von der Stadtplanung verfolgte Ziel einer kritischen Rekonstruktion erreicht mit diesem Projekt einen wichtigen Zwischenschritt. Die Sammlungen haben nach einem halben Jahrhundert der Provisorien solch ein würdiges Quartier verdient. So bleibt eine schleunige Ausführung zu wünschen.

Stefan W. Krieg

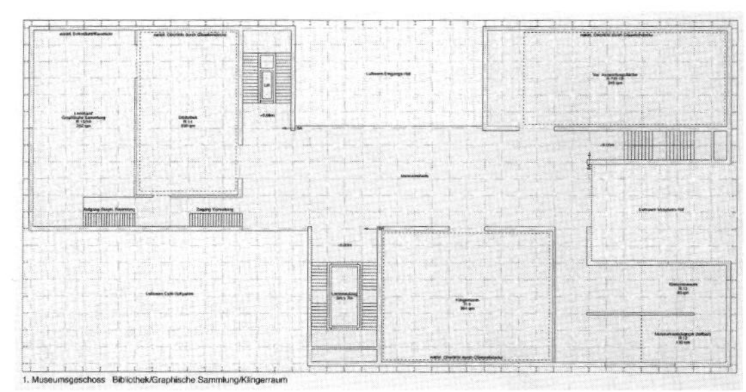

Grundriß 1. Museumsgeschoß. Bibliothek, Graphische Sammlung und Klingerraum
First-floor plan, museum, library, prints collection, Klinger room

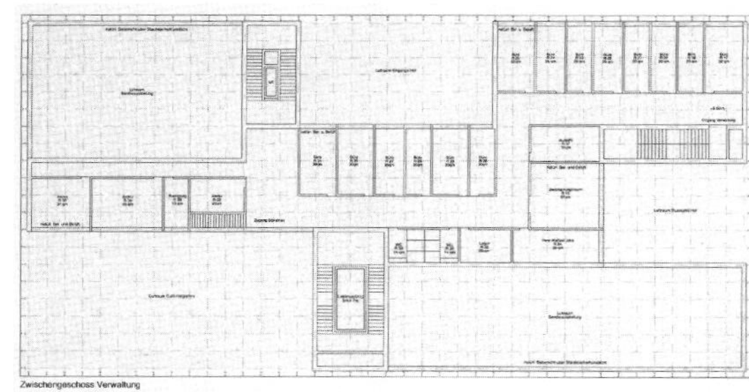

Grundriß Zwischengeschoß. Verwaltung
Mezzanine floor plan, administrative offices

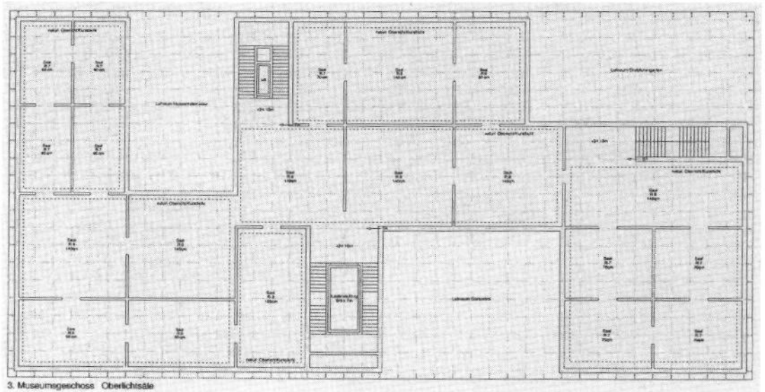

Grundriß 3. Museumsgeschoß. Oberlichtsäle
Third-floor plan, skylit museum space

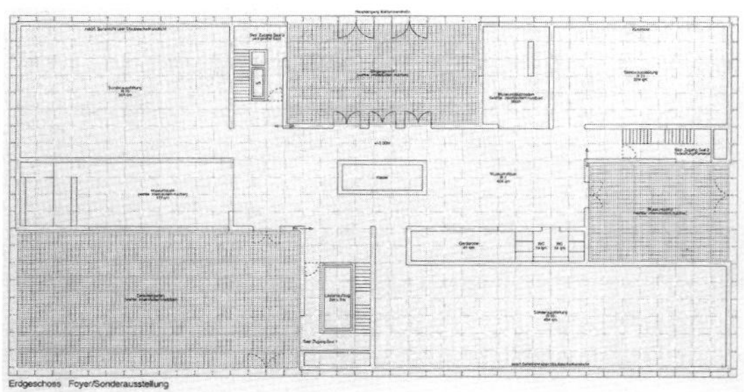

Grundriß Erdgeschoß. Foyer und Sonderausstellung
Ground-floor plan, foyer, temporary exhibitions

Grundriß 2. Museumsgeschoß. Seitenlichtkabinette
Second-floor plan, sidelit museum space

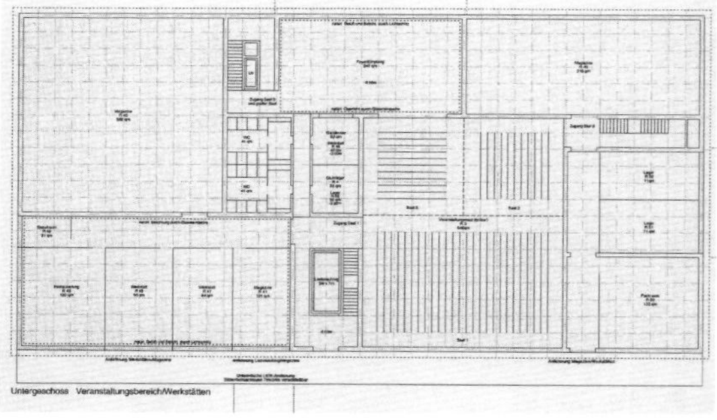

Grundriß Untergeschoß. Verwaltungsbereich und Werkstätten
Lower-floor plan, administrative area, workshops

Perspektive.
Museumsterrasse über der Stadt
Perspectival drawing of museum terrace overlooking town

Querschnitt.
Museumsterrasse zur Katharinenstraße
Section of museum terrace looking towards Katharinenstrasse

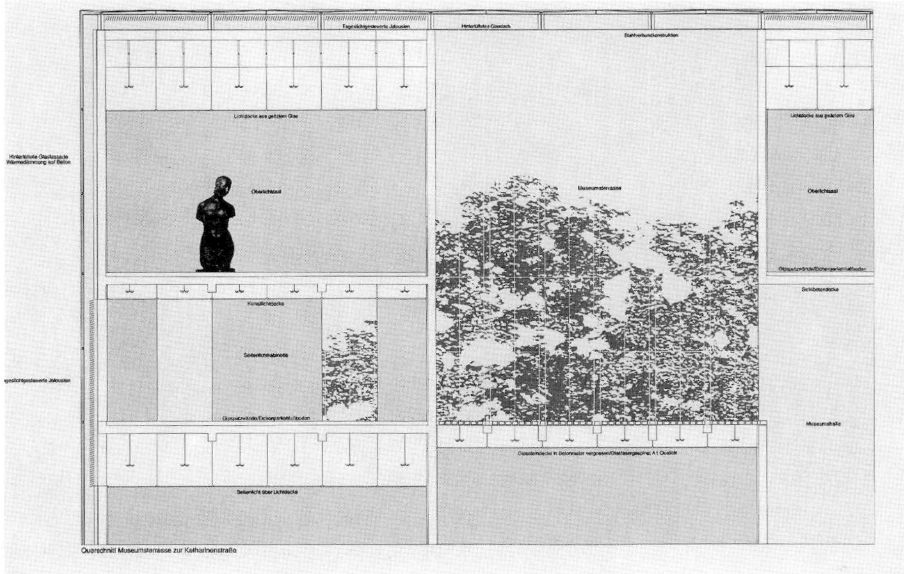

Bauausstellung Berlin 1999

Building Exhibition, Berlin

The Senate of Berlin is staging a special building exhibition devoted to the theme of "Living on the Periphery of Cities".

Ten developers have entered into a contract with the Senate that obliges them, by 1999, to construct housing schemes on five of the sites in their possession in the districts of Pankow and Weissensee, Berlin. These schemes, it is hoped, will serve as models for other developments on the outskirts of the city. A seven-member advisory board has been appointed to make recommendations and to mediate between the developers, the municipal building authorities and the architects.

Teams of five architects and a landscape architect are at present preparing planning concepts for each of the locations, the plausibility of which will be discussed with the advisory board. Public services and energy concepts will be drawn up in

Der Senat von Berlin widmet dem Thema ›Wohnen am Stadtrand‹ eine eigene Bauausstellung.

Zehn Bauträger haben sich in einem Vertrag mit dem Senat verpflichtet, bis zum Jahr 1999 auf fünf in ihrem Besitz befindlichen Grundstücken in den Bezirken Berlin-Pankow und Berlin-Weißensee Siedlungen zu errichten, von denen man sich modellhafte Wirkung für den Metropolenrand Berlins verspricht. Ein eigens von der Senatsbaudirektorin Prof. Barbara Jakubeit einberufener siebenköpfiger Beirat übernimmt dabei die Moderatorenrolle zwischen Bauträgern, Bauverwaltung und Architekten.

In der Senatsverwaltung für Bauen, Wohnen und Verkehr wurde zudem eine Projektgruppe eingerichtet, die das aufwendige politische und fachliche Abstimmungsverfahren koordiniert, den Planungs- und Durchführungsprozeß sowie die städtebaulichen Verträge vorbereitet und in enger Zusammenarbeit mit den Bezirken darum bemüht ist, bürokratische oder planungsrechtliche Hindernisse zu beseitigen.

Als Beiräte fungieren neben der Senatsbaudirektorin: Undine Giseke, Landschaftsarchitektin aus Berlin, Prof. Hanns Adrian, Stadtplaner aus Hannover, der Architekt Prof. Dietmar Eberle, Partner des Büros Baumschlager, Eberle aus Lochau im Vorarlberg, der Architekt Anatole du Fresne aus Bern, sowie die Architekten Eckhard Feddersen und Ulrich Peickert aus Berlin.

Teams aus jeweils fünf Architekten und einem Landschaftsplaner erarbeiten derzeit für die unterschiedlichen Standorte Siedlungs- und Bebauungskonzepte, deren Plausibilität mit dem Beirat erörtert wird. Jeweils ein Stadtplanungsbüro wurde beauftragt, für das verabschiedete Konzept den Bebauungsplan aufzustellen. Zusätzlich wurde ein Energieberater – Prof. M. N. Fisch aus Braunschweig – hinzugezogen, um sinnvolle technische Erschließungs- und Energiekonzepte als integralen städtebaulichen und konstruktiven Entwurfsbestandteil zu erörtern.

Die Demonstrationsgebiete liegen am nordöstlichen Stadtrand von Berlin und weisen bereits alle typischen Merkmale der Peripherie auf: heterogene Siedlungsstrukturen mit noch erkennbaren historischen Dorfkernen, Einfamilienhaus- und Gewerbegebiete sowie landwirtschaftliche Flächen.

Die Peripherie der Großstadt Berlin unterscheidet sich jedoch heute, aufgrund ihrer besonderen Nachkriegsgeschichte, durchaus von typischen Rändern vergleichbarer Metropolen. Der Übergang von Stadt zu freier Landschaft ist vielerorts noch überraschend klar formuliert, die Ausweisung von Wohnbauland und die einsetzende bauliche Entwicklung hat noch nicht großflächig die Konturen zwischen Umland und Stadt verwischt.

In Berlin ist ein großer Nachholbedarf an eigentumsorientiertem Wohnungsbau zu verzeichnen. Das betrifft sowohl die Nachfrage nach innerstädtischen Wohnungen wie auch nach dem kleinen Haus mit Garten. Auf der Suche nach dem eige-

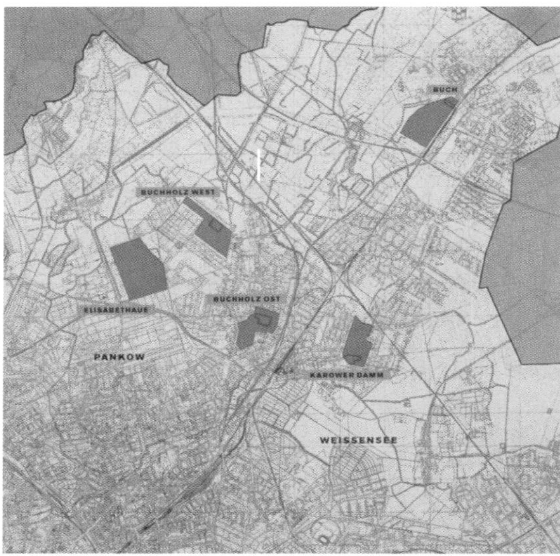

Die Gebiete der Bauausstellung Berlin 1999.
Entwicklungsraum Berlin-Barnim
Planverfasser BGMR mit Koroknay, Berlin
Building Exhibition neighbourhoods, Berlin, 1999.
Development area: Barnim, Berlin
Planning: BGMR in collaboration with Koroknay, Berlin

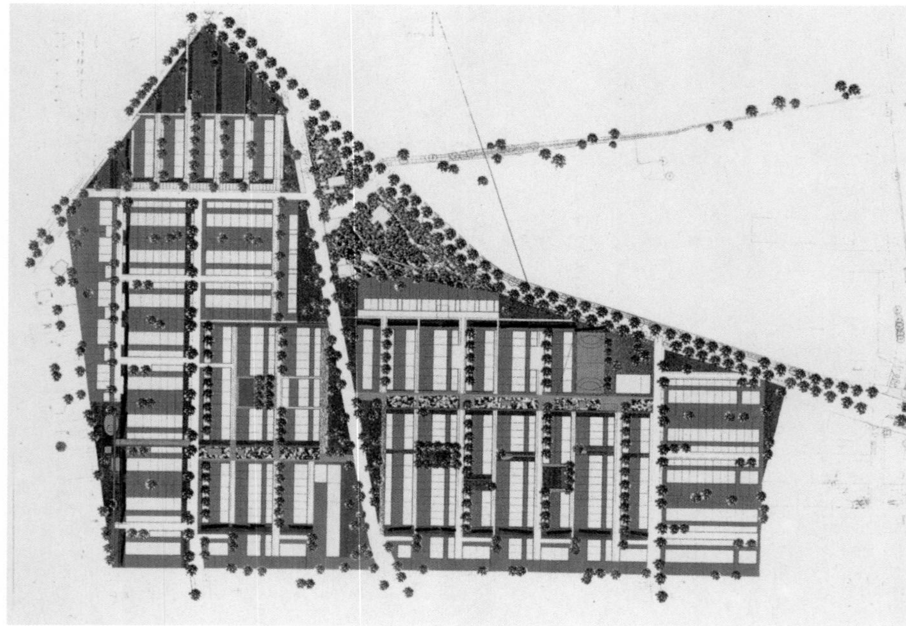

Siedlung Karower Damm.
Städtebauliches und landschaftsplanerisches Konzept
Karower Damm Development
Urban and landscape planning concept

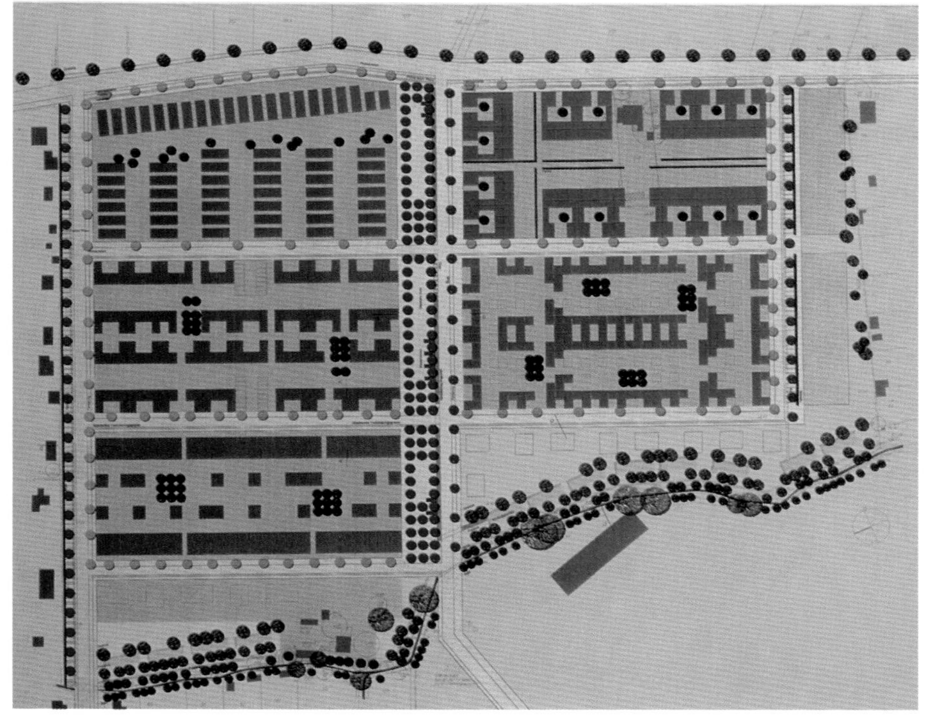

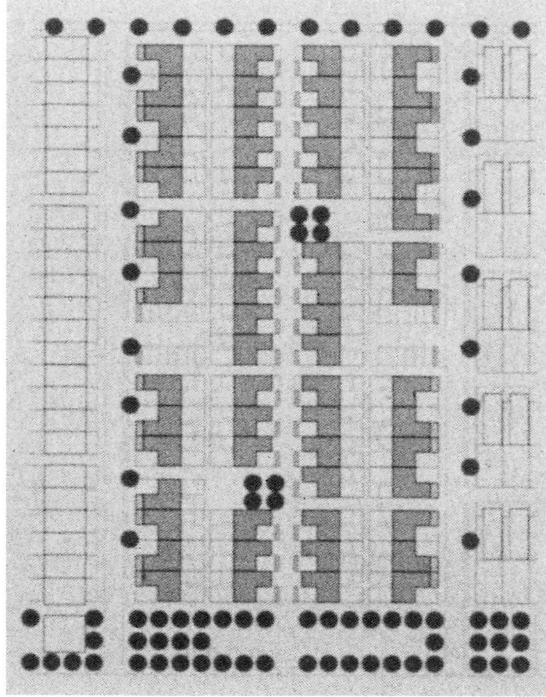

Siedlung Buchholz-Ost.
Städtebauliches und landschaftsplanerisches Konzept
Bauabschnitt von Atelier 5, Bern, Lageplan
Bauabschnitt von Atelier 5, Bern, Haustypologie an der Wohngasse

East Buchholz Development
Urban and landscape planning concept
Section of development by Atelier 5, Berne. Site plan
Section of development by Atelier 5, Berne. Housing typology along residential lane

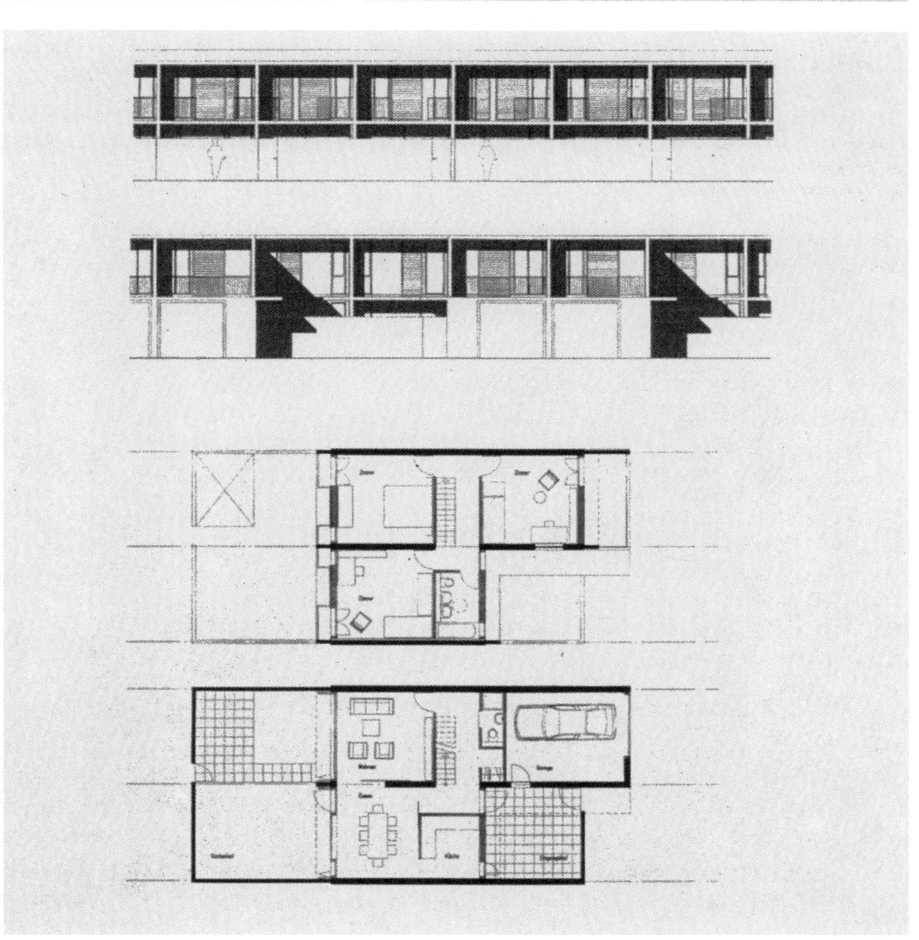

nen Heim stellt das Fertighaus aus dem Produktkatalog das konkurrenzlose, weil bezahlbare Angebot für den Käufer dar. Die allgemein übliche Reduktion des Themas auf das Standardeinzelhaus und seine individuellen Ausgestaltungsvarianten führt konsequenterweise in der Addition zu dem üblichen stadtplanerischen Bild: Raubbau an Grund und Boden, Zersiedelung, teure Folgekosten für die Stadt im Bereich Verkehr, aufwendige Infrastruktur und Energieversorgung.

Die Intention der Bauausstellung Berlin zielt in diesem Zusammenhang weniger auf eine theoretische oder ideologische Grundsatzdiskussion, sondern auf konkrete Wohnungsbauprojekte mit hoher Gebrauchsqualität und Alltagskultur.

Die Projekte, die im Rahmen der Bauausstellung entstehen, werden innerhalb der Kostenparameter gängiger Bauträgermodelle entwickelt.

consultation with an energy consultant and will form an integral part of the urban and constructional planning.

In competition with the many prefabricated dwelling types on the market, which currently dominate developments on the periphery of Berlin, new housing forms will be on offer that are capable of attracting private funding and that will lead to the creation of more compact urban configurations. In this respect, the Building Exhibition in Berlin is less concerned with a theoretical or ideological discussion of principles than with actual housing schemes that possess a high degree of functional quality and everyday culture. The projects being realised in the context of the Building Exhibition are subject to cost limits applied to common developer models, with sales prices of between DM 350,000 and DM 450,000 per house.

Grundstücks-, Erschließungs- und Bauwerkskosten bilden auch für diese Modellbauvorhaben die wirtschaftlichen Eckdaten bei Endpreisen zwischen 350 000 und 450 000 DM pro Haus.

Was sie jedoch von gängigen Marktangeboten unterscheiden wird, ist der Versuch, vor allem ein hohes Maß an städtebaulicher Kontur, an nachbarschaftlicher Qualität zu erzielen. Auf regionalplanerischer Ebene könnte von ihnen eine modellhafte und identitätsstiftende Wirkung für den Nordosten Berlins ausgehen. Die Standorte bilden aufgrund ihrer Nähe zueinander so etwas wie eine ›kritische Masse‹. Anhand dieser Projekte können auch weiterführende planungsrechtliche Ebenen, nachfragebezogene und qualitative Probleme in diesen Bezirken diskutiert werden, da sie als Wohngebiete sehr nachgefragt sind. Dem gestalteten Übergang von Siedlung zu freier Landschaft wird hohe Bedeutung beigemessen, aber auch der sorgfältig geplanten Beziehung zwischen privaten und gemeinschaftlichen Flächen in der Siedlung selbst. Der ›dörflichen‹ Verdichtung der

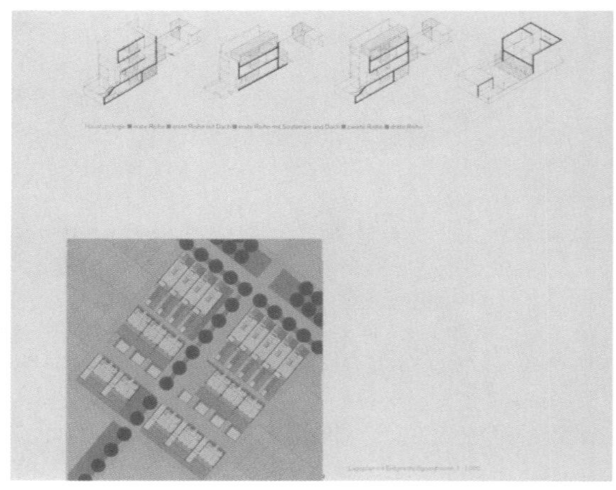

Siedlung Buchholz-West.
Städtebauliches und landschaftsplanerisches Konzept
Bauabschnitt von Engel und Zillich, Berlin, Straßenansicht
Bauabschnitt von Engel und Zillich, Berlin, Lageplan und Haustypologie

West Buchholz Development
Urban and landscape planning concept
Section of development by Engel and Zillich, Berlin. Street view
Section of development by Engel and Zillich, Berlin. Site plan and housing typology

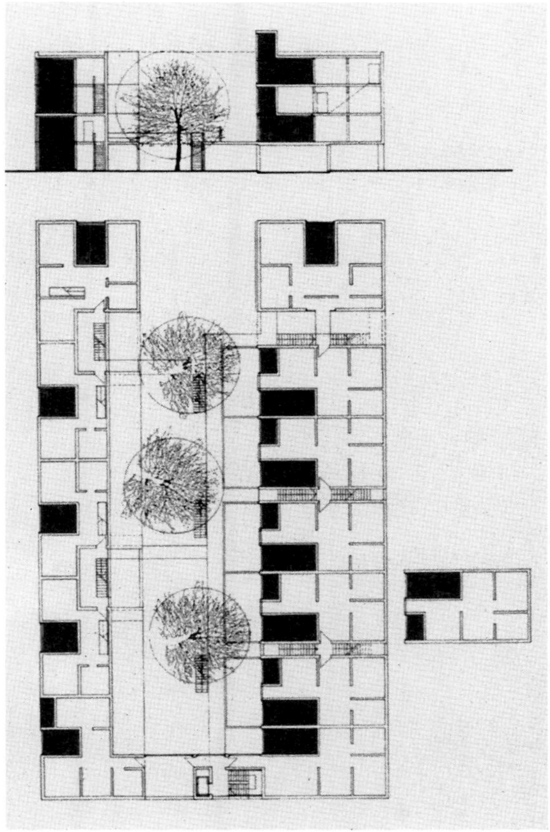

Einzelhäuser steht die großzügige naturräumliche Weite der Landschaft gegenüber.

Die Dichte der Siedlungsprojekte ist das Kernthema der Projekte, welches gestalterisch und architektonisch bewältigt werden muß. Sie deckt sich in der Regel nicht mit den undifferenzierten Erwartungen des Käufers, der – in welchem Kostenrahmen auch immer – den Traum vom freistehenden Häuschen im Grünen träumt. Aber auch planerisch ist dieser ganzheitliche Ansatz eine verantwortungsvolle, konzeptionelle Aufga-

What will differentiate them from the usual objects on the market is the attempt to achieve a high urban profile and neighbourly quality – in spite of the high density. Great importance is being attached to the design of the transitions from the built environment to the open landscape and to a careful planning of the relationships between private and public realms within the developments. The key factor

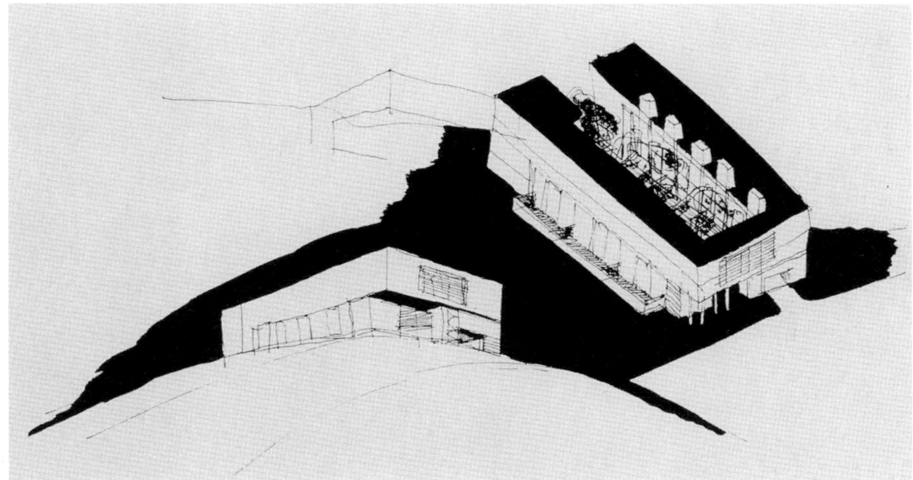

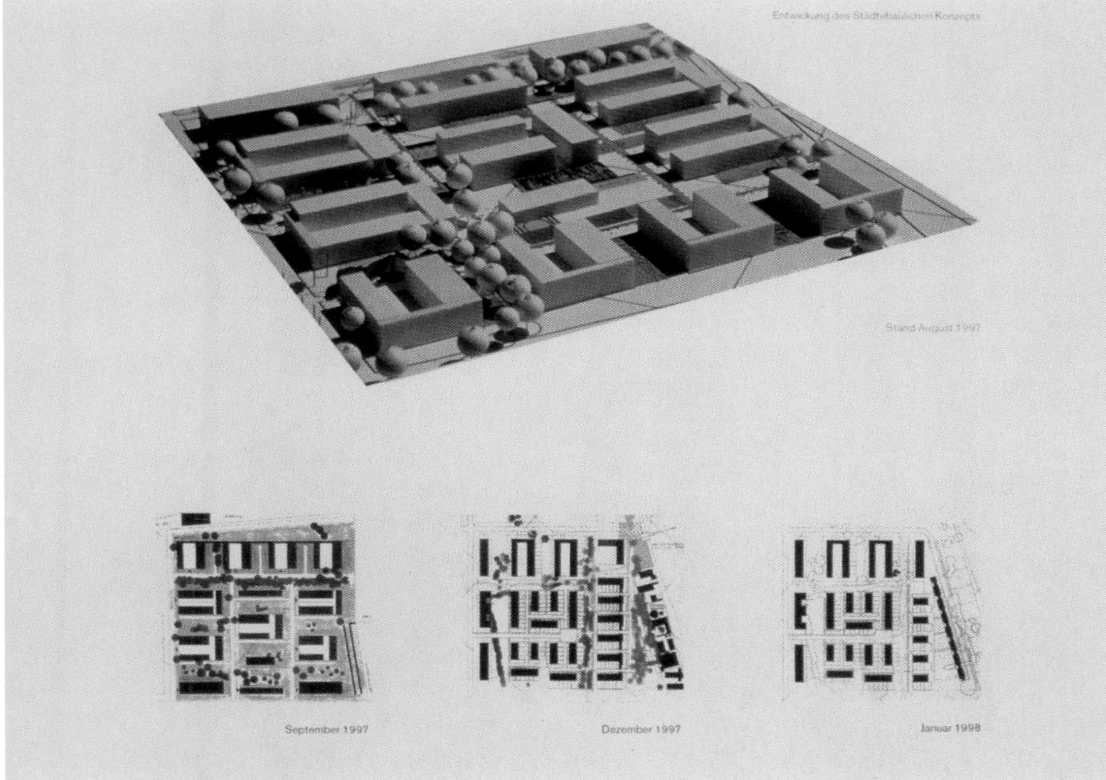

Siedlung Buch.
Bauabschnitt von Günter Pfeifer, Lörrach, Schnitt und Grundriß
Bauabschnitt von Günter Pfeifer, Lörrach, Entwurfsskizze Hofhaus
Städtebauliches und landschaftsplanerisches Konzept, Entwurfsstadien

Buch Development
Section of development by Günter Pfeifer, Lörrach. Section and plan
Section of development by Günter Pfeifer, Lörrach. Design sketch of courtyard housing
Urban and landscape planning concept. Design stages

of the programme is the density of the schemes, which has to be achieved in a convincing conceptional and design form.

The aim is to complete some of the schemes by 1999. It is hoped that these will provide models with which to promote both this urban programme and modern dwelling layouts in general.

Siedlung Elisabethaue.
Städtebauliches und landschafts-planerisches Konzept. 1. Preis, Helge Sypereck mit Spath und Nagel (Stadtplanung) und Hannelore Kossel, Landschaftsplanung
Elisabethaue Development
Urban and landscape planning concept
First prize: Helge Sypereck in collaboration with Spath and Nagel (urban planning), and Hannelore Kossel, landscape planning

be, die sich von gängigen Planungsschablonen lösen muß. Zielsetzung ist, im Jahr 1999 erste Bauabschnitte in den einzelnen Standorten zur Besichtigung fertigzustellen und mit begehbaren Musterwohnungen für diesen städtebaulichen Ansatz und zeitgemäße Wohnungsgrundrisse zu werben.

Bärbel Hoidn

Aus dem Archiv des DAM
From the Archives of the DAM

Inge Wolf

Der Wiederaufbau der Paulskirche (1946–1948)

Pläne und Zeichnungen im Nachlaß von Johannes Krahn (1908–1974)

Reconstruction of Paulskirche (1946–1948)
Plans and drawings from the estate of Johannes Krahn, 1908–1974

The jubilee celebrations marking the 150th anniversary of Germany's first National Assembly, which convened at the Paulskirche in Frankfurt, give occasion to recall a collection of more than 300 plans and drawings in the archives of the Deutsches Architektur-Museum relating to the reconstruction of the war-damaged church. They were passed on to the museum in 1986 as part of the estate of Johannes Krahn. Together with Rudolf Schwarz, Gottlob Schaupp and Eugen Blanck, Johannes Krahn had been a member of the Paulskirche Planning Group set up in 1946. The Paulskirche, a profoundly important symbol of democracy in Germany, was to be refurbished for the centennial celebrations. At the time, donations of money and materials came from all over Germany. Working to a tight schedule and on a shoestring budget, the aim was to create a worthy place of assembly for religious, cultural and political events.

The plans and drawings in the Deutsches Architektur-Museum document not only the project as it was executed, but also the ideas that were rejected, as well as detailed plans of the building and its interior fittings. The architects of the Paulskirche Planning Group, like so many of their contemporaries, were deeply impressed by the ruins of the bombed-out church. This emotive factor also had an effect on the planning. The originally high roof was replaced by a flat-

1 Die zerstörte Paulskirche, 1944/45

1 The ruins of the bombed-out church 1944/45
(Photo: Hans Georg und Frank Göllner)

Mit zahlreichen Ausstellungen und Festveranstaltungen erinnert man 1998 überall in Deutschland an die revolutionären Ereignisse vor 150 Jahren und an die Wahl des ersten deutschen Parlaments, das am 18. März 1848 feierlich in die Frankfurter Paulskirche eingezogen war. Das Jubiläumsjahr bietet Anlaß, auf ein umfangreiches Plankonvolut hinzuweisen, das zur Sammlung des Deutschen Architektur-Museums gehört. Unter den Inventarnummern 002-017-001 bis 002-017-168 wurden mehr als 300 Pläne und Zeichnungen zum Wiederaufbau der im Krieg zerstörten Paulskirche in den Jahren 1946 bis 1948 erfaßt. Neben den oft veröffentlichten Präsentationszeichnungen gibt es viele Blätter, die bisher noch nicht publiziert wurden, darunter nicht ausgeführte Planungsvarianten und eine Fülle von Detailzeichnungen des Gebäudes und seiner Ausstattung. Das Konvolut, für das die ›Planungsgemeinschaft Paulskirche‹ verantwortlich zeichnet, kam 1986 als Teil des Nachlasses von Johannes Krahn in den Besitz des Museums. Krahn war mit Rudolf Schwarz, Gottlob Schaupp und Eugen Blanck in die Planungsgemeinschaft berufen worden.

Nachdem der im Juni 1946 ausgeschriebene Ideenwettbewerb für die Neugestaltung der Paulskirche nicht die gewünschten Ergebnisse gebracht hatte, nahm der damalige Frankfurter Stadtbaurat Eugen Blanck Kontakt zu seinem Kollegen Rudolf Schwarz auf, der als Generalplaner für den Wiederaufbau in Köln tätig war. Sicher lag es an Schwarz, daß sein Schüler und ehemaliger Mitarbeiter Johannes Krahn hinzugezogen wurde. Gottlob Schaupp war als erster Preisträger aus dem Wettbewerb hervorgegangen. Die Rolle, die die Architekten im einzelnen für die Planungen der Paulskirche spielten, läßt sich nicht mehr genau bestimmen. Vieles spricht dafür, daß die Hauptverantwortung bei Rudolf Schwarz lag. Johannes Krahn kann als der wichtige Mann vor Ort genannt werden; in seinem Frankfurter Büro ver-

2 Ansicht und Schnitt, 1947, Bleistift auf Transparentpapier, 49 x 75,5 cm

2 View and section, 1947, pencil on tracing paper, 49 x 75.5 cm

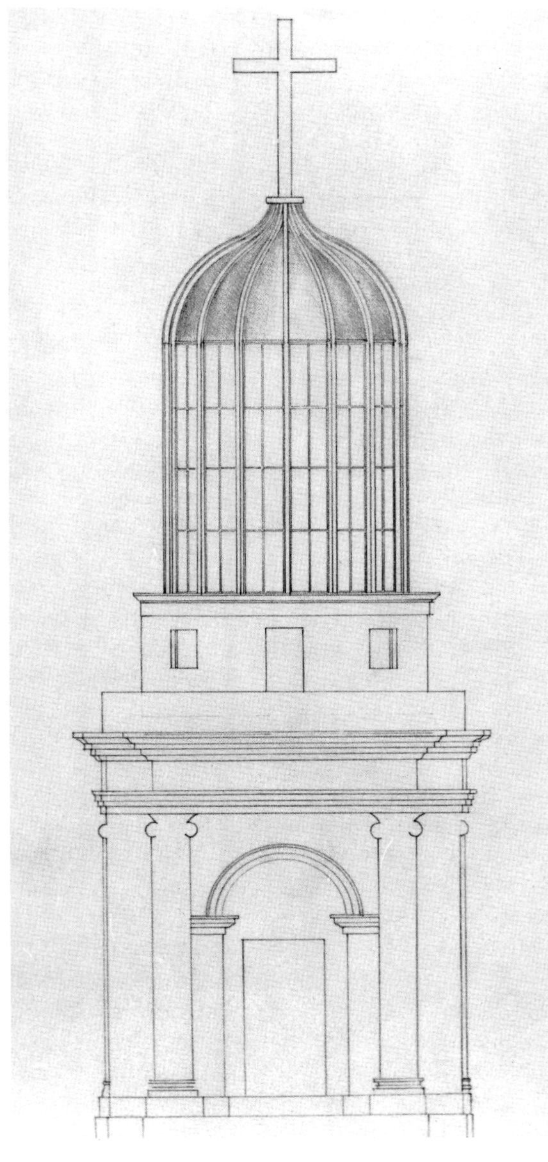

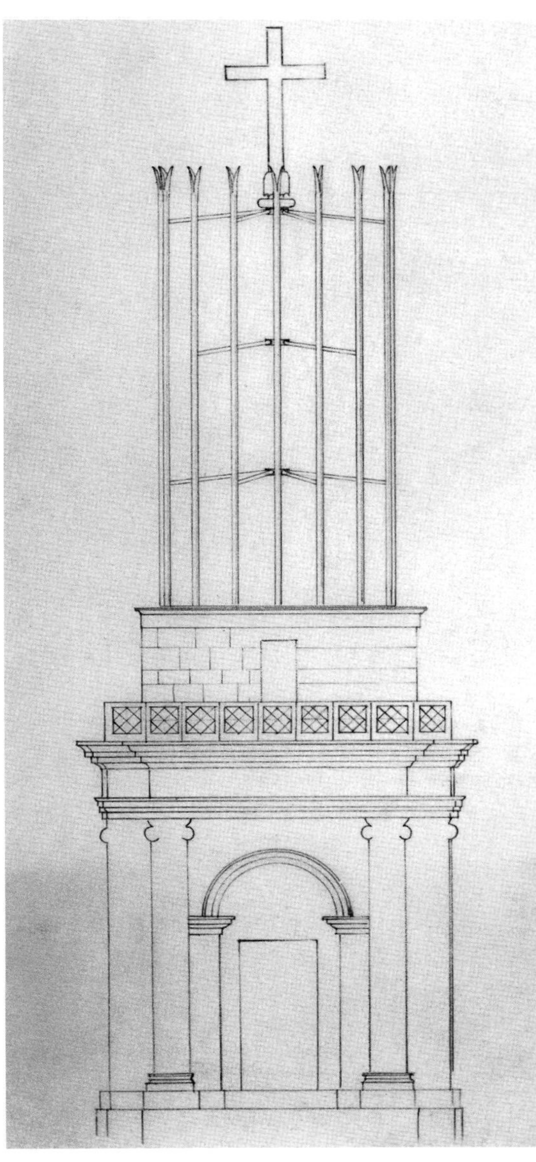

3 Variante zur Turmlaterne, 1948, Bleistift auf Transparentpapier, 51,3 x 39 cm
3 Alternative design for lantern tower, 1948, pencil on tracing paper, 51.3 x 39 cm

4 Variante zur Turmlaterne, 1948, Bleistift auf Transparentpapier, 50,8 x 37 cm
4 Alternative design for lantern tower, 1948, pencil on tracing paper, 50.8 x 37 cm

blieben die Pläne und Zeichnungen. Auf den Plänen selbst wird die Planungsgemeinschaft genannt. Schwarz äußerte sich zur Zusammenarbeit: »Es war uns oft nicht ganz leicht, unsere Arbeit als Planungsgemeinschaft durchzuführen, denn dieser Zusammenschluß verlangte von jedem von uns den Verzicht auf manche eigene Aussage, aber wir fanden in der Pflicht zum Gemeinsamen auch einen Wert: Sie verpflichtete uns, das Private beiseite zu setzen und gemeinsam das Gültige zu suchen«.[1]

Die Paulskirche, errichtet in den Jahren 1789 bis 1833, brannte bei den Bombenangriffen im März 1944 völlig aus. Nur das Mauerwerk von Turm und Kirchenoval blieb stehen. Schon bald nach dem Krieg setzten die Bemühungen um den Wiederaufbau ein. Die Kirche sollte bis zur Jahrhundertfeier der Deutschen Nationalversammlung von 1848 wieder hergestellt sein. Man muß sich vor Augen führen, daß es kaum Wohnraum gab, und daß die wenigsten Menschen genug zu essen hatten, um zu ermessen, wie wichtig es den Verantwortlichen damals gewesen sein muß, an ein anderes Deutschland mit demokratischer Tradition zu erinnern. Der Aufruf der Stadt Frankfurt »Ganz Deutschland muß die Paulskirche wieder aufbauen, ... im Stein wie im Geiste!« war erfolgreich. Zahlreiche Städte und Landesregierungen in Ost und West beteiligten sich mit Sach- und Geldspenden. Es ist bekannt, daß sogar die Sozialistische Einheitspartei 10 000 Mark zur Verfügung stellte.

vaulted cupola on a set-back parapet so that it can barely be seen by visitors directly in front of the church. The domed turret, for which there were other planning proposals, was reconstructed in its original state.

The interior of the church was subdivided into several levels, with cloakroom, toilets and services in the new basement level. The foyer above is accessed through the old church entrances, whereby the entrance level was slightly lowered. Fourteen massive marble pillars flank the oval conference room at the centre of the hall. Although the possibility of a mural was considered in 1947, it was not until 1991 that Johannes Grützke's Procession of the People's Representatives *graced the walls.*

From the foyer whose ceiling runs at the level of the sills of the large windows, there is access to the high-ceilinged festival hall. Some drawings show that galleries were also considered here. The windows were renovated to designs by Wilhelm Buschulte. In 1948, simple mullioned windows were inserted. Anything more ambitious could not have been financed at that time.

Architects Maria Schwarz and Klaus Wever were commissioned to plan the renovations in 1986–88. In their approach, they sought to maintain the original structural idea proposed by the Paulskirche Planning Group, whose work was described in 1946 by Otto Bartning in the periodical Baukunst und Werkform *as "a magisterial example of how an important ruin can be built up, as opposed to merely reconstructed."*

5 Varianten zur Turmlaterne, 1948 (?), Bleistift auf Transparentpapier, 33 x 38,5 cm
5 Alternative design for lantern tower, 1948 (?), pencil on tracing paper, 33 x 38.5 cm

Die Bauaufgabe, vor die sich die Planungsgemeinschaft gestellt sah, war fest umrissen. In kurzer Bauzeit mußte mit knappen Mitteln ein würdiger Versammlungsraum für kirchliche, kulturelle und politische Veranstaltungen geschaffen werden. Bis in die Gegenwart zieht sich die Diskussion um eine stärkere Berücksichtigung des klassizistischen Bauwerks. Auch nach Kriegsende gab es Stimmen, die eine Rekonstruktion der historischen Paulskirche forderten. Sie sollten sich nicht durchsetzen. Viele Zeitzeugen waren stark beeindruckt von der Ruine der Paulskirche. Auch das Preisgericht des Wettbewerbs unterstützte mit seinem Urteil eine das Bauwerk neu interpretierende Planung: »... daher (muß) dieser Eindruck von schlichter Größe unbedingt erhalten bleiben und unter bewußtem Verzicht auf eine blutleere Kopie in der Neugestaltung dieses Weiheraums seine zeitgemäße künstlerische Auferstehung erfahren...«.[2] Rückblickend äußerte sich Rudolf Schwarz: »Die Denkmalpflege wollte den alten Bau historisch genau wiederhergestellt haben, aber wir widersetzten uns, denn die große Ruine war weitaus herrlicher als das frühere Bauwerk, ein riesiges Rund aus nackten, ausgeglühten Steinen von einer beinahe römischen Gewaltsamkeit. So schön war das Bauwerk noch niemals gewesen, und wir erreichten, daß es so blieb.«[3].

Die grundlegende Planung war bald abgeschlossen. Die Zeichnungen vom Dezember 1946 – sie gehören zu den frühesten Blättern, die das Deutsche Architektur-Museum zur Paulskirche besitzt – zeigen den Bau weitgehend so, wie er sich noch heute präsentiert. Schon in der äußeren Gestaltung wird die stärkere Betonung des Mauerrunds deutlich. Das hohe Dach der klassizistischen Kirche wurde nicht wiederhergestellt. Man entschied sich für eine flachgewölbte Kuppel, die auf einer zurückgesetzten Attika aufsitzt und so für den vor der Kirche stehenden Betrachter kaum in Erscheinung tritt. Es war sicher nicht der Mangel an Baustoffen, der zu dieser Entscheidung führte. Die Turmhaube wurde nach historischem Vorbild gestaltet. Einige der Zeichnungen im Deutschen Architektur-Museum belegen, daß man über Alternativen nachdachte, die sich aber nicht durchsetzen konnten.

Das Innere der Kirche wurde tiefgreifend verändert. Es entstanden neue Geschosse. Der Boden wurde tiefergelegt, um Platz für ein zusätzliches Kellergeschoß und die darüberliegende Wandelhalle zu gewinnen. Im Keller brachte man die wichtigen Funktionsräume, Garderoben, Abstellkammern und Toilettenräume unter. Die alten Eingänge zur Kirche wurden beibehalten, nur das Eingangsniveau wurde leicht abgesenkt. Von der Straße her betritt man die niedrige Wandelhalle, ihre Decke verläuft in Höhe der Sohlbänke der großen Kirchenfenster. Zur Belichtung der Halle durchbricht nun eine zusätzliche Fensterreihe die Wand. 14 wuchtige Marmorsäulen stehen um das ovale Besprechungszimmer im Zentrum. Einige

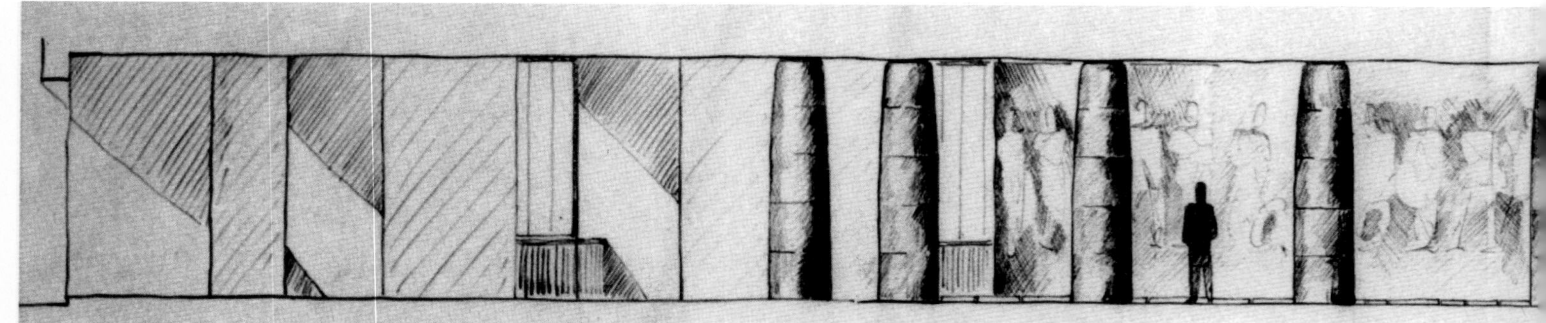

Zeichnungen zeigen, daß man schon 1947 an eine künstlerische Gestaltung der Wandflächen dachte. Erst im Zuge der jüngsten Sanierungsarbeiten wurde die Ausstattung der Paulskirche an dieser Stelle ergänzt. Seit 1991 sieht man hier das Wandbild *Der Zug der Volksvertreter* von Johannes Grützke.

Über Treppen gelangt man von der Halle in den hohen, weiten Festsaal, der durch ein Oberlicht zusätzlich erhellt wird. Der Raumeindruck, der sich beim Aufstieg von der niedrigen Wandelhalle zum lichten Festsaal ergibt, war sorgfältig von den Architekten geplant worden. Er sollte symbolhaft für den Aufstieg des deutschen Volkes aus der dunklen Vergangenheit zu einer besseren Zukunft stehen. Die durch den Brand freigelegte Wandfläche des Saales wurde nicht wieder verbaut. Einige Zeichnungen belegen, daß man auch mit dem Gedanken an zurückhaltende Tribüneneinbauten spielte. Wollte man hier zusätzliche Plätze für Zuhörer schaffen? Bis zur Entscheidung für Bonn im Mai 1949 hatte man die Hoffnung, daß Frankfurt die neue Bundeshauptstadt werden würde, die Paulskirche wäre damit zum Ort für zahlreiche politische Veranstaltungen geworden. Zur säulengetragenen Empore des klassizistischen Baus hatte Schwarz angemerkt, daß »der Innenraum ... durch eine kleinliche Empore um seine Größe gebracht« wurde.[4] Letztendlich entschied man sich beim Wiederaufbau für die freie Wand.

Auch zur Ausstattung der Paulskirche existiert eine große Anzahl von Zeichnungen. Das Deutsche Architektur-Museum besitzt Entwürfe zur Bestuhlung, zum Rednerpult mit der dahinter liegenden Empore, zur Orgel, zu den verschiedenen Geländern und Beleuchtungskörpern und anderes mehr. Neben Ausführungsplänen findet man immer wieder Zeichnungen, die verworfene Varianten festhalten. Viel Streit gab es um die Verglasung der Fenster. Die Zeichnungen der vierziger Jahre zeigen in leichten Variationen die einfachen Sprossenfenster, die damals nicht aufwendiger ausgeführt werden konnten. Man weiß, daß daran gedacht worden war, die Fenster, die sich »in die klare, helle Ordnung des Baus einordnen« sollten, durch einen Künstler gestalten zu lassen. Bei den Renovierungsarbeiten in den sechziger Jahren wurden neue Fenster mit großflächigen Mattglasscheiben eingesetzt, die immer umstritten waren. Johannes Krahn hatte sie entworfen. Heute sieht man bleiverglaste Fenster, die sich mit ihrer Sprosseneinteilung an die klassizistischen Originale anlehnen. Wilhelm Buschulte gewann den 1986 ausgeschriebenen Wettbewerb zur Fenstergestaltung, sein Entwurf wurde ausgeführt.

Das reiche Material im Deutschen Architektur-Museum vervollständigt das Bild, das man von den Arbeiten an der Paulskirche gewinnen kann. Zahlreiche Dokumentationen und Publikationen sind diesem Thema gewidmet. Der Nachlaß von Johannes Krahn umfaßt ausschließlich Planmate-

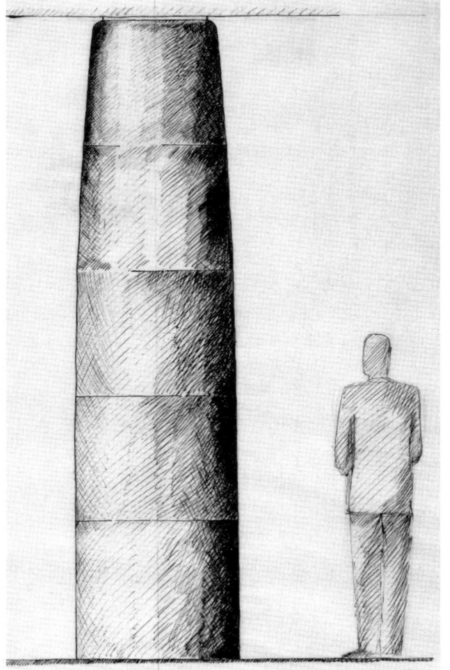

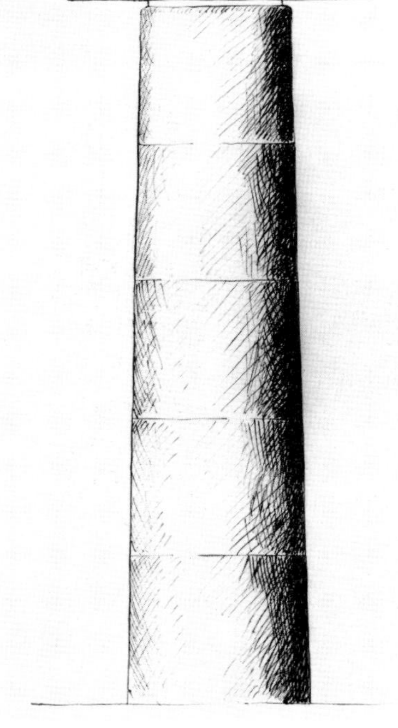

7 Säule der Wandelhalle, 1947 (?), Tusche auf Transparentpapier, 61 x 43,5 cm
7 Pillar for foyer, 1947 (?), ink on tracing paper, 61 x 43.5 cm

8 Variante zu den Säulen der Wandelhalle, 1947 (?), Tusche auf Transparentpapier, 48,2 x 31 cm
8 Alternative design for foyer pillars, 1947 (?), ink on tracing paper, 48.2 x 31 cm

6 Wandelhalle, 1947 (?), Tusche auf Transparentpapier, 29,6 x 92,3 cm
6 Foyer, 1947 (?), ink on tracing paper, 29.6 x 92.3 cm

rial, ergänzende schriftliche Dokumente gibt es nicht. Hier muß man auf Rudolf Schwarz verweisen, dessen Nachlaß von seiner Witwe Maria Schwarz an das Historische Archiv des Erzbistums Köln übergeben wurde.

Neue brand- und baupolizeiliche Auflagen und die größer gewordenen Anforderungen an die Haustechnik führten in den Jahren 1986 bis 1988 zu umfangreichen Renovierungsarbeiten. Man beauftragte die Architekten Maria Schwarz und Klaus Wever mit den Planungen. Es ist sehr begrüßenswert, daß sie sich bei ihrer Arbeit um den Erhalt der ursprünglichen Bauidee der ›Planungsgemeinschaft Paulskirche‹ bemühten. Die Verfechter einer historisierenden Renovierung konnten sich auch diesmal nicht durchsetzen. Man muß bedenken, daß die Paulskirche nicht nur durch die Nationalversammlung von 1848 zu dem »Symbol für demokratische Freiheit und nationale Einheit« von heute wurde, auch die Geschichte ihres Wiederaufbaus trägt dazu bei. Die Leistungen der Nachkriegszeit verdienen unseren Respekt. Schon 1949 urteilte Otto Bartning: »die Arbeitsgemeinschaft Schwarz – Schaupp – Krahn hat hier

9 Innenraum, Variante mit Tribünen, 1946, Tusche auf Transparentpapier, 59,5 x 64,2 cm
9 Alternative design for interior with tribunes, 1946, pencil and ink on tracing paper, 59.5 x 64.2 cm

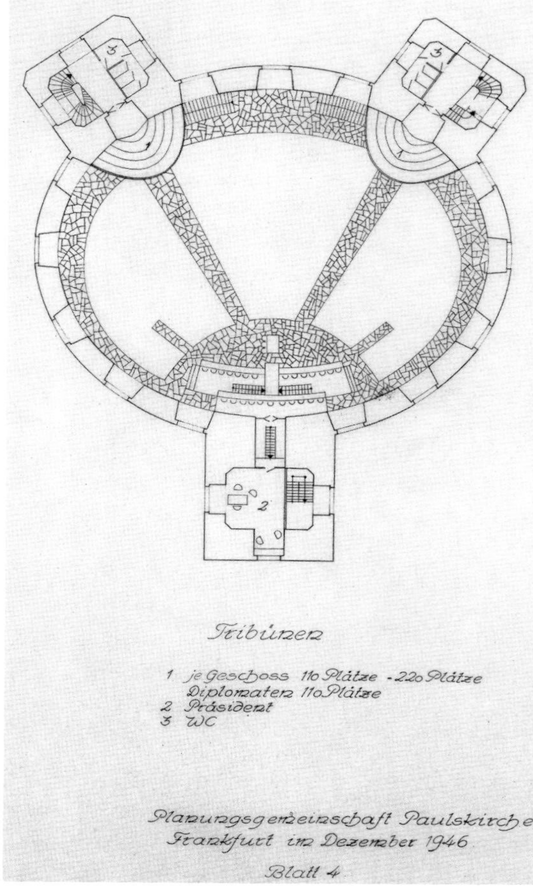

10 Grundriß, Variante mit Tribünen, 1946, Bleistift und Tusche auf Transparentpapier, 60 x 65 cm
10 Floor plan, alternative design with tribunes, 1946, pencil and ink on tracing paper, 60 x 65 cm

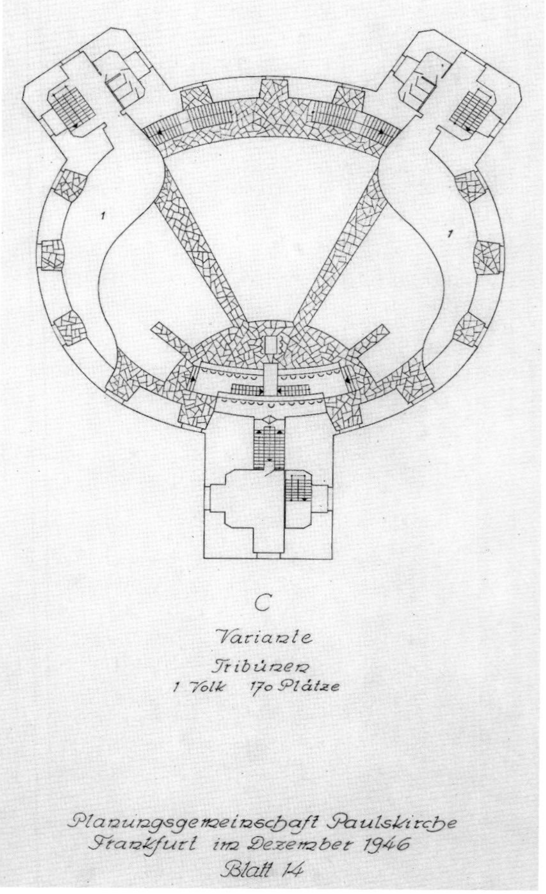

11 Grundriß, Variante mit Tribünen, 1946, Bleistift und Tusche auf Transparentpapier, 60 x 65 cm
11 Floor plan, alternative design with tribunes, 1946, pencil and ink on tracing paper, 60 x 65 cm

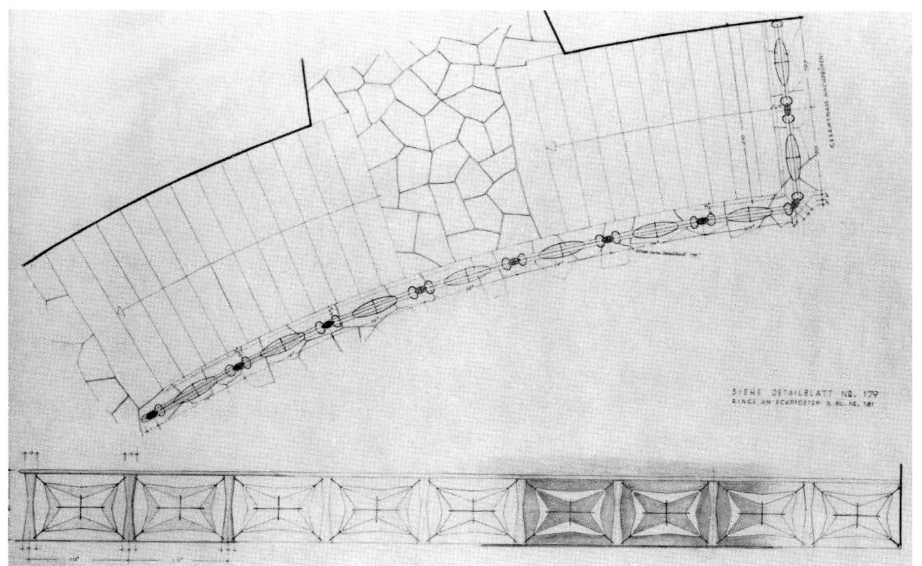

12 Treppengeländer der Wandelhalle, 1948, Tusche und Bleistift auf Transparentpapier, 29,6 x 92,3 cm
12 Stair railings in foyer, 1948, pencil and ink on tracing paper, 29.6 x 92.3 cm

mit reifer Meisterschaft ein Beispiel geschaffen dafür, wie eine wertvolle Ruine nicht zu rekonstruieren, sondern aufzubauen ist«.[5]

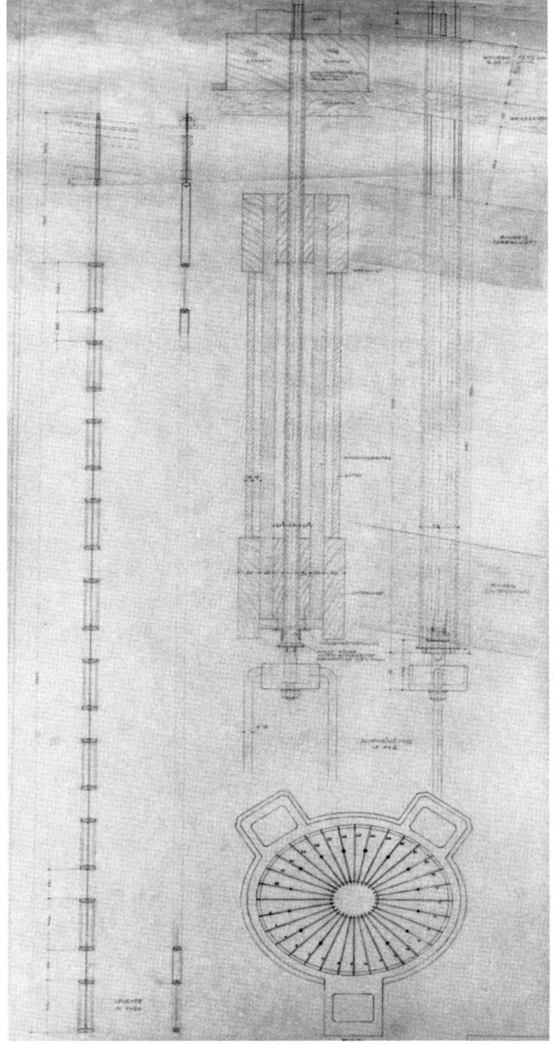

13 Leuchten im Plenarsaal, 1948, Bleistift und Tusche auf Transparentpapier, 29,6 x 92,3 cm
13 Plenary hall lighting, 1948, pencil and ink on tracing paper, 29.6 x 92.3 cm

Anmerkungen

1 Zit. nach: Wolfgang Pehnt und Hilde Strohl, *Rudolf Schwarz – Architekt einer anderen Moderne*, Werkverzeichnis, Ostfildern-Ruit 1997, S. 259
Dort auch Literaturangaben zur Paulskirche. Zu ergänzen ist eine neue Publikation: Evelyn Hils-Brockhoff und Sabine Hock, *Die Paulskirche – Symbol demokratischer Freiheit und nationaler Einheit*, Frankfurt am Main 1998.
2 Zit. nach: Otto Fischer, ›Die Wiederherstellung der Paulskirche in Frankfurt am Main‹, in: *Neue Bauwelt*, 2, 1947, 5, S. 67
3 Rudolf Schwarz, *Kirchenbau – Welt vor der Schwelle*, Heidelberg 1960, S. 94
4 Ebd., S. 94
5 Otto Bartning, ›Ein grundsätzliches Wort zur neuen Paulskirche‹, in: *Baukunst und Werkform*, 1949, 3, S. 104

Ingrid Ehrhardt

Zum Nachlaß von Erich Schelling (1904–1986)

Erich Schelling (1904–1986)

The estate of Erich Schelling, architect in Karlsruhe, was donated to the Deutsches Architektur-Museum by his widow in September 1995. It includes some 1,500 plans, three models and 200 photos, providing a survey of more than 51 projects,[1] most of them in Karlsruhe, but including others in Strasbourg, Schweinfurt and Grenoble. By inventarising the Schelling estate, the Architektur-Museum has once again shown its dedication to its express aim of also collecting and archiving the work of architects who, though less popular, are just as important as many more famous names, and who have made an important contribution to the architecture of the twentieth century.

Born in Wiesloch in 1904; apprenticeship as draughtsman and mason; from 1930 studied architecture at the Fridericiana in Karlsruhe under Otto Ernst Schweizer, Hermann Billing, Hermann Alker and Max Laeuger. In May 1933, his graduate work was awarded the Medal of the University, and he was called to take the Chair of Archi-

Der Nachlaß des 1986 verstorbenen Karlsruher Architekten Erich Schelling wurde von dessen Witwe, Trude Schelling-Karrer, im September 1995 dem Deutschen Architektur-Museum gestiftet. Es handelt sich hierbei um etwa 1500 Pläne, drei Modelle und etwa 200 Photos, die einen guten Überblick über 51 Projekte[1] vorwiegend in Karlsruhe, aber auch in Straßburg, Grenoble und Schweinfurt bieten. Mit der Inventarisierung des Schelling-Nachlasses erfüllt das Architektur-Museum einmal mehr seine Aufgabe, auch Arbeiten von wenig bekannten, aber nicht minder wichtigen Architekten, die ihren Beitrag zur Architekturgeschichte des 20. Jahrhunderts geleistet haben, zu sammeln und zu bewahren.

Schelling gehörte der Generation von Architekten an, die ihre Ausbildung in den zwanziger und beginnenden dreißiger Jahren erfuhren – d. h. von den Strömungen des Neuen Bauens erfaßt wurden – die unter den Nationalsozialisten ihre Bautätigkeit begannen, und die schließlich nach dem Zweiten Weltkrieg den Wiederaufbau der deutschen Städte maßgeblich mitgetragen haben. Schellings Bauschaffen fand bislang in der Forschung eher geringe Beachtung, wenngleich sein Hauptwerk, die Schwarzwaldhalle in Karlsruhe, die erste Halle Europas mit einem ›hängenden‹ Dach, bei ihrer Errichtung auf internationales Interesse stieß.

Schelling wurde am 11. September 1904 in Wiesloch bei Heidelberg als Sohn eines badischen Beamten geboren. Nach einer neunjährigen Schulausbildung in Karlsruhe absolviert er von Juni 1919 bis Juni 1921 eine Lehre als Bauzeichner bei der Architektengemeinschaft Pfeifer & Großmann in Karlsruhe und Mülheim an der Ruhr. Anschließend vervollständigt eine zweijährige Maurerlehre in dem Karlsruher Baugeschäft Friedrich Pfeifer seine handwerklichen Kenntnisse.

Ursprünglich ein Mann der Praxis, beschließt Schelling 1924, ein Architekturstudium am Staatstechnikum in Karlsruhe aufzunehmen. Ende 1926 wird ihm die Leitung der baukeramischen Abteilung der Großherzoglichen Majolika Manufaktur in Karlsruhe übertragen. Im Februar 1928 legt er eine Staatsprüfung für den mittleren technischen Dienst im Hochbauwesen am Staatstechnikum mit Auszeichnung ab. Daraufhin wird er bis Oktober 1928 kurzfristig Assistent an der Hochbauabteilung des Staatstechnikums und anschließend bis Dezember 1929 als Assistent bei Josef Graf angestellt.

In einer Zeit der weltweiten Rezession legt Schelling im Mai 1930 eine Ergänzungsprüfung ab und nimmt ein Architekturstudium an der Technischen Hochschule Fridericiana, Karlsruhe, auf. Seine Lehrer dort sind Otto Ernst Schweizer, Hermann Alker, Hermann Billing und Max Laeuger. Schelling beendet sein Studium in dem Jahr, als Hitler in Deutschland die Macht übernimmt. Im Mai 1933 wird Schellings Diplom mit der Medaille der Hochschule ausgezeichnet. Seine anschließende Berufung auf den Lehrstuhl für Architektur an das Staatstechnikum Karlsruhe, seine Ernennung zum Professor sowie der Beginn seiner selbständigen Bautätigkeit fällt in die Zeit des Dritten Reichs, der Zeit, als wichtige Architektenvereinigungen wie der BDA oder der Deutsche Werkbund gleichgeschaltet werden und dezidierte Anhänger der Moderne Berufsverbot erhalten, die konservativen Strömungen hingegen verstärkt in den Vordergrund rücken.

Von 1933 bis 1937 arbeitet Schelling zunächst als Assistent im Karlsruher Architekturbüro Hermann Alkers und läßt sich danach als freischaffender Architekt in Karlsruhe nieder. Noch in den dreißiger Jahren entstehen mehrere private Wohnhäuser, beispielsweise in der Ettlinger Straße 14–18 (1937), die noch ganz unter dem Einfluß einer traditionalistischen Architekturauffassung stehen. Auch die Wohnbauten Haus Lenz und Boser (1936 bzw. 1940) sind geprägt vom sogenannten Heimatschutzstil, der sich in der anheimelnden Vorstellung eines satteldachgedeckten »Häuschens mit Garten« niederschlägt, einer Stilrichtung, die vor allem von Paul Schmitthenner oder Paul Bonatz an der Stuttgarter Schule vertreten wurde, und die besonders unter der nationalsozialistischen Diktatur eine Blütezeit erlebte.

Aus den Unterlagen im Privatarchiv geht darüber hinaus eine Baubeteiligung in der Seifen-

1 Wettbewerbsentwurf für die Neugestaltung Straßburgs, 1940–42. Modell der Gauanlage

1 Competition design for reconstruction of Strasbourg, 1940–42. Model

und Parfümfabrik Wolff & Sohn, Durlacher Allee/ Ecke Veilchenstraße in Karlsruhe, hervor, einem ehemaligen Musterbetrieb der deutschen Wirtschaft während des Dritten Reichs. Näheres läßt sich heute allerdings nicht mehr nachweisen.

Seine beiden ersten größeren Aufträge für den Neubau des Führer-Verlags, dem heutigen Gebäude der Badischen Neuesten Nachrichten (BNN) in der Lammstraße 1b–5, Karlsruhe, sowie der Umbau einer elsässischen Villa zur Gauschule in Straßburg[2] stehen stark unter dem Vorzeichen einer nationalsozialistisch geprägten Architekturauffassung, die schließlich 1940 in Schellings Teilnahme an dem geheimen Wettbewerb zur Neugestaltung der Stadt Straßburg mündet.

Der Wettbewerb basierte auf einer Skizze, die Hitler selbst wenige Tage nach der Besetzung Straßburgs entworfen hatte. Die Stadt, die zur ›deutschen Gauhauptstadt‹ deklariert worden war, sollte zum Rhein hin eine Erweiterung erfahren und durch eine neue Brücke mit dem rechtsrheinischen Kehl verbunden werden. Hitlers Plan sieht eine Achsenführung in Form eines liegenden Y vor. Hierin sollte sich die endgültige Annexion Straßburgs und des gesamten Elsasses manifestieren. Die für Frankreich so bedeutende Rheingrenze wurde durch das Zusammenwachsen der beiden Städte im Entwurf völlig aufgehoben.[3]

Das Bauprogramm umfaßte alle wichtigen Gebäude des kulturellen sowie politischen Lebens. Die Teilnehmer neben Schelling waren: Prof. Alker, Karlsruhe; Stadtbaudirektor Beblo, Straßburg; Oberbaurat Möhrle, Karlsruhe; Stadtbaurat Panther, Krakau; Stadtbaudirektor Schlippe, Freiburg i. Br.; Prof. Schmitthenner, Stuttgart und Regierungsbaumeister Wolf, Freiburg i. Br.

Schellings Straßburger Entwürfe verbinden zum einen die megalomanen Planungen Carl Peter Pflästerers, die kurz zuvor für die Erweiterung Karlsruhes zur Gauhauptstadt bekannt wurden, mit dem städtebaulichen Forumsgedanken Otto Ernst Schweizers. Zeugen Schellings Pläne von einem deutlichen Hang zur Monumentalität – der sich ebenfalls bei Schweizer manifestiert – und einer Überdimensionierung der neoklassizistischen Bauten, so lassen sich interessanterweise auch moderne Tendenzen beobachten. Schelling zitiert beispielsweise bei seiner Gauanlage die ovale Platzform des Forums (Abb. 1), das er bei Schweizers ›Idealplan eines Aufmarschplatzes‹ von 1934 gesehen hatte.[4]

Es kam jedoch zu keiner Entscheidung über die Pläne zur Neugestaltung Straßburgs, da weder Hitler noch Speer nach 1940 ins Elsaß zurückkehrten, um die Entwürfe zu überprüfen. Die beiden Büros Schellings, in Karlsruhe und in Straßburg, mußten wegen der Kriegseinwirkungen Ende 1944 geschlossen werden.

Nach dem Zweiten Weltkrieg gelingt Schelling ein relativ rascher Wiedereinstieg als Architekt in Karlsruhe. Beim Bau eines Notpavillons für das Beleuchtungshaus Karrer auf der Kaiserstraße lernt er Trude Karrer, seine spätere Lebensgefährtin kennen. Bevor jedoch seine aktive Zeit in Karlsruhe beginnt, erhält er ab 1949 den Auftrag zum Wiederaufbau der stark zerstörten Kugelfischer Werke in Schweinfurt. Bei seinem Entwurf nimmt Schelling Rücksicht auf die teilweise noch vorhandene Backsteinarchitektur des Kölner Architekten Mewes aus den dreißiger Jahren und bindet das heterogene Nebeneinander von Bürogebäuden und Werkhallen in eine neue einheitliche Konzeption zusammen (Abb. 2). Er verbindet

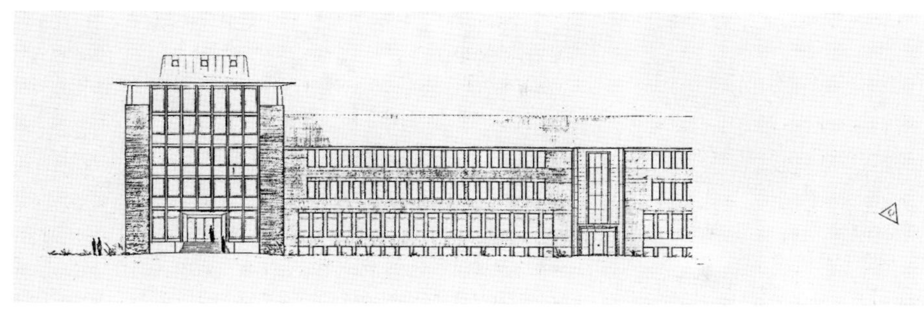

2 Hauptverwaltung der Kugelfischer Werke, Schweinfurt, 1953/54. Ansicht von der Georg-Schäfer-Straße

2 Headquarters of Kugelfischer Works, Schweinfurt, 1953/54. View from Georg-Schäfer-Strasse

3 Hauptverwaltung der Kugelfischer Werke, Schweinfurt, 1953/54. Geschwungener Treppenaufgang

3 Headquarters of Kugelfischer Works, Schweinfurt, 1953/54. Stairwell

(Photo: Werksfoto – Steup)

tecture at the Staatstechnikum Karlsruhe, where he was appointed professor. From 1933–45 worked as a freelance architect in the Third Reich, designing houses in the conservative German vernacular known as the Heimatschutz style. In the turmoil of the war years, his megalomanic plans in neoclassicist style for the redevelopment of Strasbourg were not carried out. After the war, he abandoned his earlier traditionalist formal syntax. From 1949 he designed the reconstruction of the Kugelfischer Works in Schweinfurt. In 1952 he achieved his breakthrough to international recognition with the Schwarzwaldhalle in Karlsruhe, the first multipurpose hall in Germany with a "suspended" roof. Until the late 60s he was involved in a number of prestigious high-profile projects that still shape the overall appearance of Karlsruhe, including the reconstruction of the Dresdner Bank (1951/52), the Volksbank (1954/55), Schelling's own home (1955–56), the Baden Chamber of Trade (1957-58), the extension to the Federal Court of Justice (BGH, 1957–60), the office high-rise of the LVA

4 Handwerkskammer Baden, Karlsruhe, 1957/58. Entwurfsskizze
4 Handwerkskammer Baden, Karlsruhe, 1957/58. Sketch

souverän das vor allem für den Fabrikbau des 19. Jahrhunderts charakteristische Material mit den neuesten Techniken in Form einer Stahlbetonkonstruktion. Gleichzeitig finden moderne Bauelemente – wie Flugdach, geschwungene Treppen (Abb. 3), Lichtkuppeln und Oberlichter aus Glasbausteinen – Aufnahme in sein Formenrepertoire.

Besondere Aufmerksamkeit bei den Plänen für die Kugelfischer Werke verdient die ästhetische Gestaltung der Dachformen der großen Werkhallen, die einhergehen mit der Suche nach der optimalen Beleuchtung mit Tageslicht im Halleninnern. Schelling kommt hier zu eigenständigen und innovativen Lösungen.

5 Erweiterungsgebäude des Bundesgerichtshofes, Karlsruhe, 1958–60. Grundriß
5 Extension for the Federal Court of Justice, Karlsruhe, 1958–60. Floor plan

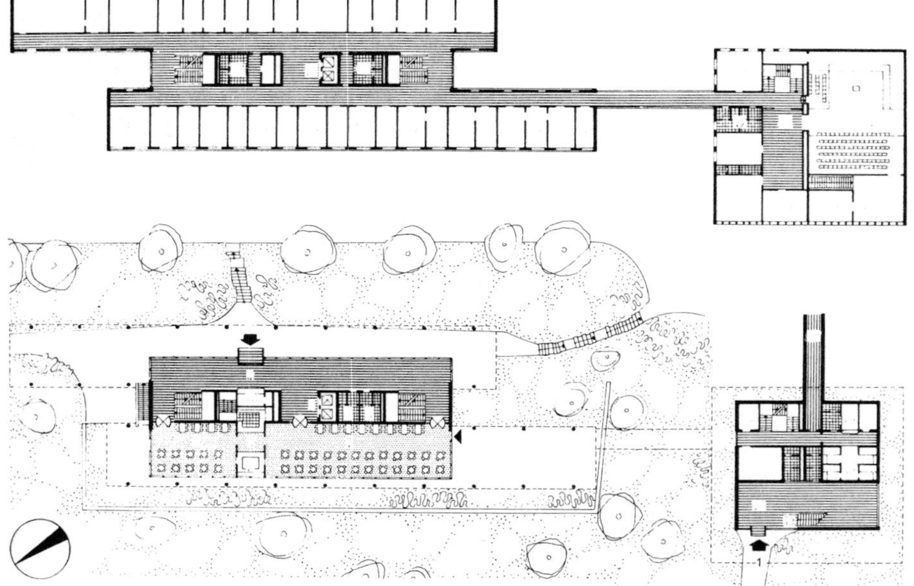

Parallel zu seiner Tätigkeit in Schweinfurt nimmt Schelling mit repräsentativen Einzelprojekten am Wiederaufbau Karlsruhes teil. Diese sind gekennzeichnet von einer rationalistischen Bauauffassung und Schellings Vorliebe für die quadratische Form. Hierzu zählen:

- der Wiederaufbau des Verwaltungsgebäudes der Dresdner Bank am Marktplatz, Karl-Friedrich-Straße 7, 1951/52;
- das Geschäftshaus der Badenia Bausparkasse, Karlstraße 52–54, 1953/54;
- der Neubau der Volksbank, Kaiserstraße/Ecke Karl-Friedrich-Straße 1,2,4, 1954/55;
- der Umbau der Gaststätte Moninger, Kaiserstraße 142–144, 1956;
- Schellings Wohnhaus in der Riefstahlstraße 8, 1955/56;
- der Neubau der Handwerkskammer Baden, Friedrichsplatz 4–5, 1957/58 (Abb. 4);
- das Erweiterungsgebäude des Bundesgerichtshofs, Herrenstraße , 1958–60 (Abb. 5);
- das Büro- und Geschäftshaus Ellern, Kaiserstraße/Ecke Douglasstraße, 1959.

Allen Bauaufgaben voran sei jedoch die Schwarzwaldhalle genannt, die erste Halle Europas mit einer Hängedachkonstruktion. Sie markiert einen Höhepunkt in Schellings Bauschaffen, dessen Blütezeit gleichwohl bis zum Ende der sechziger Jahre anhält, und verleiht ihm darüber hinaus überregionale Beachtung. Mit dem innovativen Entwurf einer Halle mit paraboloiden Hängedach (Abb. 6) ging Schelling im Dezember 1952 als Träger des ersten Preises aus einem Ideenwettbewerb hervor, an dem weitere 42 Karlsruher Architekten teilgenommen hatten.[5] Am 13. Januar 1953 erhielt Schelling den Auftrag, im März war Baubeginn und bereits am 22. August 1953 wurde die Halle von den Ausstellern der Deutschen Heilmittelmesse eröffnet.

Schellings Entwurf geht von einer großen Halle mit einem hängenden Dach aus, an die sich satellitenartig mehrere kleinere Hallen in der gleichen Konstruktion anschließen (Abb. 7). Den Abschluß dieser Hallenfolge bildet ein Schwimmbad mit beinahe quadratischem Grundriß an der Ettlinger Straße. Die große Halle erhebt sich über einer fast ovalen Grundfläche von etwa 3200 Quadratmetern, bei einer Länge von 73,5 Metern und einer Breite von 48,5 Metern. Das Dach besteht aus einer hängenden Schale mit Gegenkrümmung, die zwischen zwei Endträgern, den sogenannten Binderscheiben, mit verbindendem Druckgurt gespannt ist. Die Schale ist etwa 6 Zentimeter dick, die Vorspannstähle liegen in Längsrichtung etwa alle 40 Zentimeter, die Querspannbewehrung

6 Schwarzwaldhalle, Karlsruhe, 1953
6 Schwarzwaldhalle, Karlsruhe, 1953
(Photo: Horst Schlesinger)

(Querspannrippen sind 13,8 Zentimeter dick) liegt jeweils zusammengefaßt in Verstärkungsrippen alle 5 Meter. Bei der Dachschale konnte Schelling auf die langjährigen Erfahrungen im Spannbetonbau der Firma Dywidag zurückgreifen, die die Schalung ausführte. Die Statik berechnete der Ingenieur Ulrich Finsterwalder.

Die Halle präsentiert sich fast vollständig verglast mit 36 Stahlbetonstützen und 31 Glasfeldern und 5 Feldern aus zweischaligen Stahlbetonwänden an der Westseite, wo sich die Podiumsbühne befindet, die von zwei Freitreppen flankiert wird. Die geschwungene Form des Daches sowie die überwiegende Verglasung sind von einer solch optischen Leichtigkeit und transparenten Plastizität, daß sie der Halle einen grazilen und luftigen Charakter verleihen, lediglich die feste Betonschalung steht dieser Wirkung entgegen. Die Halle gewährt etwa 4500 Besuchern Platz und gehört damit zu den größten Konzerthallen Deutschlands.

Mitte der fünfziger Jahre widmet sich Schelling auch dem Sportbau, wenngleich diese Baugattung eine eher untergeordnete Stellung in seinem Werk einnimmt. Im Jahr 1954 beim Wettbewerb für das Wildparkstadion in Karlsruhe knüpft Schelling an die Leichtigkeit der Hängedachkonstruktion der Schwarzwaldhalle an. Sein Entwurf sah ursprünglich ein völlig stützenfreies, an einer neuartigen Seilkonstruktion aufgehängtes Tribünendach vor, das jedoch aus Kostengründen abgelehnt wurde. Verwirklicht wurde stattdessen sein überarbeiteter Entwurf, der auf einer konventionelleren Dachlösung mit schrägen Stahlbetonstützen beruht, wie Schelling sie etwa im Bauatelier von Hermann Alker im Zusammenhang mit dem Karlsruher Universitätsstadion kennengelernt hatte.

Schellings Bautätigkeit am Karlsruher Festplatz wird schließlich in den Jahren von 1964 bis 1967 durch den Neubau der Nancy-Halle abgerundet (Abb. 8). Im Gegensatz zur oval-geschwungenen Form der Schwarzwaldhalle wählt Schelling hier ein ganz rationales Grundrißraster aus zehn versetzten quadratischen Halleneinheiten, die zwei quadratische Innenhöfe umschließen. Die Halle stellt eine lichte Konstruktion aus Stahl, Glas und

Regional Insurance Institution (1958–64) and the Ellern office and apartment building (1959). These buildings bear witness to a rationalist approach to architecture as well as illustrating Schelling's preference for the square as form. Some interesting light constructions followed, including the grandstand roof of the Wildpark stadium (1954) and the exhibition marquee in Wesseling (1962). In 1964–67 he built the Nancy Hall, a light construction of steel, glass and wood on the Festplatz in Karlsruhe.

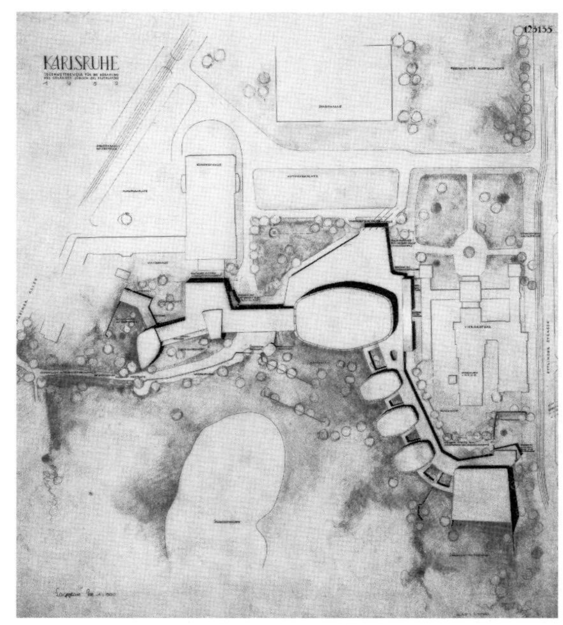

7 Ideenwettbewerb für die Bebauung des Geländes südlich des Festplatzes, Karlsruhe,1952. Lageplan (Schwarzwaldhalle)
7 Competition for development of a site south of Festplatz, Karlsruhe, 1952. Site plan (Schwarzwaldhalle)

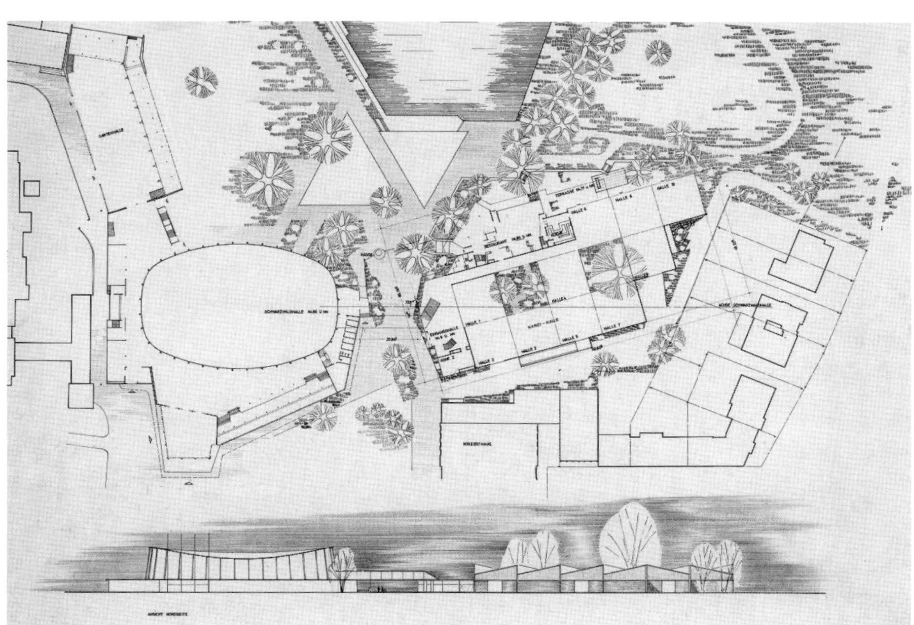

8 Nancy-Halle, Karlsruhe,1964. Lageplan und Nordansicht
8 Nancy-Halle, Karlsruhe, 1964. Site plan and north elevation

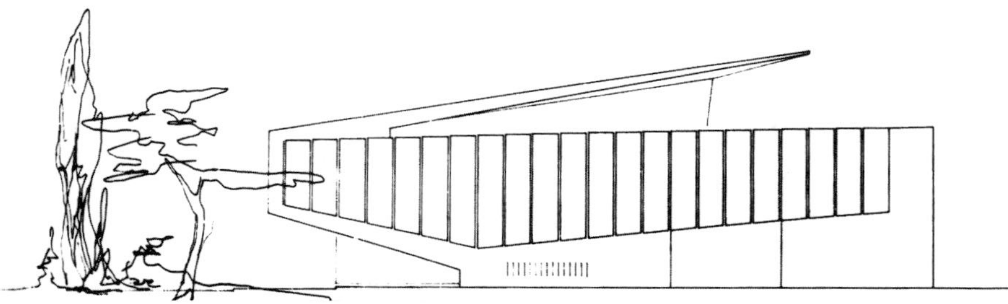

9 Wettbewerbsentwurf zum Neubau des Badischen Staatstheaters, Karlsruhe, 1960
9 Competition design for new Badisches Staatstheater, Karlsruhe, 1960

Holz dar, die zudem eine enge Verbindung zur Natur – durch die mit Platanen bestandenen Innenhöfe sowie die versenkbaren Glasfronten zum Stadtpark hin – eingeht. Mit dieser Einbeziehung der Natur in die Architektur steht Schelling der Auffassung eines organischen Bauens sehr nahe, auch wenn der eher rational anmutende Grundriß hierzu einen dialektischen Gegenpol bildet. Bemerkenswert bei der Nancy-Halle ist darüber hinaus die aus der Vogelperspektive sehr bewegt wirkende Dachoberfläche aus zehn hyperbolparaboloidförmigen Dachflächen.

Eng mit der Bauaufgabe der Mehrzweckhallen am Karlsruher Festplatz verbunden sind Schellings Wettbewerbsentwürfe für den Neubau des Badischen Staatstheaters (Abb. 9). Der erste Wettbewerb von 1960 sah einen Theaterneubau mit etwa 1000 Sitzplätzen vor. Geplant wurde der Neubau am Schloßplatz an exponierter Stelle des ehemaligen Theaters von Heinrich Hübsch aus dem Jahr 1853, das im Krieg zerstört worden war. Schelling, der bei diesem Wettbewerb den ersten Ankauf erzielte, rückte bei seinem Entwurf – im Gegensatz zu seinen Mitbewerbern – den Bühnenraum ins Zentrum des Ein-Rang-Theaters, wobei er bei seinen Planungen von innen nach außen vorging.

Besonders eindrucksvoll wirkt das großzügige Eingangsfoyer und das ›angeschleppte‹ Bühnenhausdach, das die Höhe des Bühnenturms abschwächt, und gleichfalls eine starke Dynamisierung des Gebäudes hervorruft. Die Schichtung der Baumassen dieses ersten Theaterentwurfes erinnern stark an die asymmetrische, naturhaft gewachsene Gebäudegruppierung von Hans Scharouns Entwürfen für das Mannheimer Nationaltheater aus dem Jahr 1953.

Etwas von der organischen Druchdringung von Natur und Architektur haftet auch dem Plan des Stadttheaters in Schweinfurt an, das in den Jahren 1961–66 nach Schellings Entwürfen errichtet wurde (Abb. 10). Das breit gelagerte, sich langsam emporstaffelnde Gebäude schmiegt sich wohltuend zurückhaltend den benachbarten Bürgerhäusern sowie dem hügeligen Gelände der Schwedenschanze an. Der von der Freiterrasse im Obergeschoß in den vor dem Theater liegenden Park führende Abgang betont die Verbindung von innen und außen ebenso wie die einladende Glasfront des Foyers im Erdgeschoß.

Von der Rückkehr zu einem stärker rational betonten Grundriß zeugt der Entwurf Schellings für den Neubau des Badischen Staatstheaters, das ab 1963 an einem zweiten Standort, am Ettlinger-Tor-Platz, errichtet werden sollte. Schelling, dessen Entwurf mit dem dritten Preis prämiert wurde, ging im Gegensatz zu seinen vorherigen Theaterplanungen von einem schachbrettartigen Grundriß auf der Basis von 15 rechteckigen Einheiten aus, die dem quadratischen Grundrißraster der Nancy-Halle nicht unähnlich ist. Die in variierender Höhe sich übereinanderlagernden Gebäudeeinheiten folgen einer strengen und klaren Gliederung; sie schließen außerdem einen kleinen Studiogarten in ihre Konzeption ein, so daß abermals die Natur in den Komplex eingebunden wird. Bei diesem Entwurf stand die äußere Form im Vordergrund, der sich die inneren Einrichtungen unterordnen sollten. Der ebenfalls als Ein-Rang-Theater konzipierte Bau sollte darüber hinaus in einheitlichen vorgefertigten Plattenelementen gebauten werden, die teils als Glasstruktur, teils als reflektierende Flächen aus poliertem Schockbeton oder ähnlichem eine Verschmelzung mit dem umgebenden Grün bewirkt hätten. Auch dieser ökonomische, in Fertigbauweise geplante Entwurf wurde nicht verwirklicht. Die Jury erteilte schließlich dem Stuttgarter Architekten Bätzner den Auftrag für ein reines Betontheater.

Der Trend zur ökonomischen Fertigbauweise setzt sich bei Schelling in seinem Schaffen bis kurz vor seinem Tod fort. 1958 erhält er den Auf-

10 Stadttheater Schweinfurt, 1961–66. Ansicht Parkseite
10 Stadttheater Schweinfurt, 1961–66. View from the park
(Photo: Robert Ruthardt)

trag für die Errichtung eines Verwaltungshochhauses der Landesversicherungsanstalt Baden (LVA) in Karlsruhe. Das 21geschossige Hochhaus steht an einer städtebaulich prägnanten Stelle in der Verbindung vom Festhallenplatz über die Mathystraße hin zum Weinbrennerplatz inmitten von flachen, rechteckig um einen Innenhof gruppierten Basisbauten (Abb. 11). Im Sinne einer rationalen und ökonomischen Bauweise verwendet Schelling hier möglichst viele vorgefertigte Bauelemente. Die Außenhaut bildet denn auch eine elegante vorgehängte Stahlbetonkonstruktion (curtain wall) aus 1,65 x 2,45 Meter großen vorgefertigten Einzelelementen. Bei der LVA spielte die Übernahme architektonischer Impulse aus den USA, und hier insbesondere der Architektur des Lever-House in New York von Skidmore, Owings & Merrill aus dem Jahr 1952 eine große Rolle, das Technologie und Form in dem von Mies van der Rohe und dem frühen Le Corbusier geprägten Verständnis des Internationalen Stils in einem Gebäude miteinander verbindet.

In der letzten Phase seines architektonischen Schaffens, ab 1966, widmet sich Schelling vor allem dem Wohnungsbau, sieht man von den umfangreichen Aufträgen im Kernforschungszentrum Leopoldshafen und im Institut Max von Laue – Paul Langevin in Grenoble (1968–70) ab. So entstehen in Karlsruhe die Volkswohnungen Oberreut, das Wohnhochhaus und die Wohnanlage ›Auf dem Bergwald‹ sowie ein weiteres Wohnhochhaus in Rastatt.

1967 heiratet Schelling seine langjährige Mitarbeiterin, die Bühnenbildnerin und Innenarchitektin Trude Karrer, die schon beim Schweinfurter Theater maßgeblich an der Inneneinrichtung beteiligt war. Erich Schelling widmete sein Leben der Architektur. Sein letztes Bauwerk für die Hauptabteilung Sicherheit im Kernforschungszentrum Leopoldshafen wurde nur wenige Tage nach seinem Tod fertiggestellt. Schelling starb 82jährig am 14. November 1986 in Karlsruhe. Zahlreiche seiner qualitätvollen Bauten prägen noch heute das Gesicht seiner Heimatstadt. Zwei dieser Gebäude, die Schwarzwaldhalle und die Handwerkskammer, stehen bereits unter Denkmalschutz. Es werden sicherlich noch weitere folgen.

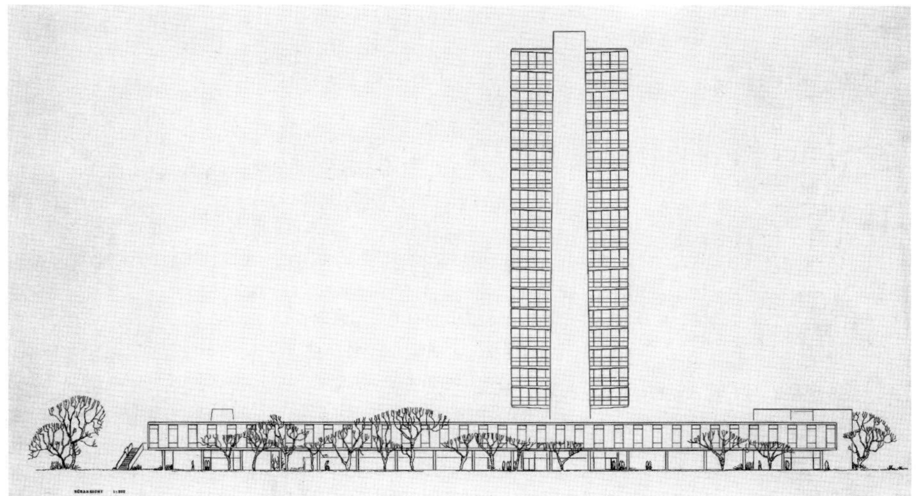

11 Wettbewerbsentwurf LVA Baden, Karlsruhe, 1958–63. Südansicht

11 Competition design for LVA Baden, Karlsruhe, 1958–63. South elevation

Anmerkungen

1 Sie sind inzwischen unter der Nr. 202- inventarisiert, wobei sich die Pläne zum Teil noch im privaten Archiv des ehemaligen Schelling Ateliers in Karlsruhe sowie zum Teil im Archiv des Architektur-Museums in Frankfurt befinden.

2 Boulevard d'Anvers/Ecke Rue Pestalozzi in Straßburg. In diesem Zusammenhang entstanden einige farbige Gouachen, die für die Innenausstattung der Kollegiengebäude in der Straßburger Universität gedacht waren. Sie zeigen deutlich den Einfluß von Max Laeuger, dessen Vorlesungen über Raumkunst Schelling zu Beginn der dreißiger Jahre gehört hatte.

3 Vgl. hierzu Wolfgang Voigt, in: *Erich Schelling Architekt 1904–1986*, München 1994, S. 22–25 (mit weiterführender Literatur)

4 Der Nachlaß Otto Ernst Schweizers wird größtenteils im Südwestdeutschen Archiv für Architektur und Baugeschichte in Karlsruhe aufbewahrt. Vgl. auch: Immo Boyken, *Otto Ernst Schweizer. Bauten und Projekte*, Stuttgart 1996, S. 162 ff.

5 Die Preise zwei bis vier gingen an die Karlsruher Architekten Hans-Jürgen Schulz, Erich Roßmann (einem Schüler Egon Eiermanns) und an Wolfgang Hirsch. Der erste Ankauf ging an die Architektengemeinschaft Pfeifer & Großmann, der zweite Ankauf an Regierungsbaurat Heinrich Gremmelspacher (Pläne des letzteren werden im Südwestdeutschen Archiv für Architektur und Baugeschichte in Karlsruhe aufbewahrt.)

In 1960 and 1963 there followed competition entries for the State Theatre in Baden; in 1960 he was commissioned to build the State Theatre in Schweinfurt. From 1966, he worked primarily on designing apartment buildings and housing projects, including the Volkswohnungen Oberreut low-income housing project, the high-rise apartment and housing complex Auf dem Bergwald and a further apartment building in Rastatt. In 1967 he married his long-term co-worker, the interior designer Trude Karrer. From 1955 to 1986 he was involved in general planning and designed a number of administrative and industrial buildings in the Leopoldshafen nuclear research centre and, from 1968 to 1970, at the Max von Laue – Paul Langevin Institute in Grenoble. He died in Karlsruhe in November 1986.

1 These are now archived under inv. no. 202ff, some of the plans being in the private archive of the former Schelling studio in Karlsruhe and some in the archive of the DAM.

Deutsches Architektur-Museum Jahresbericht 1997/1998

1. Ausstellungen

Auch 1997 hat das Deutsche Architektur-Museum zu seinem mittlerweile traditionellen Sommer-Forum eingeladen. In diesem Jahr bildete den Auftakt eine weitere kleine Premiere mit der Ausstellung ›Frankfurter Architekturen‹ im Archiv des Museums. Damit wurde eine neue Reihe von Ausstellungen über Architekten der Stadt und der Region eingeleitet. Es wurde deutlich, mit welch hoher Qualität Bauten für private und öffentliche Nutzungen – vom Einfamilienhaus bis zur Sporthalle – heute geplant und verwirklicht werden. Eingeladen zu dieser ersten Werkschau waren Albert Dietz und Anett-Maud Eisen-Joppien; Jürgen Engel, Uli Exner und Sigrun Musa; Jo Franzke; Alfred Kalmbacher und Fritz Ludwig; Michael A. Landes; Ernst Ulrich Scheffler, Brigitte Scheffler, Thomas Warschauer und Ruprecht Hausmann; Heinz Dieter Scheid; Till Schneider und Michael Schumacher sowie Zvonko Turkali.

Aus Anlaß des Museumsuferfestes zeigten wir unsere zweite Ausstellung im Sommer-Forum, ›ad hoc‹ mit Arbeiten von Claus Bury, Ottmar Hörl, Irene Peschick und Bernd Vossmerbäumer. Diese inzwischen international arrivierten, im Frankfurter Raum beheimateten Künstler wurden gebeten, in den beiden Obergeschossen des Hauses ihren künstlerischen Kommentar zum Stand der Architektur heute insgesamt und im besonderen, aber durchaus metaphorisch, zum Ort der Ausstellung zu geben. Bei den Künstlern handelt es sich nicht um eine Gruppe im üblichen Sinn, wohl aber verbindet sie ein vergleichbares Erkenntnisinteresse, mit zwei- oder dreidimensionalen Mitteln Raum zu repräsentieren oder reale Räume zu bilden, die den Umgebungsraum interpretieren.

Zur gleichen Zeit hatten wir im Auditorium eine Lego-Kinderbaustelle eingerichtet, auf der unter dem Thema ›wir bauen eine Stadt‹ Kinder von 6 bis 16 Jahren ihre Architektur-Phantasien verwirklichen konnten.

Zusammen mit der Commerzbank AG zeigten wir im September in unserem Archiv eine Projektausstellung zu deren neuem Hochhaus am Kaiserplatz in Frankfurt am Main. Wohl selten in den letzten Jahren war ein städtebaulich bedeutendes Projekt so heftig diskutiert worden. Dies liegt nicht nur in der Person des Architekten Sir Norman Foster begründet, sondern ebenso in der Dimension dieses Bauvorhabens, ein über 250 Meter hohes Gebäude im innerstädtischen und gründerzeitlich bebauten Citybereich der Stadt zu errichten. Das Hochhaus setzt nicht nur städtebaulich ein markantes Zeichen in die Frankfurter Skyline, sondern ist insbesondere auch mit seinen konstruktiven, technologischen und ökologischen Neuerungen ein außergewöhnlicher Komplex (siehe DAM Architektur Jahrbuch 1994, S. 174 ff.).

Anschließend wurde unsere Ausstellungsreihe zur Architektur im 20. Jahrhundert in ausgewählten europäischen Ländern fortgesetzt.

Die Ausstellung war Teil des kulturellen Begleitprogramms der Frankfurter Buchmesse, die dem Schwerpunkt Portugal gewidmet war. Es sollte eine aktuelle Zusammenfassung der portugiesischen Architektur in diesem Jahrhundert gezeigt werden. Das zu erforschende Terrain war seine Architektur im Stadtgefüge, nicht in Form isolierter Einzelobjekte. Die Entwicklung der portugiesischen Architektur sollte für den Besucher erlebbar werden, indem ihre Originalität und Eigenheit anhand zweier strukturierender Parameter herausgestellt wurde: Tradition und Modernität. Es ging um eine Neueinschätzung originärer Architektur innerhalb eines eklektischen Rahmens, eine Reflexion über den Pluralismus, der die Baukunst auch in Portugal kennzeichnete. Gerade die herausragenden Beispiele, welche internationale Einflüsse aufnahmen und diese neu interpretierten, offenbaren eine tiefe Verwurzelung in der portugiesischen Kultur. Diesem regionalen Charakter verdankt die portugiesische Architektur ihre heutige Bedeutung.

Es wurden insgesamt über 130 Projekte in sieben chronologischen Abschnitten gezeigt. Vom ›Portugiesischen Haus‹ über die portugiesische Variante der Art Deco, der Architektur des ›Estado Novo‹, der Auseinandersetzung mit dem Internationalen Stil und der kathartischen Entdeckung der nationalen Tradition bis hin zur internationalen Prominenz der Schule von Porto reichte der zeitliche Rahmen. Unter den ausgestellten Architekten befanden sich auch bereits bekannte Namen wie Fernando Távora, Álvaro Siza und Eduardo Souto de Moura. Eine Auswahl von Möbeln aus ausgestellten Bauten vervollständigte den Überblick.

Von der gebauten Architektur zur Architekturpublikation und dies mit der Ausstellung ›125 Jahre Wasmuth Bücher – Bilder – Bauten‹. Nicht nur Buchmesse und Verlagsjubiläum waren Anlaß für diese Ausstellung. Vielmehr die Überzeugung, daß dieser Verlag wie kaum ein anderer in Europa die Architektur- und Formgeschichte dieses Jahrhunderts in Publikationen nicht nur begleitet, sondern auch mitgestaltet hat. Dem Verlag wachsen damit Einfluß- und Rezeptionszusammenhänge zu, die weit über seine eigentlichen Geschäftsinteressen hinausweisen. Die Entwicklung der Veröffentlichungspraxis der Verlage gehört ebenso zum Diskurs einer Architekturgeschichte wie die Entwürfe, die Bauten und die Objekte. Beispielhaft sei hier nur an Frank Lloyd Wrights ›Ausgeführte Bauten und Entwürfe‹ von 1910 erinnert, die erste Publikation zu diesem Architekten in Europa, die mittlerweile eine eigene Rezeptionsgeschichte hat.

Ein weiteres Medium, in dem sich Architekturgeschichte abspielt, sind die seit 1980 auf dem Gelände der 1895 gegründeten Biennale in Venedig stattfindenden internationalen Architekturausstellungen. Auch sie nutzen die einzelnen Ländern gehörenden Pavillons zur Darstellung eines architektonischen Themas. Der Pavillon Deutschlands wurde 1909 errichtet und im Lauf seiner langen Geschichte mehrfach umgestaltet. Diese kreative Aufgabe sollte mit einem Ideenwettbewerb an Studenten und eben diplomierte Architekten herangetragen werden. Die Ergebnisse dieses in Zusammenarbeit mit der Akademie der Architektenkammer Hessen ausgeschriebenen offenen einstufigen Wettbewerbs dokumentierten wir in einer Ausstellung in unserem Archiv.

Vittorio Magnago Lampugnani hatte 1990 die Ausstellungs-Trilogie Moderne Architektur in Deutschland initiiert. Die beiden ersten Ausstellungen ›Reform und Tradition‹ und ›Expressionismus und Neue Sachlichkeit‹ konnte er 1992 und 1994 zeigen. Jetzt fand die Ausstellungsreihe mit ›Moderne Architektur in Deutschland 1900–2000. Macht und Monument‹ ihren Abschluß. Ausgehend von der wilhelminischen Ära bis zu den Hauptstadtplanungen des wiedervereinigten Deutschlands wurde die Repräsentation politischer und gesellschaftlicher Eliten mit Mitteln der modernen Architektur thematisiert. Ganz bewußt endete der Zeitraum nicht wie bei den vorherigen Ausstellungen im Jahr 1950, sondern bezog sich auf das 20. Jahrhundert insgesamt, um darzustellen, wie sich in diesem Zeitraum Ausdrucksweise und Ansprüche von Monumenten politischer Systeme oder wirtschaftlicher Macht, sozialer Bewegungen oder religiöser Glaubensgemeinschaften gewandelt oder Kontinuität behalten haben. An exemplarischen Projekten wurde deutlich gemacht, welcher architektonischen Formensprachen sich die Führungsschichten im 20. Jahrhundert bedienten und bedienen, wie ihre repräsentativen Bauten Zeitströmungen zum Ausdruck brachten und in welchen Zusammenhängen bestimmte Bauformen an Dominanz gewonnen haben. Wir zeigten, daß sakrale Bauten ebenso wie Staats- und Kulturbauten, Industrieanlagen oder Bauten der Wirtschaft und nicht zuletzt stadtplanerische Eingriffe die Idee eines Monuments, eines Denkmals für den Fortschritt und der Moderne schlechthin beanspruchen. Wir zeigten außerdem, mit welchen architektonischen Mitteln Wirkungen und Inszenierungen gelingen, die ihre Zeitgenossen in den Bann ziehen, wir versuchten also auch die ›Macht von Architektur‹ zu erklären und darzustellen.

Von diesem spannenden ideengeschichtlichen Thema kehrten wir zurück zur chronologisch und regional definierten Ausstellung über Schweden und seine Architektur im 20. Jahrhundert. Es lag auf der Hand, das Verhältnis zwischen Architektur und Gesellschaft zum Ausgangspunkt der Schilderung schwedischer Architektur zu wählen. Es handelt in hohem Maße davon, daß ein armes Land am äußersten Rande Europas zu einer Wohlfahrtsgesellschaft ausgebaut wurde, die dann ihren eigenen Weg gegangen und von vielen als Vorbild betrachtet worden ist. Nicht zuletzt die Architektur wurde allerdings auch von einem Teil der Schattenseiten der Modernisierung betroffen – und das vielleicht mehr als in anderen Ländern. Die schwedische Architektur ist von einem ausländischen Beobachter einmal als »ein Hochplateau ohne Gipfel« bezeichnet worden. Dies kann nicht nur als Beschreibung, sondern auch als Ziel aufgefaßt werden. In einer derartigen Kultur steht die Beschreibung der großen Bauvorhaben und der Architektur im alltäglichen Umfeld natürlich im Mittelpunkt. Innerhalb dieses Rahmens traten jedoch auch einzelne Leistungen von hoher Qualität in den Vordergrund, als Beispiele einer Architektur, die gleichzeitig »elementar und intensiv« ist und charakterisiert wurde als ein Element, das als »leidenschaftlicher« oder »sinnlicher« Realismus in der schwedischen Architektur bezeichnet worden ist.

2. Stiftungen, Nachlässe, Ankäufe

Trotz drastisch eingeschränkter Mittel gelang es uns auch im vergangenen Jahr, unsere Bibliothek um ausgewählte Bände zu bereichern; insbesondere die Periodika-Abteilung mit zur Zeit 65 nationalen und internationalen Architekturzeitschriften konnte erweitert werden.

Ein Modell der Neuen Philharmonie in Berlin von Hans Scharoun wurde uns von Scogin Elam and Bray Architects, Atlanta, geschenkt. Das Hochbauamt der Stadt Frankfurt übereignete uns Modelle zu Frankfurter Museumsbauten, darunter das Liebieghaus und das Museum für Kunsthandwerk. Und schließlich konnten wir unsere Sammlung Frankfurter Küchen um ein weiteres Exemplar bereichern, wofür wir Walter und Vera Harig herzlich danken.

Mit der Schenkung des Nachlasses des Architekten Heinz Rasch (1902–1996) erfuhr unsere Sammlung eine bedeutende Erweiterung. Wie schon die Nachlässe von Erich Buchholz und Mart Stam wird auch dieses Material zur Zeit restauriert und archiviert, um dann in einer Ausstellung nebst Katalog in ausführlicher Form der Öffentlichkeit präsentiert zu werden.

Als besonderen Höhepunkt, aber gleichzeitig als Verpflichtung, durften wir im vergangenen Jahr 50 Zeichnungen von Hans Scharoun (1893–1972) als Dauerleihgabe in unser Archiv aufnehmen. Darüber hinaus schenkte uns Klaus von Plato eine Reihe von Scharouns privaten Zeichnungen, Briefen und Photos; wofür wir uns an dieser Stelle nochmals sehr herzlich bedanken. Auch diesem Konvolut soll eine eigene Ausstellung sowie ein Katalog gewidmet werden.

3. Veröffentlichungen

- Graphikedition der Initiative ›Pro Deutsches Architektur-Museum‹ der Deutschen Bank Bauspar AG zum Thema ›Plätze‹ mit Arbeiten von Max Bächer, Eduardo Chillida, Norman Foster, Ludger Gerdes, Otto Herbert Hajek, Hans Hollein, Günter Zamp Kelp, Richard Meier, Aldo Rossi und Günther Uecker.
- Frankfurter Architekturen
- Ad hoc. Claus Bury – Ottmar Hörl – Irene Peschick – Bernd Vossmerbäumer
- DAM Architektur Jahrbuch 1997
- Architektur im 20. Jahrhundert. Portugal
- Berlin. From Europe's biggest building site to 21st century capital? (Faltplan)
- Macht und Monument. Moderne Architektur in Deutschland 1900 bis 2000
- Architektur im 20. Jahrhundert. Schweden

4. Vorträge und Symposien

›Zukunft der Architekten‹. Symposium mit Bernhard Blauel, Bea Goller, Peter Erler, Gerhard Bremmer, Günther Franz, Hartmut Strube und Jürgen Engel in Zusammenarbeit mit den Architektenkammern von Hessen, Rheinland-Pfalz und Thüringen sowie dem Bund Deutscher Architekten (25. September 1997).

›Werkberichte italienischer Architekten‹. Eine Vortragsreihe mit Roberto Pirzio-Biroli, Francesco Venezia und Massimo Carmassi in Zusammenarbeit mit dem Architekten- und Ingenieurverein, dem Italienischen Kulturinstitut und der Deutsch-Italienischen Vereinigung (Oktober 1997).

›Die Zukunft der Regionen‹. Internationales Symposium mit Richard Sennett, Saskia Sassen, William Rees, Oriol Bohigas, Willem Jan Neutelings, Karl Ganser und Thomas Sieverts unter der Leitung von Manuel Cuadra und Rolf Toyka in Zusammenarbeit mit der Akademie der Architektenkammer Hessen und der Frankfurter Allgemeinen Sonntagszeitung (7. Oktober 1997).

›3. Internationaler Frankfurter Architektur-Diskurs: Re/Konstruktion‹. Diskussionen zwischen Rem Koolhaas und Michael Mönninger, Boris Podrecca und Walter Zschokke sowie Josef Paul Kleihues und Dietmar Steiner. Symposium mit Wolfgang Welsch, Eberhard Haas, Jörg Haspel, Wolfgang Pehnt, Hermann Czech, Werner Durth unter der Moderation von Manuel Cuadra (November 1997).

›Werkberichte von Architekten aus dem Rhein-Main-Gebiet‹. Vortragsreihe mit Till Schneider und Michael Schumacher, Matthias Lengfeld und Kay Wilisch, Wolfgang Rang, Rolf Hoechstetter, Jo Franzke, Hans-Peter Kissler und Roland Effgen sowie Jürgen Engel in Zusammenarbeit mit dem Bund Deutscher Architekten und der Frankfurter Rundschau (April bis Juni 1998).

›Architektur und Städtebau in Israel im 20. Jahrhundert‹. Symposium mit Ita Heinze-Greenberg, Myra Wahrhaftig, Zvi Hecker sowie Ada Karmi Melamede und Ram Karmi (6. Mai 1998).

›Umbau‹. Symposium über die Zukunft des Baubestandes in Deutschland in Zusammenarbeit mit den Universitäten von Dortmund und Karlsruhe, gefördert durch die Deutsche Bundesstiftung Umwelt, mit Unterstützung der Bundesarchitektenkammer und der Akademie der Architektenkammer Hessen. Referenten: Uta Hassler, Sabine Djahanschah, Nikolaus Kohler, Rainer Graefe, Wolfram Linden, Andreas Knoll, Karl-Heinz Effenberger, Claus Kahlert, Guntram Kohler, Peter Richter, Henning Friege, Leo Schmidt, Rainer Oswald, Heike Link, Jan C. Bongaerts, Giorgio Macchi, Thomas Knödler, Christian-Reinhart Bartholomäi, Hansjörg Bach, Werner Pfaff, Arthur Rüegg, Heinz Zimmermann und Sebastian Moffat (19. und 20. Juni 1998).

5. Aktivitäten außerhalb des Museums

Viele der im Deutschen Architektur-Museum gezeigten Austellungen werden von anderen Institutionen übernommen und dort in ergänzter Form gezeigt. Im vergangenen Jahr stieß ›Die ökologische Herausforderung – Architektur und Stadtplanung‹ auf besonderes Interesse; sie konnte in

Rom, Athen, Bozen, Ancona und Kopenhagen gezeigt werden. ›Mart Stam, eine Ausstellung zu seinem Leben und Werk‹, übernahmen die Deutschen Werkstätten in Hellerau bei Dresden und die Stiftung Bauhaus Dessau. ›KulturStadtBauen – Eine architektonische Wanderung durch Weimar, Kulturstadt Europas 1999‹ wurde in Erfurt und Paris gezeigt. Und schließlich kehrten auch die Ausstellungen zur Architektur im 20. Jahrhundert zurück in ihre jeweiligen Länder; ›Irland‹ war zunächst im Architecture Centre des Royal Institute of British Architects in London zu sehen und dann in der RHA Gallagher Gallery, Dublin; ›Portugal‹ wurde zunächst nach Madrid weitergegeben um dann in Lissabon im Centro Cultural de Belém als Teil des kulturellen Begleitprogramms zur Weltausstellung EXPO '98 gezeigt zu werden.

Eine eigene kleine Ausstellung schließlich stellten wir an der Harvard University Graduate School of Design in Cambridge in den USA zusammen. Unter dem Titel ›Berlin. From Europe's biggest building site to 21st century capital?‹ wurde dem amerikanischen Publikum ein Einblick in die gegenwärtigen Planungen in Berlin gegeben und dies sowohl hinsichtlich der gewaltigen städtebaulichen Maßnahmen als auch hinsichtlich prominenter Einzelbauten.

6. Die Mäzene des Deutschen Architektur-Museums

Im vergangenen Jahr haben wir wieder reichlich Unterstützung und Hilfe empfangen, ohne die unsere Arbeit nicht durchzuführen wäre. An erster Stelle sei hier die Gesellschaft der Freunde des Deutschen Architektur-Museums genannt. Neben einer Vielzahl kleinerer Engagements unterstützte sie insbesondere die Aktivitäten um das Museumsuferfest sowie die Ausstellung ›Macht und Monument‹. ›Architektur im 20. Jahrhundert – Portugal‹, gezeigt aus Anlaß des Buchmessenschwerpunktes 1997 erhielt großzügige Unterstützung durch die ›Portugal-Frankfurt 97 S.A.‹. Daneben gab es eine lange Reihe kleinerer Zuwendungen sowie das großzügige Donat eines Mäzens, der ungenannt bleiben möchte. Ihnen allen möchten wir an dieser Stelle nochmals unseren Dank aussprechen.

Die Autoren

Hubertus Adam
geboren 1965, Kunsthistoriker und Architekturkritiker, 1997 bis 1998 Redakteur der ›Bauwelt‹ in Berlin, seit Mitte 1998 Redakteur der ›archithese‹ in Zürich, arbeitet zudem für die ›Neue Zürcher Zeitung‹, promoviert am Kunsthistorischen Institut der Universität Heidelberg, lebt in Berlin.

Marietta Andreas
geboren 1953 in Essen, 1972 bis 1974 Studium der Visuellen Kommunikation, 1974 bis 1978 Studium der Architektur, 1977 Preisträgerin des Gutenberg-Stipendiums der Stadt Mainz, 1978 bis 1984 Arbeit als Architektin und Städteplanerin. Seit 1996 Mitglied des Vorstandes der Gesellschaft der Freunde des Deutschen Architektur-Museums, freie Mitarbeit im DAM, lebt in Frankfurt.

Dr.-Ing. Wolfgang Bachmann
geboren 1951, Chefredakteur der Architekturzeitschrift ›Baumeister‹, München.

Prof. Patrick Berger
geboren 1947 in Paris, seit 1992 Professor an der Ecole Polytechnique Fédérale de Lausanne, arbeitet als freier Architekt und lebt in Paris.

Christof Bodenbach
geboren 1960, Ausbildung zum Möbelschreiner, Studium der Germanistik und Innenarchitektur, schreibt regelmäßig über Architektur, Stadtplanung und Umweltgestaltung, 1996 Preisträger im Journalistenwettbewerb der Bundesarchitektenkammer, seit 1997 Lehrauftrag an der Fachhochschule Wiesbaden, lebt in Wiesbaden.

Dipl.-Ing. Jörg Brauns
geboren 1966, Studium der Architektur in Weimar, wissenschaftlicher Assistent an der Bauhaus-Universität Weimar.

Peter Davey
geboren in Yorkshire, England, Studium in Northamptonshire und an der Edinburgh University (Schottland), Mitarbeit in Architekturbüros in Norwegen, Edinburgh und London, 1970 Architekturdipolm, seit 1982 Herausgeber der Zeitschrift ›The Architectural Review‹, Autor des Buches ›Arts and Crafts Architecture‹.

Heike Drechshage
geboren 1966, Studium der Stadt- und Regionalplanung in Berlin und Delft, lebt in Berlin.

Axel Drieschner
geboren 1967, Studium der Kunstwissenschaft in Berlin.

Prof. Dr. Wolf-Dieter Dube
geboren 1934 in Schwerin, Studium der Kunstgeschichte, Klassischen Archäologie und Vor- und Frühgeschichte in Freiburg, München und Göttingen, Promotion 1961 in Göttingen, Tätigkeit am Zentralinstitut für Kunstgeschichte in München, Volontariat an den Staatlichen Museen in München, Forschungsauftrag der Deutschen Forschungsgemeinschaft an der Staatlichen Münzsammlung München, 1965–1969 Konservator der Bayerischen Staatsgemäldesammlungen, Alte Pinakothek, 1969–1983 Leiter der Staatsgalerie Moderner Kunst und Stellvertreter des Generaldirektors der Bayerischen Staatsgemäldesammlungen, seit Februar 1983 Generaldirektor der Staatlichen Museen zu Berlin – Preußischer Kulturbesitz.

Ingrid Ehrhardt
geboren 1964, Studium der Kunstgeschichte, Romanistik und Anglistik in Frankfurt am Main, seit 1995 wissenschaftliche Mitarbeiterin der Schirn Kunsthalle, 1998 Dissertation über Leben und Werk Erich Schellings (Veröffentlichung in Vorbereitung).

Prof. Dr. phil. Volker Fischer
geboren 1951, Studium der Kunstpädagogik, Germanistik, Linguistik und Kunstgeschichte in Kassel und Marburg, Richard-Hamann-Stipendiat des Landes Hessen, 1980 bis 1981 Kulturreferent der Stadt Marburg, 1981 bis 1994 stellvertretender Direktor des Deutschen Architektur-Museums, ab 1994 Kurator der Design-Abteilung am Museum für Kunsthandwerk in Frankfurt am Main, seit 1992 Honorarprofessor an der Hochschule für Gestaltung Offenbach.

Dipl.-Ing. Sunna Gailhofer
geboren 1967, Architekturstudium in München, lebt in Frankfurt und Prag.

Dr. phil. Mechthild Heuser
geboren 1964, Architektur- und Kunsthistorikerin, Studium in Bonn, Zürich und Berlin, Forschungsstipendium für die USA, freie Mitarbeit am MoMA in New York, zur Zeit tätig als freie Autorin u. a. für ›Casabella‹, ›Bauwelt‹ und ›archithese‹.

Dipl.-Ing. Olaf Hoffmann
geboren 1967, Architekturstudium an der Technischen Universität Braunschweig, Arbeits- und Studienaufenthalte in Italien, Holland, Frankreich und Amerika, freier Architekt.

Bärbel Hoidn
geboren 1959, Studium der Architektur in Karlsruhe, bis 1990 Mitarbeit in verschiedenen Architekturbüros in Karlsruhe und im Hochbauamt Frankfurt am Main, 1990–1994 Assistentin im 1. Jahreskurs an der ETH Zürich, freischaffende Architektin, seit 1994 Leiterin der Architekturwerkstatt in der Senatsverwaltung für Bauen, Wohnen und Verkehr, Berlin.

Dr.-Ing. (arch.) Falk Jaeger
geboren 1950, Architekturhistoriker und -kritiker, Inhaber des Lehrstuhls für Architekturtheorie an der Technischen Universität Dresden, lebt in Berlin.

Ursula Kleefisch-Jobst
geboren 1956, Kunsthistorikerin mit Forschungsschwerpunkt in mittelalterlicher und moderner Architekturgeschichte, lebt in Kronberg.

Stefan W. Krieg
geboren 1956 in Köln, Kunsthistoriker und Denkmalpfleger in Leipzig, Forschungen zur Architektur der italienischen Renaissance und des 19. und 20. Jahrhunderts.

Dr. phil. Karin Leydecker
geboren 1956, Journalistin, Architektur- und Kunsthistorikerin, lebt in Rheinland-Pfalz.

Dr. phil. Anna Meseure
geboren 1953, Kunsthistorikerin, 1983 bis 1990 wissenschaftliche Mitarbeiterin des Museums am Ostwall in Dortmund, seit 1990 als Kustodin am Deutschen Architektur-Museum tätig.

Prof. Jean-Pierre Nouhaud
geboren 1941 in Vichy, Professor für Kunstgeschichte und Theorie an der Ecole des Beaux Arts de Lyon, Chefredakteur der Designzeitschrift ›EIDES‹, lebt in Paris.

Romana Schneider
geboren 1952, Architekturhistorikerin, seit 1990 wissenschaftliche Mitarbeiterin am Deutschen Architektur-Museum, Arbeitsschwerpunkt: Ausstellungstrilogie ›Moderne Architektur in Deutschland 1900–1950‹.

Ulrich Maximilian Schumann
geboren 1964, Kunsthistoriker, Assistent am Lehrstuhl für Geschichte des Städtebaus der ETH Zürich.

Dr. phil. Hans-Peter Schwanke
geboren in Essen, Studium der Kunst- und Architekturgeschichte, der Klassischen und Christlichen Archäologie sowie der Geographie in Trier und Bonn, arbeitet als Referent für Baukultur und Kunst am Bau im Bundesministerium für Raumordnung, Bauwesen und Städtebau, Lehrauftrag im Fachbereich Architektur an der Fachhochschule Düsseldorf.

Wolfgang Sonne
geboren 1965, Studium der Kunstgeschichte und Archäologie in München, Paris und Berlin, seit 1994 Assistent am Lehrstuhl für Geschichte des Städtebaus an der ETH Zürich.

Ansgar Steinhausen
geboren 1966, Kunsthistoriker und Journalist, tätig für mehrere Tageszeitungen, 1996 Preisträger im Journalistenwettbewerb der Bundesarchitektenkammer, lebt in Bonn.

Prof. Dipl.-Ing. Benedict Tonon
geboren 1944, Zimmererlehre, Architekturstudium in Hamburg und Berlin, seit 1978 freier Architekt, seit 1993 Professor an der Hochschule der Künste Berlin, Projekte in Berlin, Hamburg, Dortmund, Brandenburg und Potsdam, Forschungen an der Schnittstelle zwischen Architektur und Philosophie.

Dipl.-Ing. Gerhard Ullmann
geboren 1935, Architekturkritiker und Photograph, lebt in Berlin.

Wilfried Wang
geboren in Hamburg, Architekturstudium in London, Büro in London mit John Southall, Mitherausgeber der Zeitschrift ›9 H‹, Lehrauftrag an der Graduate School of Design, Universität Harvard.

Dr. phil. Lutz Windhöfel
geboren 1954, Studium der Kunstgeschichte und Geschichte, arbeitet als Publizist und Kritiker, lebt in Basel.

Inge Wolf
geboren 1955, Kunsthistorikerin, seit 1994 Mitarbeiterin des Deutschen Architektur-Museums, seit 1996 Betreuung der Sammlung.

Architektenregister der Jahrbücher 1992–1998
Index of architects in the annuals 1992–1998

Jahr/Seite
year/page